我国农村劳动力转移与粮食安全问题研究

王跃梅 著

Study on Rural Labor Migration and Food Security in China

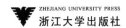
ZHEJIANG UNIVERSITY PRESS
浙江大学出版社

图书在版编目(CIP)数据

我国农村劳动力转移与粮食安全问题研究 / 王跃梅
著.—杭州：浙江大学出版社，2018.12
ISBN 978-7-308-18892-0

Ⅰ.①我… Ⅱ.①王… Ⅲ.①农村劳动力－劳动力转
移－关系－粮食问题－研究－中国 Ⅳ.①F323.6
②F326.11

中国版本图书馆 CIP 数据核字(2019)第 011328 号

我国农村劳动力转移与粮食安全问题研究

王跃梅　著

责任编辑	吴伟伟　姚　嘉	
文字编辑	严　莹	
责任校对	张培洁	
封面设计	周　灵	
出版发行	浙江大学出版社	
	（杭州市天目山路 148 号　邮政编码 310007）	
	（网址：http://www.zjupress.com）	
排　　版	浙江时代出版服务有限公司	
印　　刷	虎彩印艺股份有限公司	
开　　本	710mm×1000mm　1/16	
印　　张	12.25	
字　　数	214 千	
版 印 次	2018 年 12 月第 1 版　2018 年 12 月第 1 次印刷	
书　　号	ISBN 978-7-308-18892-0	
定　　价	50.00 元	

前 言

"以地和劳动为形式的资源禀赋,可以直接生产粮食……. 就像在农业中一样……从而产生权益。或者,家庭或个体也可以另一种方式,即通过挣得工资收入来获取购买食品的能力……世界上多数人不直接生产粮食,他们通过在其他商品生产中的就业来挣得获取食品能力。……"

阿马蒂亚·森《以自由看待发展》,2002,第 163 页

随着城市化的推进和粮食购销市场化的演进,数以亿计的农村劳动力外流,不少地区粮食播种面积减少,原本有"鱼米之乡"之称的粮食产区(如浙江杭嘉湖地区)已转变为粮食主销区。"农村劳动力外流与粮食安全是一致抑或分歧?如何实现农村劳动力外流与粮食安全的协同?如何通过区域分工和功能互补实现均衡发展?如何通过"要素替代"和"要素对流"来提高粮食边际产出?怎样界定政府适当管制?"等等,这些是完成人口从农村向城市转移、减少农民、富裕农民的过程中所需解决和研究的公共管理问题。联合国粮食及农业组织(Food and Agriculture Organization of the United Nations,FAO,以下简称"联合国粮农组织")在 1974 年提出"粮食安全(food security)的最终目标是,确保所有人在任何时候既能买得到又能买得起他们所需要的基本食品"。从中包含了两个层面意思:一是粮食的生产能力(买得到),二是粮食的获得能力(买得起)。研究基于联合国粮农组织对粮食安全的"生产"和"获得"两个层面的定义,从公共管理和劳动经济学学科交叉角度出发,研究新型城市化进程中主销区农村劳动力大量外流同时实现粮食安全的协同问题。研究揭示了农村劳动力转移对粮食安全的影响机

理;完善和补充现有的劳动力基于同质性假定的理论。随着工业化与城市化进程加快,劳动力和耕地资源更为稀缺,本书旨在研究如何实现农村劳动力转移与粮食安全协同,界定政府和市场行为的边界,探索产出增长与"要素替代"的新要素组合,实现区域合作和兼顾平衡,丰富劳动力流动与粮食安全理论。

第一章 导论部分的主要内容和主要观点

阐述了研究背景和目的、研究的理论与应用价值以及研究路径的切入点,即是把"两条线"和"两个区域"结合起来研究。"两条线"研究:一条线是农村劳动力转移,一条线是粮食安全问题;"两个区域"比较研究:一个区域是粮食主产区,一个区域是粮食主销区,从资源禀赋与比较利益原则出发分别考察与比较分析。研究路径上突出"两条线、两个区域",研究把农村劳动力外流与流出地的粮食安全问题结合在一起,重点从粮食主产区、主销区视角讨论农村劳动力转移对粮食安全的区域影响差异,研究采用了历史梳理与逻辑分析法、分类研究与实地调查法、实证计量与比较研究等研究方法;通过实证和调查分析,主要分别考察和分析"买得到"(生产能力)和"买得起"(获得能力)问题。

第二章 理论分析与文献研究综述的主要内容和主要观点

关于农村劳动力转移与粮食安全问题的研究,现在文献多是两条线平行研究。表现在三个方面。一是对劳动力转移问题的研究已经比较成熟。从早期的李嘉图经典理论到刘易斯的二元经济理论,新劳动力迁移理论、拉尼斯—费景汉和乔根森的三阶段模型和托达罗概率雇用模型、舒尔茨成本—收益理论等,这些理论与刘易斯经典理论的主要分歧是,农村边际生产率等于零的剩余劳动力是否存在。二是对粮食安全问题的研究重在宏观层面。莱斯特·布朗(1994)提出"谁来养活中国人?"的问题,"布朗之问"在世界范围引发了一场论战,国内外学者多视角关注中国粮食安全问题,认为中国劳动生产存在内卷化或过密型增长的现象。国内外文献重在研究宏观层面的粮食安全问题,分区域按照比较优势与资源禀赋的专题研究较少。三是关于"农村劳动力转移与粮食安全问题"的专题研究比较少。本研究不仅关注农村劳动力外流与国家宏观层面的粮食安全,更关注微观主体即农村家庭和个人粮食"获取能力"。

第三章 市场化进程中的制度变迁、农村劳动力外流演变与粮食安全的主要内容和观点

在粮食计划管理体制下(1949—1978 年),农村劳动力高度性投入到粮

食生产,粮食生产以生产队为单位集体出工,工分制事先锁定了不同劳动力的不同报酬,这导致干好干坏一个样,"磨洋工"和"搭便车"成为普遍现象,粮食生产的效率很难提高。全体劳动力集体出工掩盖了由于效率低下而存在的剩余劳动力,城乡分割也导致农村劳动力不可能放弃粮食生产到城市打工。随着家庭联产承包责任制实施(1978—1984 年),农村劳动力投入效率提高。生产监督内部化,极大地调动了农村生产积极性,农村劳动力高效率的投入也带来了劳动的节约,部分家庭劳动力剩余出现。粮食购销"双轨制"运行,农村劳动力外流启动(1985—2000 年),这些剩余家庭劳动力离开家乡另谋出路,加入城市"农民工"行列。粮食购销市场化实施(2001 年至今),农村劳动力外流加速。播种面积减少影响粮食生产,尤其是主销区,比较利益驱使农民理性选择非粮产业,家庭重新自我配置劳动力,相对文化程度较高、年轻、以男性为主的相对优势劳动力,选择放弃粮食生产到城市打工,而家庭中相对教育、年龄等均不占优势的农村劳动力,留下维持承包田的劳作,俗称"386199"①部队,他们根本没有技术进步和提高生产率的愿望和能力,其劳动投入无法使粮食生产达到生产可能性边界,农村劳动力结构出现失衡现象。不同区域的粮食安全目标应该根据其自然禀赋差异性有所侧重。本章节提出了分区域研究的不同目标。粮食主产区分 13 个省、直辖市(自治区),粮食主销区分为 7 个省、直辖市(自治区)。粮食主产区和主销区的劳动力投入和外流表现有所不同,应从比较利益的视角,优化粮食生产区域布局。

第四章　粮食主产区比较优势、劳动力外流与效率安全的主要内容和观点

粮食安全一方面是指"买得到",另一方面要能"买得起"。即有充裕的粮食生产保障,又要提高收入增强购买能力(联合国粮农组织对粮食安全的的界定)。本章主要围绕粮食主产区"买得到"问题,即"农村劳动力外流"背景下粮食生产保障。主产区在全国粮食生产中处于举足轻重的地位。

本章通过计算主产区综合比较优势指数,主要研究主产区粮食生产比较优势,粮食产量占全国粮食总产量的 3/4,结果是均大于 1,而主销区比较优势指数小于 1。长期以来,粮食主产区过多的劳动力集中在有限的土地上,存在粮食生产过密型增长问题。主产区粮食产量增收但收入不增收。

---

① "386199"即目前留守农村的主力是妇女(三八妇女节)、儿童(六一儿童节)和老人(九九重阳节)。

因此,主产区农村劳动力转移缓解了粮食生产过密化问题,实现效率安全。本章设立了模型,确立了影响粮食产出的劳动力等常规变量及非常规变量。农村劳动力外流对粮食主产区产出弹性影响虽然都是是显著的,但对主产区和主销区的表现程度不同,应做出不同的区域制度安排,发挥比较优势,实现粮食效率安全。

第五章　主销区农村劳动力外流、粮食生产底线与能力安全的主要内容和观点

主销区耕地稀少,种粮产业没有比较优势,原本有"鱼米之乡"之称的主销区的粮食生产从 20 世纪 80 年代中期开始已逐步弱化。主销区粮食安全目标是"口粮"自给,即有明确的粮食自给底线,同时充分发挥市场作用。

农村劳动力外流与粮食安全是"一致"抑或"分歧"? 分析结论是主销区农村劳动力外流降低了粮食产量,但增加了农村居民可支配收入,主销区农村居民可支配收入主要来自大量非粮生产,为粮食获得能力增强做出了贡献,显示了"一致"效应。从粮食生产的投入要素与粮食生产的灰色关联看,主销区农村劳动力外流对粮食生产的固定性资本投入下降。比较利益驱使主销区农户的理性选择是"外出打工",以实现收益最大化,提高粮食主销区农户的"获得能力"。调查显示,如果种粮收入能高于打工收入,部分外流劳动力会选择回乡种粮。因此,需要有一些提高种粮收入的制度安排和相应的政策激励,以实现主销区农村劳动力外流与粮食的"能力安全",实现"粮食短缺点"向"商业化点"的过渡和重合。主销区粮食安全需要在保障口粮安全底线的前提下,由部分区域间或国外进口替代。

第六章　农村劳动力外流、区域差异与粮食生产的主要内容和观点

评估和验证了改革开放以来农村劳动力外流对粮食生产的影响,研究结果表明:第一,中国粮食生产的区域分工正在深化,主产区在全国粮食生产中处于举足轻重的地位,粮食生产的商品化、市场化程度持续提高。第二,农村劳动力外流对中国粮食的总体产出的影响是显著的,但分区域考察情况却不同,农村劳动力外流缓解了主产区粮食生产内卷化、过密型增长现象。家庭联产承包责任制对粮食产量增长的贡献度为 19.2%,相比 Lin(1992)研究时期的家庭联产承包责任制对农业增长贡献度(46.89%)下降一半以上,但在主销区已经不显著。由于比较利益驱使农村劳动力过度外流,相对人力资本水平较低的农村留守劳动力对粮食产出贡献不明显。第三,务农的比较利益低下驱使劳动力外流,而且开始改变农户耕作习惯和生产决策行为,曾经是"多熟制"主销区的复种指数已经明显下降,精耕细作的

传统正在被放弃,粗放经营甚至撂荒现象日趋严重。粮食生产弱质化、兼业化、粗放化使得家庭联产承包责任制的边际效用已经递减。

中国农村劳动力大量外流目前尚未对粮食安全构成威胁,但从发展趋势看却潜伏着风险。一方面,工业化加速促使农村劳动力进一步外流,务农劳动力会随之进一步减少;另一方面,新型城市化与基本公共服务均等化将使更多农民工举家迁移,劳动力与人口同步流动将成为现实,这对农民工无疑是好事,但却将进一步影响务农劳动力队伍的稳定。因此必须从消除城乡二元结构,以基本实现现代化为目标出发,以城乡一体化为抓手,以富裕农民为基准,推进粮食生产的技术创新与制度变革,构建粮食生产的内生激励机制,从根本上解决粮食生产弱质化、兼业化和粗放化问题,确保粮食安全。

第七章　新型城镇化、主销区粮食自给底线与能力安全的主要内容和观点

新型城镇化和工业化的进程中,经济发达而耕地稀少、就业机会相对较多的粮食主销区已经不具备粮食生产比较优势,农村劳动力大量从农村转向城镇务工已是事实。调查结果显示,农村劳动力外流后,主销区农村居民人均可支配收入来源主要是工资性收入,外出打工收入对农户收入增长和粮食获得能力提高做出了贡献。目前粮食主销区已经呈现拉尼斯—费景汉(Ranis&Fei)的"粮食短缺点"现象,需要新的人力资本、先进的农业生产技术和管理创新等要素流入。因此,目前在加大规模种粮补贴力度和基础设施投入同时,应加强新型农村劳动力主体培育和培训,加快先进技术应用和创新经营方式,促进土地合理流转和适度规模经营,提高粮食产出效率,逐步实现"粮食短缺点"向"商业化点"的过渡和重合。同时,主销区粮食在确保口粮绝对安全的前提下,发挥比较利益原则通过粮食区际调入和适当进口,促进区域间粮食购销合作和农业区域结构的优化,提高资源利用效率从而提高社会总福利。在粮食库存、进口和产量三者齐升的情况下,主销区一味追求过高的粮食自给率不利于其发挥要素禀赋的比较优势,粮食的有效供给更为重要,调整粮食产出结构,即粮食供给侧调整。需要注重调整粮食产出结构,保护粮食生产能力,从而实现粮食能力安全。

第八章　功能分工、区域互补与要素对流、均衡改进的制度安排的主要内容和观点

从粮食主产区的视角出发,主要研究功能分工与粮食效率安全:去小农化;从粮食主销区视角,重点研究区域互补与粮食能力安全:此消彼长。并在以上研究基础上阐明要素替代与对流的均衡改进,以及农村劳动力外流与粮食安全协同发展。提出了制度安排的具体措施:主产区利益补偿机制和主销区市场秩序的建立、粮食生产能力和效率安全的支持保障、稀缺要素替代节约和生产率提高、农村新生代人力资本与新型主体的培育与投入,实现农村劳动力外流与粮食安全的协同发展。主要解决区域互补与粮食市场安全问题。

中央一号文件从 2004 年起连续十二年锁定"三农",2017 年中央一号文件提出农业供给侧结构性改革。由于粮食生产本身的弱质性和公共产品性,主产区种植粮食比较效益始终很低,主产区农民很难通过粮食生产而增加收入。而粮食主销区农户靠从事非粮产业反而获得了更高收入,从而提高了粮食获得能力。因此,需要有相关的制度安排,建立粮食生产区域间的利益补偿机制,实现分工合作和利益共享。

第九章　结论与展望

首先,本研究视角立足于粮食主销区,从公共管理和劳动经济学两门学科的交叉角度出发,研究主销区农村劳动力外流过程中达到"生产"和"获得"意义上的粮食安全协同,把农村劳动力问题与粮食安全问题结合的专题研究是一种创新。其次,本研究把比较利益学说理论创新地运用于地区间粮食资源合理配置、劳动力转移、粮食生产和交换研究,分析了"粮食短缺点"向"商业化点"移动过程引发的新问题,提出农村劳动力转移背景下实现粮食安全应采取"要素对流"和"要素替代"的新观点。第三,本研究在计量实证方面把主销区 6 个省、直辖市(未包含海南)和主产区 13 省(自治区)的相关资料进行了收集和整理,应用格里克斯(Griliches,1963)提出的生产函数方法,修正与分析了常规变量与非常规变量对主销区粮食产出弹性的影响,测算比较了主销区粮食比较优势指数,以上这些分区域的估计与测算都是创新的。第四,研究综合运用制度变迁理论、公共选择理论等,描述性分析与定量性研究并重,修正了全要素生产函数增长模型,比较和分析了主销区农村劳动力外流与粮食安全固定和随机两种效用模型,测算了主销区农村劳动力的转移对粮食生产的贡献。基于劳动力"异质性"假定,解决农业劳动力数据采集问题引起的"内部逻辑"难以一致的问题,通过建立新的生产函数,提出研究模型、协同发展模式和相应对策。

目　录

第一章　导　论 ……………………………………………………（1）

　　第一节　研究背景与目的 ……………………………………（1）

　　第二节　研究的理论与应用价值 ……………………………（4）

　　第三节　研究路径和方法 ……………………………………（6）

第二章　理论分析与文献研究综述 ……………………………（11）

　　第一节　劳动力流动的经典理论与模型综述 ………………（11）

　　第二节　粮食安全问题的理论综述 …………………………（19）

　　第三节　劳动力流动、就业结构与粮食安全 ………………（23）

　　第四节　国内外相关研究评述 ………………………………（27）

第三章　市场化进程中的制度变迁、农村劳动力外流演变与粮食安全 …（31）

　　第一节　粮食管理制度变迁与农村劳动力外流演变 ………（31）

　　第二节　粮食生产弱质性、比较利益与农村劳动力结构变迁 …（38）

　　第三节　地区禀赋差异与粮食安全目标的实现 ……………（50）

　　第四节　本章小结 ……………………………………………（56）

第四章　粮食主产区的比较优势、劳动力外流与效率安全 ……（58）

　　第一节　粮食主产区的自然禀赋与比较优势 ………………（59）

　　第二节　影响粮食生产的劳动力外流等因素分解 …………（71）

　　第三节　农村劳动力外流影响粮食生产的实证处理 ………（77）

　　第四节　本章小结 ……………………………………………（81）

第五章　主销区农村劳动力外流、粮食生产底线与能力安全 ……… （83）

第一节　主销区粮食自给底线与劳动力外流 ……………… （83）

第二节　主销区农村劳动力外流与粮食生产的关联分析 ……… （94）

第三节　主销区农村劳动力外流与粮食的"能力安全"
——以浙江为例 ………………………………… （100）

第四节　本章小结 ……………………………………… （109）

第六章　农村劳动力外流、区域差异与粮食生产 ……………… （111）

第一节　文献回顾 ……………………………………… （113）

第二节　我国农村劳动力外流和粮食生产 ……………… （115）

第三节　模型、变量与数据描述 ………………………… （121）

第四节　实证研究结果 ………………………………… （122）

第五节　结论与政策建议 ……………………………… （128）

第七章　新型城镇化、主销区粮食自给底线与能力安全 ……… （132）

第一节　相关文献综述 ………………………………… （133）

第二节　主销区农村劳动力外流与粮食获得能力 ……… （134）

第三节　主销区农户选择、自给底线与粮食产能安全 ……… （137）

第四节　结　语 ………………………………………… （140）

第八章　功能分工、区域互补与要素对流、均衡改进的制度安排 …… （142）

第一节　功能分工与粮食效率安全：去小农化 ………… （145）

第二节　区域互补与粮食能力安全：此消彼长 ………… （146）

第三节　要素替代与对流的均衡改进 …………………… （150）

第四节　农村劳动力外流与粮食安全协同的制度安排 ……… （153）

第五节　本章小结 ……………………………………… （157）

第九章　结论与展望 ……………………………………………… （159）

第一节　研究的主要结论 ……………………………… （160）

第二节　进一步研究方向 ……………………………… （164）

参考文献 ………………………………………………………… （169）

第一章 导 论

第一节 研究背景与目的

农村改革解放了生产力,放松了对农民身份和地域的限制,家庭联产承包责任制等农业经营制度的改革提高了生产效率,为农村剩余劳动力转移提供了可能。但这也使得长期以来由于城乡分割制度约束,农村劳动力不能正常转移而出现了剩余显性化。随着粮食购销市场化的演进和工业化、城镇化的推进,我国农村劳动力数以亿计转移,农村传统的"过密型"劳动生产方式已渐渐"去内卷化",不少地区粮食播种面积减少,种粮劳动力等投入减少。素有"鱼米之乡"之称的粮食产区已转变为粮食销区(如浙江杭嘉湖),粮食自产水平下降,弃耕从事非农产业成为普遍现象。我国1982年的第一个中央一号文件确定了包产到户的合法性,解放了土地和劳动力,加上之后的放活农村工商业、疏通流通渠道、调整产业结构和调整工农城乡关系,这5个20世纪80年代的中央一号文件始终围绕农业、农民和农村问题。从时隔十八年后的2004年第六个中央一号文件开始,从促进农民增加收入、加大减税力度着力建立农民减负长效机制、推动新农村和建设现代化、稳粮增收、统筹城乡发展和建立新型农村经营体系,到2014年的开启全面深化农村改革和2015年的创新加快农业现代化建设,第二阶段连续十二年,中央一号文件主题都围绕农业、稳粮增收与安全问题,有梯度地减轻农民负担和提高农民收入,深化农村改革。2015年的中央一号文件强调在城乡资源要素流动加速、新型工业化和城镇化进程加快的同时,要挖掘潜力提高粮食生产能力,实现稳粮提质和增收增效,完善和落实粮食省长负责制。因此,如何通过"要素对流"实现农村劳动力转移与粮食安全协同,通过"要素替代"探索新型粮食生产嵌入主体,提高粮食边际产出能力,清晰政府作用边界,开辟新途径优化农业结构,寻求新突破转变农业发展方式……这些都是人口由农村到城市转移过程中,提高粮食生产效率,实现富裕农民、城乡共同繁荣所需解决和研究的公共管理问题,破解这些难题也是"三农"工作的重大任务。

由于粮食的特殊性,国家始终对稳定粮食和重要农产品产量、保障国家粮食安全和农产品有效供给很重视。回顾中央一号文件,可以将其分为1982—1986 年和 2004—2015 年这两个时段进行考察,我国农业政策和粮食管理制度变迁都是供给主导型政策与制度演变,影响着农村劳动力转移进程。第一阶段于 1985 年统购统销制度解体开始,先改"购",即"逐步缩小合同定购数量、扩大市场议价"。第二阶段重点是购销体制的转轨,先改"购",后改"销",再"购销"同改,实行"稳一块、活一块"的粮食购销"双轨制",直至最后放开市场的渐进式改革。与此同时,农村劳动力也由计划经济时期禁锢在农村,到改革开放后慢慢放开流动,农村劳动力流动管制也伴随着粮食管理体制的变迁而逐步放松。相对于粮食管理制度变迁带有强制性正式制度变迁特性,农村劳动力转移与家庭联产承包制等粮食生产制度变迁,是诱致性非正式制度作用的过程,也是帕雷托改善的过程。速水佑次郎(1986)指出,成熟的市场经济国家和计划经济转向市场经济国家都不可忽视粮食问题,尤其是发展中国家更是表现为粮食问题优先。粮食等农产品经营制度改革和农村劳动力再配置,是加快转变农业发展方式的重要内容。

我国农村劳动力转移自改革开放后随着粮食生产制度的变迁慢慢启动,转移数量在 2005 年前是高峰,从 2010 年开始回落。而我国的粮食产量总体呈"V"形上升趋势,2005 年前后有过探底,之后又拉升,到 2015 年我国粮食产量已经实现"十二连增"。但与此同时,出现的悖论现象是,粮食总产量和库存量上升的同时,进口量也同增。2014 年谷物进口 1951 万吨,同比增长 33.8%,2015 年谷物共进口 3271.5 万吨,同比增长 67.6%,2016 年谷物进口虽然同比减少 32.8%,但仍达 2199.7 万吨。由于价格和运费的双重下降,进一步刺激了国内进口规模,并且多数进口粮食市场集中度较高,如玉米和大豆进口依赖美国,大小麦进口分别依赖澳大利亚和加拿大,稻米进口主要依赖泰国,存在高度的依赖关系。尤其是美国等发达国家在高新技术方面占据了绝对优势,第二、三产业占据重要地位,但其仍然非常注重粮食生产,重视保护农民利益和粮食生产能力,每年大量出口粮食到发展中国家,其中,玉米和大豆出口占世界份额很大。我国适当利用国际市场有助于平衡年度间的供应,有利于加强粮食安全。但出现粮食产量、库存量和进口量同增是悖论。在城市化和工业化进程中,减少农民向城市转移量才能富裕农民。立足于新的粮食安全观提出降低粮食自给率,将部分粮食的供应转由国际市场来弥补,将粮食生产能力安全转移到国际市场,需要研究如何根据我国粮食进出口的依赖关系确定安全度,即界定我国粮食生产自给底线。2016 年我国粮食总产量 61623.9 万吨,比 2015 年减少 0.8%,这是十三年来我国粮食产量首次下降,与种植面积和单产下降有关。改变过去单纯追求粮食高产转向注重质量,即以高效益转到高产目标,提高粮食等农产品竞争力,是农业供给侧改革的需要。

农村劳动力大量转移的过程,也是农户家庭重新配置劳动力资源的过程。青壮年或知识技能者优先离开农村到城市,而留在农村的种粮务农劳动力基本上是老人和妇童,所谓的"386199"(妇女儿童老人)队伍。农村劳动力外流使得农户家庭重新配置人力资源,许多农村已经成为老弱病残的聚集地(或称空心村),种粮务农的劳动力整体素质下降,具有相对人力资本优势的劳动力大量外流,也意味着粮食作业中高人力资本的流失,农村整体人力资本水平的下降。如果没有新型粮食经营主体和科技等"要素流入",没有相应的措施和制度安排,农村劳动力边际产出与粮食边际产量面临着低产出率和低效率。农村劳动力转移包括世代交替需要很长时间,外流的农村劳动力往往成为"两栖人口",原本由低成本的农村适龄劳动力构成的粮食生产人口红利和由资本匮乏构成的收益率红利逐渐减少。

"粮食问题是发展中国家所面临的主要农业问题。"(速水佑次郎,1986)。按照自然禀赋和比较利益原则,我国分为粮食主产区、主销区和平衡区,粮食问题在不同区域具体表现不同。如何提高产出效率和维持可持续性高效率生产是主产区面临的主要问题,而实现能力安全是主销区面临的主要问题。现有文献主要从生产、流通、交易和消费视角研究粮食安全问题,多从全国层面强调粮食数量安全。联合国粮农组织(1974)关于粮食安全(food security)的定义包含了两个重要维度,即"供给能力"和"获得能力",最终目标是"确保所有的人在任何时候既能买得到又能买得起他们所需要的基本食品"。在新型城镇化过程中,一方面,农村劳动力转移,通过外出打工增加收入,从而可提高从市场获得粮食需要的能力;另一方面,外出打工本身减少了其粮食自给能力,从而影响供给能力。实证测算发现家庭联产承包责任制的贡献度发生了变化,大大低于林毅夫测算的1992年后的贡献度,并且表现为区域性差异,因此,需要根据自然禀赋和比较利益原则,分析粮食主产区与主销区的区域分工和合作;从粮食的供给和获得能力两个主要维度出发,做出农村劳动力外流与粮食安全协同发展的制度安排,减少交易费用、明晰政府行为的作用边界。揭示农村劳动力转移对粮食安全的影响问题的研究,对于城市化和工业化进程中我国粮食产出效率的提高、农民利益问题的调整、粮食生产的可持续发展和安全的保障等可提供政策支撑,具有实际应用价值,并为我国经济转型发展过程中城乡劳动力市场整合和解决"三农"问题提供科学的参考。

第二节　研究的理论与应用价值

本研究在厘清我国粮食管理体制变迁的基础上,遵循比较利益和自然禀赋原则,分区域即粮食主产区和主销区探讨农村劳动力转移的不同影响,研究农村户籍制度演变与农村劳动力转移情况以及对粮食生产的影响。我国的农村劳动力转移过程,实质上是劳动力从农村外流到非粮产业和非农产业的过程,因此,研究我国农村劳动力转移就是研究农村劳动力外流问题。本研究时间是改革开放至今。我们选取实证模型分析的时间跨度以1978年改革开放到2008年为主,原因是这段时间跨度内的农村劳动力外流具有代表性和时代特征意义。考察农村劳动力转移和家庭联产承包责任制等制度安排对粮食产出的贡献率及其变化,以及由此带来的其他制度安排和影响,如生产函数新内涵和要素替代与对流的制度安排、区域不同分工问题以及阿马蒂亚·森的可能性自由选择问题等,研究的理论与应用价值体现如下。

1.丰富了粮食安全理论

本研究揭示了农村劳动力外流对粮食安全的影响机理,提出了粮食安全不仅是数量安全,更是效率安全与能力安全。联合国粮农组织对粮食安全在不同时期有不同的界定,在我国进入经济新常态后,粮食安全不仅是指数量安全,更要强调效率安全和能力安全。城市化和工业化进程中必然有大量农村劳动力转移,粮食是密集型产品,粮食生产时间与劳动时间不一致,属于低附加值弱势产业。我国农村人多地少,农村劳动力转移可以缓解粮食生产的过密化、内卷化生产现象。随着农村劳动力转移,需要农业生产结构的调整、粮食生产主体的更新和新要素的组合,因此本研究具有重要的理论价值。目前来看,农村劳动力转移后,粮食生产也随之大量兼业化和副业化,转移的劳动力甚至出现了不重返性现象。与此同时,农户选择非粮生产也带来了粮食能力安全的实现。2015年颁发的《深化农村改革综合性实施方案》提出深化农村集体产权制度改革。我国有18亿亩耕地,其中承包的农户有2.3亿亩,农民户均种地不到10亩,规模经济和规模效应都没有体现,农地有序流转和适度规模经营成为新方向。随着农村劳动力外流,从粮食生产密集要素投入过度到要素效率的提升,再到创新驱动的新发展,需要通过经营主体创新培养新型职业农民,让务农成为一个有吸引力的职业,成为主动的自愿选择;通过农地有序托管和流转,带动适度规模经营。因此,这些新问题和新内容的进一步研究,丰富了粮食安全理论,具有重要的应用价值。

2. 探索产出增长与新要素组合

农村劳动力转移的同时也是农村家庭劳动力重新配置过程,需要有"要素替代"与"要素对流"的制度安排。不同时期的要素投入和农村劳动力外流情况均不同,在柯布—道格拉斯生产函数(C-D生产函数)和索洛(Solow)经济增长模型中,资本(K)和劳动(L)要素对粮食产出的贡献随着劳动力的外转移而变化,需要有新的要素流入并替代。本研究将在测定现有劳动、资本和制度等因素对粮食产出的贡献基础上,研究"要素替代"长期生产函数与新要素组合模式,以提高粮食边际生产率;研究最优劳动投入量,确立新内涵的生产函数;研究农村劳动力要素流出的同时,分析新型主体、资本与技术等新要素流入方式;重视农业生产技术要素(A)和基础设施的投入对增加产出的重要影响,即索洛余值。生产函数决定生产可能性边界,农村劳动力外流需要农村人力资本资源重新配置,即改变原有粗放增长方式,提高效率(TFP),改变农业经济增长方式,实现费和拉尼斯(Fei & Rains,1964)"粮食短缺点"向"商业化点"的过渡。

3. 实现区域合作兼顾平衡

根据自然禀赋和比较利益原则,粮食生产在空间分布上有明显的地区性差异,本研究对相关理论和制度变迁进行了综述和梳理,就粮食主产区和主销区分别测算粮食综合比较优势,实证分析了制度等因素的边际效应和影响变化问题,如家庭联产承包责任制对不同区域的粮食产出贡献率变化与差异问题,这对推进城市化进程和实现粮食安全意义重大。我国粮食安全问题在不同的区域的表现和侧重点不同:主产区主要表现为粮食的边际产出效率和可持续生产问题;主销区主要表现为市场调入和获得能力问题。根据自然禀赋与比较利益原则,以及阿马蒂亚·森的"可行能力"观点,主销区兼顾平衡,从国内外市场适量换取耕地密集型的粮食产品,是一种自由选择的可能性能力,可实现功能分工和区域互补,粮食获得能力安全可防止粮食安全问题产生的溢出效应,有效进行供给侧改革。

4.界定政府和市场行为的边界

城镇化和粮食市场化需要政府更加重视可能由此带来的粮食安全问题,实现交易费用相对节约的同时确保粮食安全。粮食等大宗产品是公共产品,其生产与储备具有保障国家安全的公共服务性功能。政府适度干预在某种程度上可以弥补市场缺陷,例如我国粮食生产连续十二年不断增长,库存也随之增加。农村劳动力外流过程中会带来粮食安全问题,国家为了保障农民的合理收益,不断适当提高临时收储价和最低收购价。但由于国际粮食价格下跌,因此,政府干预也可能引发政府失效。国内粮食品种供给和价格问题也是进口粮食不断增加的重要原因。因此,应界定政府和市场的合理边界,从国民经济发展循环的社会安全视角看待问题:用补需方的方式提供补助,把粮食价格与补贴分开,适当实行直接补贴农民政策,以补偿正外部性和达到最低经济规模;找到一个让种粮农民的务农收入不低于外面打工收入的均衡点,甚至不低于当地的城镇居民收入,让种粮成为人们的自愿选择;探讨经济转型、城乡一体化和谐发展的制度安排,调动财政、社会资金投向"三农"。本研究旨在明晰政府与市场作用边界,建立动态粮食安全长效机制,实现城乡一体化发展。

第三节　研究路径和方法

1.研究路径

本研究的研究路径是:从我国粮食自然禀赋和比较利益出发,研究不同区域的粮食安全问题,背景是农村劳动力大量转移即劳动力从农村外流。本研究遇到的挑战如下:一是怎样实现劳动力流动理论与粮食安全理论有机结合;二是怎样实现纯理论与经验研究的有效结合。为此本研究做了如下主要尝试:首先,研究农村劳动力外流对粮食安全的影响,根据不同区域资源禀赋和比较利益原则,分区域即粮食主产区和主销区分别进行比较研究;其次,实证分析两个区域粮食生产比较优势、农村劳动力及其他投入要素和联产承包责任制等制度因素对粮食产出的不同影响,讨论不同生产函数的贡献率;最后,研究"要素对流"和"要素替代"均衡模式,从"生产"和"获得"意义上研究农村劳动力外流与粮食安全的协同问题,研究新的资源配置和生产组织方式、制度安排和政府作用边界,以达到"去二元结构"的长效机制。因此,本研究可概括为"两条线"和"两个区域",主要研究方法如下。

搜寻和梳理中外关于劳动力流动的经典经济学理论和粮食安全的文献,找到两者结合点,并在此基础上考察我国城市化进程中和农村制度变迁过程中独特的农村劳动力等要素的流动,及其对粮食安全即粮食生产效率安全和能力安全的影响。在重点厘清农村劳动力外流的历史变迁与粮食管理体制演化关系的基础上,分析市场效率与社会均衡下的区域"比较利益"与"可行性"能力,为全书强调分区域效率与平衡、兼顾发展的研究构建理论框架。

重点研究改革开放以来我国农村劳动力投入和粮食生产情况,通过历年统计年鉴资料,如《中国农村统计年鉴》、《新中国 60 年农业统计资料》和国家农调队等资料,采用统计分析和计量经济学方法,重点考察有代表性的1978 年到 2008 年间及 2008 年到 2015 年间这两个时间段的农村劳动力外流、土地等要素投入、家庭联产承包责任制等因素对粮食产出的影响,并讨论其对粮食主产区与主销区不同的影响表现。考察农村劳动力外流在缓解粮食生产内卷化、过密化增长的同时,是否能实现可持续发展和提高粮食产出率。在此基础上讨论解决农村劳动力结构与粮食生产失衡的问题。

2011 年至 2013 年间,课题组对粮食主销区浙江农村外流进城打工的农民工进行了三次专题调查,调查了浙江 30 个地、市、县,内容主要为农村劳动力外流情况、粮食生产主体情况和家庭内外经营情况。主要分农村劳动力在家务农、在外打工和已经迁移三类人群。从而讨论主销区粮食自给底线以及不同于粮食主产区的安全目标,研究主产区与主销区的市场分工利益与互补问题。

整个项目研究特别关注青壮年农村劳动力外流后的留守老弱妇女、兼业副业成为粮食生产主力和生产方式的可持续性以及新生代农村劳动力新问题;研究如何通过"要素替代"提高粮食生产的边际产出和边际收入,化解

"二元"结构,实现城乡收入均等。为此本研究做了个人访谈和比较研究,利用国际学术会议的机会进行了研究成果汇报交流,尤其是利用项目主持人(笔者)受国家公派,于2014年5月到2015年5月在剑桥大学土地经济系访学的机会,对英国相关农村与劳动力相关政策进行了借鉴学习,并与剑桥大学土地经济系相关领域的资深教授与博士生一起做了实地调研与考察,丰富了理论与感性认识。研究思路与技术路线如图1.1所示。

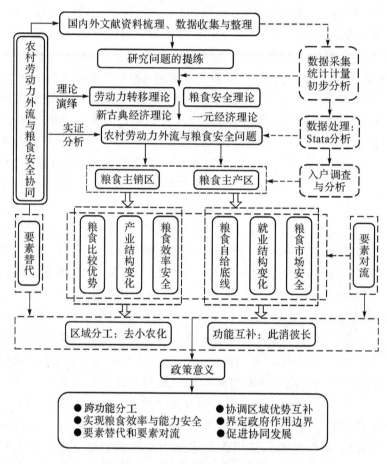

图 1.1 研究路径和结构框架

2.研究方法

本研究采用了历史梳理与逻辑分析法、分类研究与实地调查法、实证计量与比较研究等研究方法。

(1)历史梳理与逻辑分析法。首先,描述我国农村劳动力转移变迁客观历史发展的自然进程,从新中国成立的粮食计划管理与农村劳动力高度性参与,到1978年改革开放后家庭联产承包制与农村劳动力高效率投入,以及之后的粮食"双轨制"与农村劳动力外流启动(1985年至2000年),到2001年粮食购销市场化与农村劳动力外流加速至今。通过实事求是的叙述和梳理,在揭示我国农村劳动力外流与粮食生产历史的基础上,运用逻辑的方法,通过概念、范畴形成理论体系,以历史梳理方法为出发点,追随我国粮食市场化改革与农村劳动力外流变迁历史发展,并与客观事物的结构过程保持一致,借助相应的逻辑概念、范畴来反映对象发展规律。

(2)分类研究与实地调查法。我国区域禀赋差距较大,农村劳动力向外转移数量、粮食生产规模和效率、比较优势在不同区域表现不同。本研究首先进行分类研究,分粮食主产区和主销区,主要考察改革开放以来,不同区域农村劳动力外流情况,以及由此带来的对粮食生产的影响,得出了比较有价值的结论;其次,选取既是劳动力外流表现突出地区又是接纳外来劳动力的代表性地区进行乡野调查。研究选取了主销区浙江,分三次调查农村外流劳动力情况。先以浙江350户农户的调查分析为例,获得相关的第一手信息资料,之后追加到450户,以问卷调查和访谈为主,通过专家咨询和小型会议等方式,进行农村劳动力外流情况和由此带来的粮食生产、供给和刚性需求、粮食缺口等情况的调查研究。

(3)实证计量与比较研究法。首先,分区域进行比较优势指数测算和分析,从而得出粮食主产区与主销区的粮食生产比较优势差异;其次,运用灰色关联度测度方法,测算粮食生产投入要素劳动力用工、物质投入对粮食单产的关联度;最后,采用实证计量分析方法分别测算常规生产要素和非常规生产要素对粮食产出率的影响。粮食常规生产要素主要有劳动力、土地、化肥、农业机械设备等,非常规生产要素有家庭联产承包制、农业政策、复种指数等。同时,将粮食主产区与主销区分析结果与全国层面、粮食平衡区情况进行比较。从区域角度实证比较分析并做出相应模式和实施方案选择。

本研究路径的切入点是把"两条线"和"两个区域"结合起来研究。"两条线"研究:一条线是农村劳动力转移,另一条线是粮食安全问题;"两个区域"比较研究:一个区域是粮食主产区,另一个区域是粮食主销区,从资源禀赋与比较利益原则出发分别考察与比较分析。研究路径上突出"两条线、两个区域",本研究把农村劳动力外流与流出地的粮食安全问题结合在一起,重点从粮食主产区、主销区视角讨论农村劳动力转移对粮食安全的区域影响差异,并且比较全国宏观层面和粮食平衡区的情况。本研究首先测算了粮食主产区和主销区各自的综合生产比较优势指数。容量分析主产区和主销区粮食生产综合比较优势指数,计算综合比较优势指数的结果分别是大于1和小于1,说明粮食主产区比较优势显著,而粮食主销区不具备比较优势。采用灰色关联度法,分析了劳动力和物质等要素投入对粮食单产影响的关联度。在此研究基础上应用格里克斯(Griliches,1963)提出的生产函数方法,采用计量经济回归分析方法扩展柯布—道格拉斯(C-D)模型,运用OLS法来评估与验证劳动力等因素投入变化对粮食产出的影响。本研究在C-D生产函数四种常规因素的基础上(即投入土地、劳动、资本、化肥),增加了其他一些因素如制度因素、复种指数等等,主要实证分析农村劳动力外流、联产承包责任制等因素变化对粮食产出率的影响。2008—2013年间,研究团队先后组织浙江财经大学的学生利用实习和放假机会,对主销区浙江进行了多次专题调查,入户调查450户,回收417户资料,涉及外出劳动共1582人。调查内容包括主销区农村劳动力外流年龄、性别、教育程度等情况,外流后劳动力非农工资性收入即"获得能力"情况,以及对粮食生产等的影响情况。通过以上调查,本研究主要考察和分析"买得到"(生产能力)和"买得起"(获得能力)问题,即按照联合国粮农组织(FAO)对粮食安全定义的两个主要方面加以深入考察。

第二章 理论分析与文献研究综述

　　关于劳动力流动理论及实证研究的文献,从早期的李嘉图、马克思到刘易斯的二元理论,以及在刘易斯模型基础上发展的拉尼斯—费景汉、乔根森三阶段模型、托达罗概率雇用模型等,不乏丰富的劳动力流动经典理论和模型研究。Stark、Lucas、Taylor 等人提出了新劳动力迁移经济学,舒尔茨主张"成本收益理论",他们的观点与刘易斯经典理论有分歧,认为农村不存在刘易斯提出的"边际生产率等于零的剩余劳动力"。关于我国农村劳动力流动问题研究,蔡昉、都阳和王美艳(2003)等对劳动力流动的政治经济学做过深入研究。在此,本章对劳动力流动的经典理论进行归纳和梳理。

第一节　劳动力流动的经典理论与模型综述

　　亚当·斯密(Adam Smith)曾指出,经济发展存在两个不同的阶段:劳动力无限供给的古典阶段和资本相对丰裕的劳动力非无限供给阶段。大卫·李嘉图(David Ricardo,1817)在亚当·斯密绝对利益理论的基础上,提出了比较优势理论。李嘉图认为劳动的无限供给要从长期来看,且雇用工资要超过生存所需要的工资水平。而在短期内,劳动供给是有限的也是固定的。他认为各国和各地区应该遵循其自然禀赋原则,遵循比较优势利益理论,生产自己具有比较优势的产品,并且认为国家和地区间自由贸易的依据是比较优势理论。李嘉图认为,如果低收入国家在工业化进程中不同时推进发展农业生产,就必然会遇到"粮食问题"。由于粮食是基础产品,其价格可以决定生存工资水平,因此,粮食问题会影响劳动者生存工资水平。粮食生产的特殊性决定其受较大的土地禀赋因素限制,人为抛荒弃耕或不恰当的土地整理和占用,会导致耕地资源外延到禀赋更差的土地,从而提高级差地租,增加粮食生产边际成本。

之后俄林(Ohlin)和赫克歇尔(Heckscher)提出的著名的"生产要素禀赋"学说(Theory of Factor Endowment)是对李嘉图模式的发展;里昂惕夫(1951)在对赫—俄理论进行检验后发现,美国是世界上资本最丰裕的国家,但"进口的是却是资本密集型商品,而出口的是劳动密集型商品"这一悖论。萨缪尔森(Samuelson,1948)用资本和劳动构建了模型。在 C-D 生产函数 $(Y=AL^aK^b)$ 的基础上,索洛、斯旺(1956)建立了"索洛—斯旺增长模型"。模型说明要实现稳定增长可以通过市场调节来改变资本—产出比率以及资本—劳动配合比例。后来英国经济学家米德(1961)进一步发展了生产函数,加进了"技术进步"的因素。他主张通过技术的不断进步和生产方法来改变要素投入组合比例,通过劳动力等要素价格的变化和要素替代弹性来改变要素生产率,实现充分就业的经济增长,促进经济的均衡增长。新古典增长模型假定生产中使用的资本和劳动这两种要素是能够互相替换的,即考虑了要素可替代性的问题,所以其模型中的配合比例是可以调整的。新古典增长模型还考虑到了技术进步的因素对经济增长的影响,具有现实指导意义。小岛清(1987)认为在要素禀赋相同条件下,分工仍然是趋势,提出了"协议性区域分工理论"。

从斯密到马克思的古典经济学家都认为支付维持生活的最低工资就可以获得无限的劳动力供给,马克思认为存在产业预备军的相对过剩人口是主要原因。随着资本主义农业的发展,农业资本有机构成提高,机器广泛使用,农业生产对农业劳动力需求减少,在农村中形成了大量的相对过剩人口。[①]马克思认为,这些农村"潜在形式的相对过剩人口"还拥有自己的土地,虽然他们在土地上的劳作时间很少。马克思虽没有直接论述粮食问题,但他认为随着农业经营效率的提高,对农业工人需求会绝对地减少,产生农业劳动力过剩、大批农业工人被永久性排挤的现象,这些被排挤的农业工人不会像工业工人那样还有重新被吸收的可能,这种形式为资本家提供了长流不息的劳动力源泉。伴随着分工,劳动力由农业部门向非农业部门转移。

在李嘉图理论的基础上,刘易斯(Lewis,1954)构建了农工二部门经济

---

① 《马克思恩格斯全集》,人民出版社,1972 年版,第 705 页。

发展模型。他对马克思提出的"增加劳动力后备军的第三个劳动力来源",即效率提高所引起的失业持否定态度,认为根据经济发展对工资有影响的观点,劳动力的供给实际是无限的。凯恩斯在《通论》中也假定劳动力的供给是无限的,而且更加基本的假定是,土地和资本的供给也是无限的。但在当年,刘易斯已经意识到这一假设对于西北欧来说并不正确,所以并不认为这一假设适用于世界上一切地区。"在那些相对于资本和自然资源来说人口如此众多,劳动的边际生产率很小或等于零甚至为负的国家里,劳动力的无限供给是存在的。"[①]在这一点上李嘉图也一样假定在生存工资水平下,农业对工业部门劳动供给的弹性是无限的。李嘉图与刘易斯的观点分歧在于分析形成机制上,前者认为源于马尔萨斯的人口增长规律,后者认为是农业中存在的大量剩余劳动力。刘易斯认为,城乡收入差别扩大的结果将是农村人口向城市空前涌流,即使雇用农业劳动力的边际生产率不为零,只要小于制度工资(institutional wage),就会有无限多的劳动力从农村转移出来(工业雇用者支付制度工资),直到农村剩余劳动力从农业向工业全部转移。刘易斯认为如果劳动力继续转出,农业工资会沿着边际生产率曲线上升,该模型可能出现转折点。转折点后,工业就必须支付高于制度工资的工资来追加雇用劳动力。在刘易斯模型中,只有当劳动力供给不再具有无穷弹性,资本主义部门工资开始上升时才会出现转折点。在古典经济学的世界里,各国都有剩余劳动力;在新古典经济学的世界里,各国都是缺少劳动力的。马克思反对马尔萨斯学派的人口理论,但他仍然认为劳动力剩余总是存在,一旦劳动力供给达到限度,资本积累会增加工资,这又将促使资本的深化,工资则会下降至原来劳动力基本生活水平。刘易斯认识到了劳动力在由农业向工业移动中,可能发生李嘉图所说的"粮食问题",城乡收入差别扩大的结果将是农村人口向城市空前地涌流,他认为如果农民能在农村得到和城市同样的收入,他们就会留在农村。

之后,在刘易斯二元经济模型基础上的发展,有费景汉和拉尼斯(Fei & Ranis,1964)的三阶段模型理论、乔根森理论(Jorgenson)、托达罗(Todaro,1969)的"预期收入"理论。

费景汉和拉尼斯提出了三阶段模型,与刘易斯模型基本相同,认为第一阶段中,农业部门存在边际生产率等于零的"零值劳动力",因此,剩余劳动

---

① 阿瑟·刘易斯(Arthur Lewis),劳动力无限供给条件下的经济发展(1954),《二元经济论》,p.3

力外流不会影响粮食生产。第二阶段是农业劳动力的边际生产率大于零的农业部门中"隐蔽失业"者流动,如果这部分低于"制度工资"水平的"隐蔽失业"者持续转移,而其农业边际劳动生产率却不随之提高,"粮食短缺点"就会出现。如果农业劳动边际生产率随之提高,在第三阶段即会出现"商业化点"。当农业生产率持续提高,且高于"制度工资"的水平时,"商业化点"会与"粮食短缺点"重合起来。因此,注重提高农业生产率成为费景汉和拉尼斯的核心思想。让种粮收入回报高于制度工资回报,这样才不会导致因农业劳动力没有动力种粮或无人种粮而发生的粮食问题。

不同于刘易斯和拉尼斯—费景汉理论用古典主义分析方法,乔根森[①]用新古典主义分析方法,认为随着资本积累上升和技术进步,工资率是不断提高的。乔根森的消费需求拉动劳动力就业转移学说(1961)认为农村劳动力转移的基础是农业剩余,农业剩余规模决定着农村劳动力转移规模。并从马尔萨斯人口论出发,认为经济增长决定人口增长,有大于零但小于实际收入水平的劳动力存在,而非边际生产率为零。工业的发展取决于农业剩余和人口规模。农业剩余前提之一是要有满足大于人口增长的口粮,他认为人口增长依赖人均粮食产出的增长,否定了刘易斯认为的"人口增长由农业人均收入水平决定和工资率是固定不变"的观点,以及费景汉和拉尼斯的"剩余劳动假说和固定工资"观点,认为只有当粮食生产超过最大人口所需口粮时,农业劳动剩余才有可能,劳动力从农业生产向工业转移过程中会产生粮食问题。托达罗(Todaro)却认为劳动力转移的根本动机是城乡预期收入差异,否定发展中国家农村存在剩余劳动力。托达罗提出了农村劳动力向城市迁移决策和就业的概率模型,即概率雇用模型,也称为"预期收入"模型。在比较经济利益的驱动下,农村劳动力理性经济行为是向较高收入的地区流动,因此他主张农村通过综合开发发展来提高收入,吸引农村人口在农村就业,缩小城乡就业之间的不平衡。比较收益与成本是驱动人口流动的基本力量。他认为应把农业自身发展作为消除二元经济结构的主要内容,特别强调农村和农业部门发展的重要性。之后的哈里斯—托达罗模型(Harris-Todaro,1970)认为农村不存在刘易斯所说的剩余劳动力,农村劳动力迁移在相当大的程度上是"盲目的",迁移数量或迁移率随就业率的变化而

---

① 乔根森模型(乔根森理论)是美国经济学家戴尔·乔根森(Jogenson)于1967年在《过剩农业劳动力和两重经济发展》一文中提出的、依据新古典主义(New Classicalism)的分析方法创立的一种理论。

变化。

此后有不少学者对托达罗和哈里斯—托达罗模型进行了改进,如巴格沃蒂(Bhagwati)和施瑞尼瓦桑(Srinivasan,1974)等,他们改进了模型在特定部门的黏性工资以及限制劳动力流动政策的适应性条件。奥尔森(Olson,1985)认为农业的主要作用是向不断成长的工业部门提供剩余劳动力和剩余价值;斯达克(Stark)和卢卡斯(Lucas,1988)提出了"契约性安排"(contractual arrangement)理论,他们认为在不发达国家,从农村移往城市,通过一种协商的契约安排农民与家庭其他成员间的关系,并加以模式化。家庭成员间通过契约安排重新配置家庭资源,外出打工收入汇款寄回农村,可以实现家庭总收益最大化,并用"相对贫困"这个概念来解释转移问题(1991),检验贫穷假说。通过研究墨美农户对国内或国际转移的选择,发现其迁移概率与相对贫困度呈倒 U 形关系。斯达克、卢卡斯和泰勒等人在 20世纪 80 年代提出了新劳动力迁移理论,认为农村家庭生产经营的规避行为和相对贫困度这两大因素是劳动力迁移决策的依据,强调移民作为农村家庭成员的性质和迁移作为经济制度的复杂性(Stark,1991;Taylor & Martin,1999)。这些弥补了托达罗"预期收入假说"解释力不足的问题,是对托达罗模型不足的弥补。

推—拉理论[①](Williamson,1988)认为,农村人口向城市的迁移,可能是来自经济发展较快城市的拉力,也可能是来自经济形势恶化农村的推力。城市的经济政策倾向、技术进步、投资环境等拉力,大于有社会网络、亲情等农村本身的吸力;或者农村推力大于城市拉力,都会使农村劳动力从农村向城市转移。

西奥多·W. 舒尔茨(Theodore W Schultz,1987)理论与刘易斯等经典理论的较大分歧在于,其认为农村边际生产率等于零的剩余劳动力是不存在的。他认为人们迁移行为与农村是否存在剩余劳动力无关,作为投资选择,权衡的依据是迁移后收入大于迁移所需成本,因此,农村是否存在边际生产率等于零的剩余劳动力,不是农村劳动力迁移的依据,依据是迁移后收益大于迁移成本,即舒尔茨的"成本收益理论"。该理论也寓意着如果农村

---

　　① 19 世纪末,雷文斯坦(Ravenstein)在《人口迁移规律》一书中指出,人口迁移的原因是多方面的,如受歧视、受压迫、沉重的负担、气候不佳、生活条件不适合等,但是人口迁移的主要原因是经济因素。此理论被认为是人口迁移推—拉理论的渊源。最先提出该理论的是20 世纪 50 年代末的巴格内(Bagne)。

收益大于迁往城市的收入,农村劳动力就不会选择外流,因为,农村生活成本低且有乡情、亲情等社会网络。舒尔茨主张通过农村人力资本的投资与开发促进农业生产力发展。舒尔茨认为所有要素中最重要的是人力资本要素,应该让农民学会现代农业生产方式,以国内生产来替代依赖国际粮食援助[①],重视对传统农业的改造,才能持续发展农业和现代工业。

埃斯特·博塞拉普(Ester Boserup,1981)和西奥多·舒尔茨不同,她主要从发展中国家农业经验出发,强调人口增长是独立自变量,推动了耕种频率的上升以及技术演变。Braun(1993)、Taylor和Willliamson(1997)认为要素流动有利于过剩要素转移,缩小地区差距。Stark(1998,2002)和Wang(2002),Kanbur和Rapoport(2005)讨论了高素质劳动力迁移对迁出地的影响,研究了迁入与迁出地人力资本积累正反馈的分析模型。

综合以上劳动力流动的经典理论与模型,刘易斯的经典理论假定技术不变,忽略了农业的发展;拉尼斯—费景汉模型虽然改进了刘易斯理论,强调了农业的重要性,但只把农业发展看作工业化的一个条件;到了乔根森模式中,粮食是整个农产品的代名词,认为存在农业剩余时,粮食需求收入弹性为1,但这也是其理论缺陷,在粮食需求的收入弹性为1时,人们把所有的收入都用来购买粮食,粮食的购买欲望没有随着人们收入增加而增加,当人均粮食产出超过人口增长所需的临界水平时,农业剩余劳动力就会外流,此假定与事实不符。托达罗强调了农村劳动力外流过程中应加强农业本身的发展问题,认为消除二元经济结构需要发展农村经济,这符合目前我国城乡二元体制的转换现状与今后发展方向,但托达罗只考虑迁移者的迁移成本而忽略了他们的城市生活成本。舒尔茨认为传统农业的改造是农业部门和现代工业部门持续发展的保证,要重视对传统农业的改造。这些文献为我们的研究提供了很好的借鉴。

1. 农村劳动力外流的现实、问题与举措

关于中国劳动力流动问题的研究,经历了宏观层面和专题深入阶段。蔡昉、都阳和王美艳(2003)等做过很好的文献综述与综合研究,探讨了劳动力流动产生的动机和意义,估计了劳动力流动的规模。周其仁、李实(1997),赖小琼(2004),林毅夫(2003),赵耀辉(2007),研究了劳动力流动的机制与模型。胡斌(1996)认为我国农村劳动力外流是农民追求经济收入最大化的过程,也是家庭

---

① F. M. Fisher(1963),V. W. Ruttan(1993)认为粮食援助也有正面效果。

劳动力资源重新配置的过程;张保法(1997)认为农业劳动力的转移是中国TFP 增长因素之一,劳动力资源再配置效应可以解释我国全要素生产率增长的 37%～54%(胡永泰,1998)。赵耀辉(2005),盛来运(2007)认为劳动力转移对家庭收入有积极影响,与家庭贫困缓解呈反向关系。陈钊、陆铭(2008)认为农村劳动力外流使得劳动力投入结构变动,这是农业全要素生产率增长的一个重要原因,从而提高了粮食产量。农村劳动力外流促进了其他要素的投入,如农户购买生产性服务或增加机械投资(侯方安,2008;Ji et al.,2012),这不仅不会导致农业的萎缩,还有利于促进农村经济发展(盛来运,2007)。瑞雪·墨菲(2009)认为农民外出务工提高了资源的获取能力。外出务工经历促进了农村劳动力的能力发展(石智雷、杨云彦,2011)。农村劳动力进城务工,成为农村住户最重要的一项现金收入来源(朱玲,2013),农村劳动力外流后,通过其汇款流入可以解决农户使用农药化肥等资金需求,提高农业产出率。但也有学者认为劳动力外出务工对粮食生产有负面影响(Rozelle et al.,1999;钱文荣等,2010)。劳动力外出务工与非农收入提高会使农户粗放经营农业生产,导致技术效率下降(Mochebelele & Winier Nelson,2000)。文化程度较高的农村劳动力外流,造成了农业劳动力的人力资本下降,影响粮食产出(Goodbur,2009;Mancinel li et al.,2010)。王德文(2006)研究了我国劳动力流动的新趋势,吴敬琏(2002)指出应改革和完善现有的土地承包制,蔡昉(2007)指出"刘易斯拐点"已经到来。

针对农村劳动力外流带来的问题,舒尔茨(1987)认为加速传统农业向现代农业转变,应重视人力资本投资,如建立"补偿性教育机制"来提高农业人力资本。林毅夫(2003)指出必须依赖技术水平的不断提高,以满足未来我国粮食需求的增加,并认为合理的制度安排会促进农民对新技术的采用,提高农民的生产效率。学者们还关注制度因素的影响,制度环境是促进农民能力发展的关键性因素(林毅夫,2008)。Caietal 和蔡昉(2005)认为严控的户籍制度阻碍了劳动力外流,从而导致劳动要素低效率,扩大了地区差异。齐城(2008)研究了土地适度规模经营与劳动力流动问题。

2.农村劳动力剩余估计和外流关联因素

农村劳动力剩余是一个动态的概念,界定方法主要有以下几种。

边际生产率标准估算法。阿瑟·刘易斯(Arthur Lewis,1954)以边际劳动生产率为标准衡量农村劳动力剩余,其关键点是假设边际生产率为零甚至为负。农村边际劳动生产率等于或小于零时即出现劳动力剩余。测算分为狭义和广义,主要看农业生产技术、耕作方法是现有的还是较先进的,比较现有的劳动力数量与需要的劳动力数量之差。

新古典经济学理论估算法。古典经济学界定农业剩余劳动力,主要是靠观察劳动力外流后会不会造成农业产量的下降,从供给与需求的缺口看是否存在剩余劳动力;新古典经济学以舒尔茨为代表,从农业边际收入与非农边际收入的差距来界定是否存在剩余劳动力。

农产品剩余标准估算法。乔根森(Jorgenson,1961)从农业剩余视角估算农村劳动力剩余。当人均粮食供给率超过最大人口增长率时,就会产生农业剩余,农业劳动力开始向工业部门转移。剩余农村劳动力向工业部门转移的基础是农业剩余。

国际标准结构估算法[①]。钱纳里用相同 GDP 水平国际标准对比农业劳动力总数,算出剩余劳动力的数量。钱纳里划分了 9 个等级的"标准结构"量表,各个国家或地区可以参照这一量表,测定是否存在农业剩余劳动力。但该估算法的最大缺陷是忽略了各国国情、文化和制度因素的影响。城乡户籍制度壁垒造成的农村劳动力流动障碍是我国国情。

国内学者运用不同的剩余估计法测算了我国的农村劳动力剩余。如采用了国际标准结构模型法的学者认为当前农业剩余劳动力的转移已基本完毕,但是从发展的角度看,仍将有农村剩余劳动力向外转移。从结构转变的角度看,要求对相应的政策和制度等做出相应调整,进一步释放农业劳动力。郭熙保(1995)认为农业剩余劳动力规模取决于劳均耕地,即"地劳比",由此提出新的界定标准,只要劳均耕地面积下降就存在农业剩余劳动力,即农业劳动力人数增加快于耕地面积增加。章铮(1995)根据中国自然资源的全部存量来计算中国农业劳动力的合理数量。何景熙(1999)将有效工时作为劳动力剩余的界定标准。之后的杜鹰(2001),刘建进、蔡昉(2002),王检贵、谢文斗(2003),陆学艺(2004)和马晓河(2007)等也估计了劳动力的剩余情况,侯风云(2004)认为衡量劳动力剩余的标准是务农收入与务工收入的比例。国家统计局农村社会经济调查总队(2002)利用 C-D 生产函数,估计我国农业剩余劳动力规模为 4000 多万人(纪韶,2005)。国家统计局全国农民工监测调查报告显示,2012 年我国农民工总量达到 2.62 亿人。蔡昉

---

① 钱纳里对全世界 101 个国家(含 27 个变量)进行回归分析,得出以人均国民生产总值(GNP)为因变量(Y),1950—1970 年 27 个社会统计指标为自变量(X)的回归模型。

(2016)认为,2010 年时,人口发生了巨大的转折,劳动供给人口达到了峰值,之后出现了负增长①。

关于农村劳动力外流的关联因素分析,朱农(2004)采用开关回归和结构 Probit 模型,研究发现外出打工参与概率与文化程度呈倒 U 型关系。Rozelle、Taylor 和 Alan de Brauw(1995)调查研究发现家庭人均土地面积减少会促进家庭迁移。

以上文献涉及劳动力流动的经典理论、模型综述、现实问题以及剩余估计、外流关联因素等内容。刘易斯、费景汉和拉尼斯的农业发展模型,是建立在劳动力同质性假设的新古典经济学上的。在刘易斯理论的基础上,费景汉和拉尼斯将农业部门与现代工业部门趋同的必要前提确立为短缺点和商业化点重合。刘易斯、拉尼斯—费景汉模型的现实影响力是巨大的,他们的理论成为发展中国家农业发展的主流思潮。我国农村劳动力外流主要是工业化进程中的城市就业拉力因素导致的,不是因为农业发展导致的农村劳动力外流,更多的是出于刘易斯认为的城乡收入差别。我国农业劳动力的转移表现为对相对优质的人力资本选择性的外流,这是刘易斯和拉尼斯—费景汉模型未曾涉及的,也是我国农村劳动力转移不同于世界上其他各国劳动力转移的特征。因此,劳动力转移后留守农村的粮食生产者不仅是量的减少,更是质的下降。

第二节　粮食安全问题的理论综述

1.粮食安全概念界定的演进

粮食安全概念的界定是一个不断演进的过程,从概念界定出发准确衡量与评估粮食安全,可以及时有效地制定和调整粮食安全政策。美国经济学家阿尔伯托·瓦尔德斯(Alberto Valdes)较早对粮食安全做出论述,粮食安全指"缺粮国家或这些国家的某些地区或家庭逐渐满足其标准消费的能力"。在第一届世界粮食安全首脑会议(1974)上,联合国粮农组织(FAO)确定的粮食安全是"保证任何人在任何地方都能得到为了生存和健康所需要

---

① 蔡昉.劳动力拐点影响经济增速减缓,2016(第十四届)中国企业竞争力年会讲话,2016 年 12 月,北京。

的足够的食品",强调了宏观层面粮食安全的重要性,"全球和国家充足的粮食供给"是人们关注的焦点。1983 年 4 月,联合国粮农组织对粮食安全又进行了修正,即"确保所有的人在任何时候都能买得到、又能买得起所需要的基本食品"。突出了粮食的"供给能力"和"购买能力",强调了粮食安全微观层面的重要性。世界银行(World Bank,1986)认为粮食安全即"所有人在任何时候都可获得能保障其过上有活力和健康生活的足够食物"。1996 年第二届世界粮食安全首脑会议重申了粮食安全的目标是"人人都有权获得安全而富有营养的粮食",关注的焦点还是粮食可得能力。

粮食安全概念从宏观到微观有多个层次演进(Smith,2000)。宏观层次通过全球及整个国家食物获取能力来反映。微观层次反映了家庭和个人的粮食获取能力,这取决于该家庭的"全部收入"包括现金收入、自产自用实物收入及自我提供的劳务。最微观层次的粮食安全直接涉及个人的营养安全(nutrition security)状况,从粮食安全概念界定的演变看,从主要关注粮食的充足供给(即解决"买得到"问题),到关注人们有条件获得粮食(即"买得起"问题)。岸根卓郎(1991)认为粮食安全既要避免粮食危机又要使生活稳定化、高级化和多样化,因此从关注粮食量的保证到了关注营养安全要求,他认为营养安全是确保微观家庭和个人能过上有活力和健康生活的基础。因此,"粮食供给能力"和"粮食获得权利"是粮食安全的重要维度,粮食安全问题既是由粮食生产不能满足人口增长的需要引发的,也是由人们的粮食获取能力不足(Sen,1981)引发的。贫困及个人原因导致的食物获取能力不足是微观层次的问题(Smith et al.,2000)。粮食安全很难用某一个指标完全衡量,如食物消费量、贫困及营养不良指标、财产及收入指标等都是衡量粮食安全的指标(Chung et al.,1997;Haddad et al.,1994;Bouis,1993;Maxwell,Franken Berger et al.,1992)。1975 年联合国粮农组织(FAO)开发了粮食与农业的全球信息及预警系统(GIEWS),对粮食安全进行全方位的监测。

我国学者对宏观经济波动以及农业部门经济预警问题的研究(刘树成,1991;王小波等,1994;马九杰等,1999),对粮食安全问题的预警研究有借鉴意义。目前对有关粮食安全问题的研究视角多侧重于宏观即国家层面,目标是保护和提高粮食生产能力。但钟甫宁(2004)提出我国粮食问题的重点应是弱势人群的粮食可获性,即从"买得起"角度分析;也有学者从微观视角提出了"全部收入"的概念来说明家庭与个人粮食获取能力(马九杰等,2001)。根据自然禀赋与比较利益,分粮食主产区与主销区来分析农村劳动力外流与粮食安全的影响关系的研究较少,而这将是本书关注和研究的重点。

2.粮食获取能力、自给底线与比较优势

关于粮食获取能力的研究,Bigman(1993)提出了粮食不安全指数,类似于衡量贫困问题的 Sen 指数,以探讨家庭间粮食获取能力差距与粮食安全之间的关系。学者们研究了农村劳动力转移带来的农民收入增加与粮食获取能力的关系,赖存理(2000)认为,劳动力转移促进了土地的流转和规模经营,增加了农民收入,反哺了农业。陈耀邦(2001)指出农村两项重要工作是增加农民收入和确保粮食安全。农民收入水平是影响我国贫困地区农村农民粮食和食品安全保障的最主要因素。农业人口从农业向非农产业转移是长期、持续地增加农民收入的关键(林毅夫,2014)。郭跃等(2003)论述了农民收入多元化与粮食安全的关系。不少学者认为农民收入增长缓慢是当前影响我国粮食安全的重要因素,指出农民对收入增长速度的预期,与粮食生产及安全是相互影响的(王雅鹏,2005)。谭向勇(2004)探讨了农民增收与国家粮食安全的根本出路。

现有文献还从粮食自给与比较优势视角分析粮食安全问题。近藤康男和摩根(1983)分别论述了粮食自给、比较优势贸易是资源短缺地区保障粮食安全的重要途径。蔡昉(1994)认为过分强调粮食自给自足会影响农业资源的配置效率,从比较优势与贸易利益的角度对中国粮食战略进行了反思,认为依靠国际贸易有利于发挥农业的比较优势,实现粮食安全(蔡昉,1997;茅于轼,2004)。卢锋(1998)指出我国长期以来存在过分强调粮食自给自足的"泛政治化"认识误区,研究表明,在经济增长和结构转型过程中,人均耕地占有量资源禀赋较小的国家,粮食生产比较优势会下降。提高自给自足水平的政策选择不仅导致资源配置低效,而且不利于粮食安全水平的提高。张培刚、廖丹清(2001)认为粮食自给率95%的标准应调低,确保粮食安全并不意味着所有地区都要实现粮食自给(韩俊,1994)。中国是一个快速发展的国家,按照比较利益原则进行国际贸易,多进口缺乏比较优势的粮食,对农民收入提高、经济增长和资源配置改善都有利(林毅夫,2004)。

现有研究多从国家层面讨论粮食安全问题(柯炳生,1995;黄季焜、S. Rollze,1998;李炳坤,1996;严瑞珍、程漱兰,2001;钟甫宁、卢锋,2004),少数文献分粮食生产区域研究。郑有贵等(1999)发现在市场化改革进程中,我国粮食区域流向由"南粮北调"演变为"北粮南运",粮食生产在南北方区域经济发展中的比较优势表现出差异。蔡昉(1994),伍山林(2000),陆文聪、黄祖辉(2004)从产业结构、比较优势和规模经济等角度探讨了粮食生产的地区变化,认为我国粮食生产具有稳定的区域变化特征,但这些研究没有对要素进行分解。

3.粮食问题向农业调整问题阶段的理论转变

速水佑次郎(2002)认为低收入国家在工业化过程中必然会遇到粮食问题,再过渡到"贫困问题阶段"和"农业调整问题阶段"。李嘉图认为低收入发展中国家在工业发展初期阶段,随着经济增长、农村外流劳动力的扩大以及工资收入的提高,对粮食的需求会加速。当在工业发展阶段中粮食供给增长赶不上需求增长时,就会引起粮食价格上涨问题,并促使工资上涨从而影响工业化进程。发展中国家一直实行工业化优先政策,农业投入相对缺乏,农村不重视提高粮食作业的能力和水平,导致农业生产率提高缓慢。这些文献对于我国工业化进程中的劳动力外流对粮食生产的影响有较大的借鉴意义。由粮食问题转向贫困问题阶段,还是转向农业调整问题阶段,是农业的核心问题之一。速水佑次郎(2003)认为当粮食消费接近饱和时,生产要素尤其是劳动要素,要足够快地从农业转移到非农部门,否则,农业劳动报酬就会低于非农收入。农业劳动力向非农业部门转移需要一个漫长时期,转移后收入将提高。因此,速水佑次郎主张用促进农业技术进步和国外进口的方法来解决粮食的价格上涨问题。发展中国家采取压抑农产品的价格政策,实际上是对农业的掠夺,是将农业所得人为地转移到工业部门,虽然可暂时缓解粮食的供不应求,但它会挫伤农民生产的积极性,减少农业技术进步所必需的农业投资。从长远来看,会加剧粮食问题。因此,随着产业结构升级,劳动密集型产业向资本和知识密集型产业转换,劳动力转移会缩小产业间的收入差距,使粮食问题向农业调整问题转变。

长期以来,我国粮食生产主要靠增加劳动投入来实现,因此存在"内卷化"现象(帕金斯,1984;黄宗智,1986)。受制于粮食规模生产的适宜性影响,粮食投入要素的利用率低(马九杰等,2001;许庆等,2011)。在全球化背景下,实现粮食问题转向农业调整问题转变的一个有效选择是提高科研与技术等要素的投入,在市场化、国际化背景下我国粮食安全需要有相应的对策(黄祖辉等,2006)。灌溉、教育及其他基础设施的投资是农业增长的主要动力(Huang Jikun & Scott Rozelle,1995)。学者们讨论了中国土地、技术等要素投入和制度变迁对农业发展的重要作用(姚洋,2000;张红宇 2002)。林毅夫(1992)应用格里克斯(Griliches,1963)函数分析的结论是中国在1978—1984 年间的粮食产量增加,得益于家庭联产承包责任制这一制度变迁带来的显著影响,农业生产率显著提高,对粮食产出的贡献率高达46.89%。家庭联产承包责任制解决了生产的监督和激励问题。陈飞、范庆泉和高铁梅(2010)运用 Nerlove 的适应性预期模型(1958,1979,2001),采用动态面板 GMM 方法,发现农业政策对粮食产出影响显著。陈飞等(2010)、朱晶(2003)、黄季焜等(2009)等不少学者提出提高粮食生产力、实现长期粮食安全目标需要提高农业科研投入,提高粮食生产技术效率。各地区保障粮食的有效供给需要针对当地粮食生产情况,投入和创新农业科学技术(王德文,2001)。

以上文献分析主要关注在国家层面上,自然资源、农业技术、人口规模等因素对粮食安全的影响。由于中国地域辽阔,耕地条件复杂,单一的生产经营模式不能充分地提高粮食生产技术效率和产出(伍山林,2000)。同样,农业政策在不同区域、不同省份的作用和表现不一样。地区间资源禀赋条件的差异,直接影响了我国粮食安全。因此,中国粮食生产呈现区域化的特点,应该重视不同地区之间粮食生产、需求和市场变化的影响,从长期来看,需要优化区域资源配置,提高农业劳动生产率,继续推动农村剩余劳动力向非农产业和城市转移。

第三节 劳动力流动、就业结构与粮食安全

有关劳动力流动问题,学者们分别从劳动力年龄性别结构、婚姻状况、文化程度和从业分布等几个方面,对农村劳动力流动的社会经济特征做了概括。杜鹰、白南生等(1997)指出了当时农村外流劳动力的 5 个基本特征。蔡昉(2000)研究得出:农村外流劳动力年龄大大低于劳动人口的平均水平,20~35 岁之间占绝大多数;受教育程度与农村劳动力的平均水平相比相对较高;外流劳动力中男性的比重大大高于女性且家庭经济状况位于家乡中上等水平。农村劳动力文化程度越高越倾向转移到非农产业就业,获得的非农收入也越高(任国强,2004)。

从农村劳动力流动影响因素看,农村劳动力外出流动倾向与人均耕地面积、非外出劳动力收入呈负相关关系(杜鹰、白南生,1997;朱农,2002;盛来运,2007)。Hare(1999)使用持续时间分析(duration analysis)方法得出:增加 1 亩耕地可以减少 27% 的迁移时间。农村劳动力的转移率与农村居民人均纯收入、劳动力文化程度呈正相关(鲜祖德,2001 年)。陆铭、陈钊等(2007,2016)

研究了我国劳动力市场改革、收入分配与经济增长,认为农村人力资本质量较低是农村劳动力转移并增加非农收入的瓶颈。农村劳动力流动过程中,举家迁移的比例只有 20% 左右。农村劳动力的流动除了与农村人均耕地面积、年龄和农业占 GDP 比重等因素呈负相关外,还与城市劳动力工资率呈正相关。蔡昉(2003)认为农村劳动力向城市转移的重要原因还在于农村内部收入差距的扩大和农户相对经济地位的降低。

农村劳动力转移使地区差距是缩小还是扩大?多数学者认为有助于缩小地区差距,因为劳动力迁移有助于缩小各地区要素报酬的差异(Taylor & Williamson,1997)。放松农村劳动力流动的限制,劳动力自由流动最终能够缩小地区和城乡收入差别(林毅夫,2004),劳动力迁移有助于缩小地区差距(王小鲁、樊纲,2004)。也有学者认为转型时期一定程度上扩大了地区经济差距(严浩坤、徐朝晖,2008)。多数研究表明农村劳动力外出务工或在本地从事非农业生产,对家庭农业生产本身没有明显的负面影响。相反,从非农业部门获得的外出务工收入可以被用于家庭农业生产,增加农业生产性投入,提高农业产出。一些学者采用 TFP 度量和评价经济增长因素,发现农村劳动力转移因素改变了劳动力投入结构,构成中国 TFP 增长的一个组成部分(张保法,1997)。而从另一角度看,农村流动劳动力对城市所产生的就业替代率仅为 0.1 左右(李实,1997)。针对劳动力转移、土地撂荒增多现象,有学者认为这种粗放型经营可能导致农业资源的低效率利用(韩纪江,2001)。已有文献研究农村劳动力转移所带来的影响效应,多是考察劳动力流动对流入地的影响,本研究将专题研究对流出地尤其是粮食安全的影响。

1. 就业结构、产业增长理论与粮食安全测度

英国古典经济学创始人之一的威廉·配第(1690)在他的《政治算术》中看到了产业间收入差异,认为比较利益的存在,会驱动劳动力从农业部门转入非农业部门,从而产业结构随劳动力的转移而转换;随后克拉克和费希尔的研究也发现了类似的规律,三次产业的增长阶段理论由配第(1661)、费希尔(1939)提出,并由克拉克(1940)加以改造,被称之为"配第—费希尔—克拉克定理"。费希尔对经济结构转换过程中劳动力转移问题进行了最早的系统考察。费希尔认为农村劳动力转移不仅是一个总量问题,更是一个结构问题。在工业化进程中,表现为落后的农业国农业劳动力就业比重不断下降。费希尔的观点得到了克拉克的证实。克拉克认为通过劳动力投入从第一产业转向第二和第三产业,从而提高人均国民收入。他们的分歧在于

引起劳动力就业分布变化的原因,费希尔认为资本的积累和技术进步是就业结构和产业结构转换的必然前提,而克拉克则认为不是这样,而是需求收入弹性的作用。西蒙·库兹涅茨(Simon Kuznets,1973)认为,现代经济增长的一个显著特征是增长总伴随着大规模的结构变迁。根据各国统计资料,库兹涅茨实证分析证明了产业结构演进的规律性,认为在经济发展中,劳动力的比重与农业部门在国民收入中的相对比重都呈下降趋势;发展中国家资源有限,应当把有限资源集中起来,发展对国民经济有较大带动作用的产业。迈克尔·皮奥里(Michael Piore,1970)的"双重劳动市场论",对于解释我国农村劳动力向城市转移也具有一定的指导意义。他认为城市劳动力一方面存在着失业现象,另一方面又不愿从事不稳定且低工资的工作岗位,这为农村外流出来的劳动力提供了就业机会,即大量农村劳动力替代城市劳动力。钱纳里(Chenery,1970)、艾金同(Elkington)将结构分解模型(SDA)运用到就业结构研究中,认为在发达国家中,农业结构的转换和劳动力向工业就业的转换基本上是同步的,但在发展中国家,产值结构转换先于就业结构转换。李旻和赵连阁(2009)研究了劳动力转移导致的就业结构变化对农业生产的影响,农业生产由原有"男耕女织"的分工转变到"男工女耕"。

粮食安全问题不仅取决于粮食是否足够,更需要考量微观家庭或个人是否具有足够的购买能力来获取粮食。评估粮食不安全的标准是一国"营养不良"人口的比重,如果每日摄入热量低于 2100 卡路里的营养不良人口占总人口的比重高于 15 %,就是粮食不安全。粮食安全测度三项指标包括营养安全、国家粮食安全和家庭微观粮食安全。家庭微观粮食安全主要受家庭与个人粮食获取能力的影响。Ben Senauer 和 Terry Roe(1997)把粮食安全的影响因素分为家庭收入、购买力和粮食价格。Bigman(1993)研究提出了类似于阿马蒂亚·森的指数,将微观粮食安全的衡量标准用家庭与个人的实际可支配收入来表现。国内现有研究考察粮食安全时多从"物"的视角,主要用以下指标来测度:粮食总量波动系数、自给率、储备水平系数、人均粮食占有量系数指标以及贫困者粮食保障水平测度等(朱泽,1998;徐奉贤,1999)。马九杰等(2001)采用粮食生产波动系数、粮食供求平衡系数、粮食储备与需求比系数和粮食国际贸易依存度系数来测度。农村社会经济调查司课题组(2002)还使用了"标准比值法"的多指标综合评价方法。现有研究较少考虑"人"的因素,如劳动力外流对粮食安全的影响。粮食生产能力描述的不仅是当年的生产能力,还是粮食综合生产能力。微观粮食安全即家庭粮食安全取决于家庭粮食获取能力,即取决于一个家庭的全部收入,不仅关注粮食"买得到"问题,也关注粮食"买得起"问题。实现微观粮食安全是指获取充足的食物、维持健康生活,而且是每个家庭和个人在任何时候都有这样足够的能力。王学真、公茂刚、高峰(2006)把这样的"获得能力"作为微观粮食安全的衡量标准。研究表明,每增加一个外出劳动力可以使家庭纯劳动收入增加55%(赵耀辉,1997),农村劳动力外流与增加家庭和个人粮食的"获得能力"是一致的。

2. 劳动力选择性外流与粮食能力安全

中国农业劳动力的转移是以青壮年、男性为主的选择性劳动力转移,中国农村现在的人口结构已经出现严重的老龄化和"女性化"问题(陆铭,2016),这样的选择性转移特征在刘易斯、拉尼斯—费景汉模型中未曾论及。相对年轻、教育程度较高的男性农村劳动力成为选择性外流的主力,如调查的四川和安徽两省外出劳动力,平均年龄分别只有26.9岁和27.4岁(杜鹰,2001)。当农村劳动力没有剩余的时候,农村的产量是一直为正的(John R. Harris & Michael P. Todaro,1970)。我国农业劳动生产在一定程度上仍然存在内卷化、过密化增长的现象,劳动生产率远低于发达国家。中国农业和农村发展需要的实质性变化就是减少农民,从而降低农村劳动力的农业就业比重(盖尔·约翰逊,2005)。温铁军(2000)认为只要农村剩余劳动力转移数量少于剩余劳动力存量,就仍然存在内卷化倾向。即便是暂时性农村劳动力外流,也会减小劳动力从基本作物生产转向多元化农业生产的风险,使农村劳动力更有效率地利用(Audra J. Bowlus & Terry Sicular,2002)。劳动力在部门间供求错配是劳动力流动障碍导致的,这使经济增长的效率下降8%(袁志刚、解栋栋,2011)。张车伟(2009)认为中国劳动力从无限供给转向有限剩余,但并不意味着劳动力短缺时代到来。在劳动力不足的情况下,人们更倾向于弃耕罢种。农村劳动力转移会在短期内影响粮食生产的稳定性,这将导致农业总产出下降的问题。

然而,大量优质劳动力转移导致的"劳动力空缺",将对粮食生产产生怎样的影响?劳动力在农业生产中的分工不同,对农业生产也可能呈现不同的影响,劳动力流动尤其是跨省流动会增加农村老年人的农业劳动时间(Pang、Rozele & de Brauw,2003)。Chang,Dong和Macphail(2011)使用中国健康与营养调查数据研究得出,农村劳动力外流导致女性和老人的农业生产劳动显著提高,青年男性用于农业生产的劳动时间明显下降。农村劳动力外流不仅提高了农户退出农业的概率,而且会降低农业产出增长率(盖庆恩、朱喜、史清华,2014)。受教育程度更高的劳动力流出农村进入城市,导致流出地农村劳动力人力资本下降,从而影响粮食产出率。

农村劳动力外流与家庭收入水平是互相影响的,并进一步影响粮食的获得能力。Scott Rozelle , J. Edwara Taylor, Alan Debrauw(1999)分析了两组中国贫困地区的家庭数据集,发现大多数农村贫困家庭中的劳动力不会迁移,因此,劳动力流动对贫困家庭的影响较小,并且家庭储蓄与劳动力转移的关系呈倒 U 形。Kenneth D. Roberts(1997)研究中国劳动力转移问题得出,农村向城市的移民可以分散家庭的风险,提高获利机会。Johnson (2003)研究 1985—1990 年和 1995—2000 年间人口迁移对于收入差距的弹性影响情况,得出弹性从 1985—1990 年间的 0.197 上升到了 1995—2000 年间的 0.595。"和美国相比较来说,中国的城乡收入差距更加巨大。"Luther Tweeten(1999)认为粮食不安全主要是由购买力导致的,如果有足够的购买力,就可以克服时间和空间的不一致,从而达到粮食安全目标。Arunava Bhattacharyya, Elliott Parker(1999)评估了中国的农业劳动力需求,在研究中国劳动力流动时运用随机边界函数法和分析内因性差异法,分析了农村工业化与农村收入、城市化进程等关系,结果表明农村劳动力的转移,提高了农村劳动生产率,提高了农民收入即粮食的"获得能力"。许经勇、黄焕文 (2004)认为保障粮食安全的重点是由粮食数量安全转向农民就业、收入提高的能力安全。粮食问题的背后是收入水平问题,深层次看就是收入差距问题。CGE(Computable General Equilibrium)模型描绘了城乡劳动力转移使得城乡和农村内部平等化。农村劳动力转移与农民收入提高存在正相关关系。农村劳动力等资源外流对收入目标和效率目标都有重要影响。因此,随着城市化进程中农村劳动力持续外流,粮食生产是否能满足城市日益增加的食物需求,留守在农村的人口的福利又会如何(World Bank, 1999),回答这些问题有利于理解农村劳动力外流对粮食安全和收入目标的重要性。

第四节　国内外相关研究评述

对于农村劳动力转移与粮食安全问题的研究,有以下 3 个方面的特点。

1. 对劳动力转移问题的研究已经比较成熟

从早期的李嘉图经典理论到刘易斯的二元经济理论,从新劳动力迁移理论到拉尼斯—费景汉三阶段模型和托达罗概率雇用模型、舒尔茨成本—

收益理论等,这些理论研究了劳动力流动、转移情况、决策机制与影响因素等。Stark、Lucas、Taylor 等人提出的新劳动力迁移经济学和舒尔茨主张的"成本收益理论",这些理论与刘易斯经典理论的主要分歧在于农村边际生产率等于零的剩余劳动力是否存在。刘易斯模型建立在劳动力"同质性"假定基础上,假定农业部门存在"零值劳动力",没有考虑资本积累中技术因素对劳动需求的影响,是理论缺陷所在。舒尔茨(1964)、托达罗(1994)以及乔根森(1967)等认为刘易斯的零值劳动力假说是不存在的,不符合大多数发展中国家的实际情况。他们假定农业部门不存在剩余劳动,没有考虑农业对经济发展的贡献。刘易斯也认为农业制约着工业的发展,并认为只有提高农业生产率才能改善生产要素,并论证了农业在发展中国家的重要性。拉尼斯—费景汉模型也假定在剩余农业劳动被吸收完全之前,工业部门工资水平一直保持不变。其潜在假定是从事农业生产的劳动力要素已经和土地要素、资本要素充分结合了,这与发展中国家事实不符合。许多发展中国家的实际情况是无论是绝对收入水平还是相对于农业劳动者收入水平而言,工业部门工资都在变化(上升)。拉尼斯—费景汉模型暗示劳动力从农村向城市的转移不应该被阻止。拉尼斯—费景汉模型的重点不是农村,托达罗模型主要通过是把农业本身作为发展的目标,强调通过资本资源的更加有效利用来提高农业生产率。但在农业劳动力向工业流动的先决条件上,忽视了是由于农业生产率的提高而出现剩余产品。在乔根森模型中,粮食是整个农产品的代名词,其认为随着农业技术的不断发展,所需要的农村劳动力会减少。其模型的一个重要假设是农业总产出与人口增长一致,但是乔根森模型仍忽视了对农业的物质投资,认为在出现农业剩余后,人们就没有增加粮食消费的欲望,也即粮食需求收入弹性为零。即使是发达的高收入国家对粮食等农产品的需求收入弹性也不可能下降到零。因此,这是不符合实际的。托达罗模型假定农业劳动边际生产力始终是正数,农村不存在剩余劳动,此观点与发展中国家的现实也不相符合。完全隔开农村与城市,忽视它们相互间的内在联系是不妥的。

蔡昉等(2003)对中国农村劳动力流动做了很好的文献综述,文献探讨了劳动力流动的机制、模型、动机与意义(周其仁、李实,1997;林毅夫,2003;赵耀辉,2007),论述了中国劳动力市场问题(姚先国,2006)。

2. 对粮食安全问题的研究重在宏观层面

莱斯特·布朗(1994)提出了"谁来养活中国人"的问题,他预测到 2030

年中国粮食缺口将超过 3 亿吨。他认为"中国在农转非过程中,农田、淡水的减少以及环境污染、单产极限的硬约束,将使中国未来粮食大面积减产,从而引发世界难以承受的巨大粮食缺口",将对世界粮食市场带来影响。"布朗之问"后在世界范围引发了一场论战,Rosegrant 等(2001)认为在增产背景下中国粮食仍有相当大的缺口,国内外学者从多视角关注中国粮食安全问题。盖尔·约翰逊(2004)主张减少农村劳动力至总就业人口的 10%,他认为中国农业生产存在内卷化或过密型增长的现象。国内学者也研究了粮食安全的重要性、影响因素和解决对策(钟甫宁、柯炳生,2004;黄祖辉,2007),研究多从粮食生产、储备和消费、流通和价格入手(高帆,2005;肖海峰,2007),提出了衡量粮食安全的宏观调控及预警指标体系(马九杰,2002)。但是国内外文献重在宏观层面的粮食安全问题研究,分区域进行比较优势与资源禀赋的专题研究较少。关注农村劳动力流入地的研究较多,而关注劳动力流出地农村与粮食安全问题的研究较少,已有研究的假定也不符合发展中国家的现实。

3.关于"农村劳动力转移与粮食安全问题"的专题研究比较少

劳动力转移对粮食生产影响的研究有助于学者们客观认识当前我国粮食安全的现状。传统理论认为"剩余劳动力"转移并不会对粮食生产产生负面影响。刘易斯(1954)、费景汉和拉尼斯(1964)认为,当农业部门存在"零值劳动力"时,农业劳动力从农业部门转移出来是不会造成农业总产出的减少或粮食短缺的。但有学者认为"刘易斯拐点"已经到来。他们认为农村劳动力转移会造成农业总产出和供给的减少,引起价格的上涨和工业部门工资水平的提高,利润相对下降,从而减缓工业扩张速度,结果是使城市工业部门对农村劳动力吸纳的减少或停滞。刘易斯模型有两个缺陷:一个是假定农业劳动生产率不变,忽视农业自身的发展;另一个缺陷是假定现代工业部门的劳动与资本比例始终不变,这种情况在发展中国家并不多见,没有充分考虑资本积累的影响对技术进步的影响。拉尼斯—费景汉(1964)模型的第二阶段也注意到,如果农业边际劳动生产率不提高,就转移农村劳动力,将导致农业产出水平下降,出现"粮食短缺点"。

国内不少学者认为劳动力转移增加了农民收入,反哺了农业(赖存理,2000)。1949 年以来,中国农业资源要素流向城市和工业部门的大约有6000 亿~8000 亿元(蔡昉,2003),现在到了倡导工业反哺农业的时候了。白南生(2008)、盛来运(2007)认为劳动力转移不仅不会导致农业的萎缩,而且有利于推动现代农业的发展。劳动力转移会导致耕地资源利用不足,引发粮食安全问题。由于粮食生产的效益低,来自农村的"推力"引起农村劳动力外流,而不仅是来自城市的"拉力"。农村劳动力外流一定程度上缓解了我国粮食生产的"内卷化"现象,但也由此产生了粮食安全问题。农村劳动力转移及世代交替,需要很长时间。从代际关系来看,80后、90后目前约占到农民工总数的60%(韩俊,2009)。"亦工亦农"型的农村劳动力也将会越来越少,未曾从事过粮食生产的"新生代"农村劳动力将替代父母辈成为外出劳动力主流。已有文献没有分粮食主销区和主产区来讨论不同类型的农村劳动力外流对粮食安全的影响问题,但已有文献为进一步研究提供了基础和借鉴。首先,本研究不仅关注农村劳动力外流与国家宏观层面的粮食安全,更关注微观主体即农村家庭和个人的粮食"获取能力";其次,本研究分粮食主销区和主产区两大区域,研究农村劳动力外流与粮食生产安全问题,根据自然禀赋与比较利益原则,测算区域粮食生产比较优势指数,投入要素的关联度测度、粮食生产底线与能力安全、农村劳动力外流与粮食生产的计量模型估计等,从而揭示农村劳动力外流、区域差异与粮食安全的内在机理;最后,对农村劳动力和粮食安全问题进行两条线的结合研究,探索农村要素市场的培育、改革和要素的自由流动,以实现城乡融合。在此基础上,界定政府的作用边界,提出农村劳动力转移与粮食安全的机制、政策设计和制度安排,为进一步研究提供重要的决策参考。

第三章　市场化进程中的制度变迁、农村劳动力外流演变与粮食安全

　　我国农村家庭联产承包制等经营制度变迁具有"诱致性"的特征,而我国的粮食购销管理制度多体现为"计划性和强制性",一直制约着农村劳动力外流的进程;与此同时,农村劳动力外流进程也反过来影响着粮食安全的实现路径和效率。改革开放前我国粮食生产和销售实行严格的"购销计划",农村计划劳动用工体制导致粮食生产效率低下,有严格的户籍制度控制着农村劳动力外流。1978年农村家庭联产承包制等一系列市场改革,极大地提高了农村劳动者的劳动积极性和粮食的边际产量,解放了生产力,增加了农田收入。改革期间我国主要粮食的整体全要素生产率以每年2%的速率增长(Jin et al.,2002;Rozelle和黄季焜,2005),与此同时,随着农村劳动积极性的提高,劳动生产率也提高了,随之产生了大量的农村劳动力剩余,农村劳动力转移开始启动。2001年我国实行粮食购销市场化改革,加快了农村劳动力外流,但劳动力就业结构变动仍然滞后于生产结构的变动。

第一节　粮食管理制度变迁与农村劳动力外流演变

　　我国粮食管理体制长期以来的政策偏好是计划指导,由于粮食产品的社会性强于其经济性,政府取代农户指导生产,扩大、保证粮食生产面积,以刺激粮食产量的提高。这种为了降低组织成本而采取的传统的、强制性的粮食生产安排的结果是低效率的,粮食安全均衡安排也是低水平的。

1. 粮食计划管理与农村劳动力的高度投入(1949—1978 年)

我国是一个典型的农业大国。新中国成立初期,农业的发展有了政治保证,农业在整个国民经济中占比一直很高,达 70% 以上。粮食的生产和销售由中央集中统一计划管理。1950 年的土地改革彻底废除了旧制度,从体制上解放了劳动生产力,激发了劳动积极性,建立了以"耕者有其田"为特征的农民土地所有制,农村家庭劳动力几乎全部投入到粮食等农业生产中,我国粮食产量在 1950—1952 年间年均增长率约为 13%。

第一个五年计划(1953—1957 年)间,初期我国集中力量进行工业化建设,走高积累的、优先发展重工业的工业化道路。1953 年 10 月我国发布了《关于实行粮食的计划收购与计划供应的决议》,作为国家代理人的各级粮食部门,严格按计划执行粮食的生产、配售和储备。粮食购销普遍实行计划配给制。粮食实行"统购统销"制度,即由国家"统一收购、统一配售"。1953 年,农村开始进行农业合作化,由起初以农民自愿为原则渐渐推进到 1955 年的超高速发展,合作化进程被大大提前。1952—1957 年间全国扩大耕地面积 5867 万亩,1957 年粮食产量比 1952 年增长 19%,农业总产值平均每年增长 4.5%。农业占国民经济比重虽然是最高的,但是,由于长期传统农业的落后性,且农业承担起了为工业化积累资金的任务,农业几乎没有剩余产品,农业生产者对自己的生产行为没有决策权和选择权。由于第一个五年计划的主要任务是集中力量进行工业化建设,在某种程度上忽视了农业的发展,导致农业生产跟不上工业生产的步伐。城市实行粮食销售的计划供应,居民凭购粮证购买粮食粮油的供应制度抑制了正常消费。法规的强制性规定使农村人口无法在城市取得口粮。1955 年我国开始实行户籍登记制度(即户籍制度),要求所有人口在出生地生活和劳动,劳动力只有得到许可才能够流动(Cheng & Selden,1994)。严格限制的粮食制度和户籍制度,形成了严格限制农村人口向城市流动的户口迁移制度。

1958 年的"大跃进"催生了人民公社,"三级所有,队为基础",以生产队为基本核算单位,在农村实行人民公社制度。劳动力被完全禁锢在土地上,耕作时令和劳动力统一调配,统一出工和收工。以生产队为基本核算单位,实行"工分制",结果是"干好干坏一个样",极大地抑制了农民生产投入度,农民生产积极性受挫。由于集体劳动监督成本过高,"磨洋工"和"出工不出力"成为普遍现象,粮食产量呈下降趋势,农业生产遭到巨大破坏,造成国民经济比例严重失调。农村劳动力被禁锢在出生地,被严格限制从农村流向城市,导致农村劳动力过剩。粮食收购价格由国家制定,长期固定不变,购销与市场不挂钩,以国家行政方式强行低价收购粮食,造成"谷贱伤农"的现象。以牺牲农村经济和农民利益为代价发展重工业,政府而非市场直接干预粮食生产,保证了居民粮食定额供给,使工业获得了超额利润,形成并拉大了工农剪刀差。之后盛行的"一大二公"和"大跃进",制定了牺牲农业而发展工业的政策和过高的粮食生产指标,使得粮食安全处于一种低水平的均衡中。"'大锅饭','铁饭碗'造成农村生产成效率低下,大量农村剩余劳动力不能及时转移到非农产业,造成极大浪费和生产效率损失。"(姚先国等,2008),再加上之后三年自然灾害(1959—1961 年)导致全国性的粮食短缺和饥荒,连续三年粮食每年减产达 838 万吨,1959 年粮食总产量比上年减幅达 15.0%,1960 年又比 1959 年减少 15.6%(见表 3.1)。在粮食减产同时国家对农民的征购任务并未减,于是就发生了农民因缺粮而饿死的事件。

表 3.1　1958—1962 年的粮食作物产量

年份	总播种面积 (万亩)	平均亩产 (公斤)	总产量 (万吨)	总产量与上年 相比(%)
1958	191420	105	20000	2.5
1959	174034	98	17000	−15.0
1960	183644	78	14350	−15.6
1961	182165	81	14750	2.8
1962	182431	88	16000	8.5

资料来源:《中国农村经济统计大全(1949—1986 年)》

统购统销制下,农村除了口粮、种子和饲料以外的粮食全须上缴,并且征收量大大超出实际粮食产量,生活用粮交由人民公社的公共大食堂负责,农民不能储粮,以至于发生饥荒的是直接生产粮食的农民,饿死现象也发生在农村而非城镇。阿马蒂亚·森研究 1943 年孟加拉大饥荒时发现,出现饿死人现象的同时却有受到政府保护的充足的粮食储备。于是他得出引起饥荒等局部粮食安全问题的主要原因是社会经济结构、交换及分配方式不当,尤其是人们获得粮食的各种方式。因此,他将贫困发生的根本原因归结为权利被剥夺,即使在粮食供给数量并未出现严重短缺的情况下,也会出现因权利包括所有权(如资源禀赋)、生产和贸易权利、劳动权利被剥夺而产生的饥荒现象。我国在农村实行人民公社化运动后,集体所有制程度相当高,农民几乎没有任何资源禀赋,没有支配生产要素甚至包括自身劳动的权利,被禁止私自倒卖粮食,即便是家庭剩余,也没有分配权和贸易权。人民公社的制度安排,使得生产函数大大小于生产可能性边界,实际收益长期低于其潜在收益,严重挫伤了农民积极性。"农村劳动力则被禁锢在土地上,隔离在国家工业化进程之外,大量农村剩余劳动力不能及时转移到非农产业,造成了极大的浪费和生产效率损失。"所有劳动力投入粮食生产,因此,农村劳动力外流几乎是零,政策一直严格控制着劳动力从农村转移到城市,这种政策显然扭曲了农村劳动力的流动选择。

家庭联产承包责任制的实施解放和发展了农村生产力,提高了农民的生产积极性,推动了农业发展,农村开始了历史性变革,也为工业的发展准备了条件;农村经济体制改革还推动了城市经济体制改革。

2. 家庭联产承包制实施与农村劳动力高效率参与(1978—1984 年)

农村土地制度的一项转折是 1978 年以来的诱致性改革——家庭联产承包责任制,标志为"包产到户(分田到户)"。该项制度激发了农村的活力,突破了"一大二公""大锅饭"的旧体制,个人劳动投入与收入直接挂钩,大大增加了农民生产的积极性,解放了农村生产力。家庭联产承包制在经历默认和试点之后,到 1984 年全面推行,以家庭联产承包为主的责任制、统分结合的双层经营体制取代了人民公社下的生产队经营体制,作为我国乡村集体经济组织的一项基本制度,家庭承包制从联产承包到包干到户的转变,使粮食生产的决策方式与激励机制发生了根本性的变化。尽管 1978—1984 年间,粮食播种面积减少了 7703.3 千公顷,但由于制度激励以及农产品收购价格的提高,粮食生产积极性高涨,加上受灾面积和成灾面积也相对减少,粮食产量增加了 10254.0 万吨,见表 3.2。

表 3.2　1978—1984 年我国粮食生产情况

年份	粮食播种面积 (千公顷)	粮食产量 (万吨)	受灾面积 (千公顷)	成灾面积 (千公顷)
1978	120587.2	30476.5	50807	24457
1979	119262.7	33211.5	39367	15790
1980	117234.3	32055.5	50025	29777
1981	114957.7	32502.0	39786	18743

年份	粮食播种面积 （千公顷）	粮食产量 （万吨）	受灾面积 （千公顷）	成灾面积 （千公顷）
1982	113462.4	35450.0	33133	16117
1983	114047.2	38727.5	34713	16209
1984	112883.9	40730.5	31887	15607

资料来源:《中国农业统计年鉴》

　　我国粮食生产实行的原是"生产队体制",是典型的团队生产,正如A. A.阿尔钦和 H.登姆塞茨(1972)指出的,"生产队体制"难以确定他们的联合投入对产出的贡献,因为团队生产仅仅能观察到总产出,对农业劳动监督困难,因此会滋生"免费搭车"行为,结果往往是有效劳动不足,是低效率的行为。"家庭联产承包责任制"从根本上解决了"生产队体制"监督问题,农民为自己和家庭生产,生产积极性自然高,所产生的经济绩效是十分显著的。林毅夫(1992)估计发现,1978—1984 年间,以不变价格计算农作物总产值,增加了 42.23％,其中来自家庭承包责任制所带来的生产率的提高贡献了 46.89％(大约一半),这是这一制度的优越性,适应了粮食产业特性,有利于小农家庭传统优势的发挥。在"生产队体制"的集体经济下,农民只能得到他追加努力的小部分边际产品(Lin,1988),而在改革开放后的"家庭联产承包责任制"下,农民可以获得努力的全部收益,享有了残余权利,粮食生产效率大大提高。"'家庭联产承包制'下农民只需付出相当于'人民公社'体制下的 56％的努力(McMillian & Zhu,1989)。"以家庭为单位的生产,所需要占用的劳动时间和努力也大大减少。由于农民积极性高,粮食的边际产出大大提高了。于是,家庭内有了剩余时间,劳动力剩余也就显现出来。在家庭联产承包责任制下,每户承包田总量 30 年基本稳定不变,由于劳动投入效率提高,大量节省了劳动时间和劳动力投入,每户家庭会根据生产经验,把家庭可支配的劳动力等生产要素做重新配置,为下一步农村劳动力从粮食生产转移到非农生产提供了可能。

　　始于 1978 年的农村制度变迁和一系列农村市场改革,尤其是家庭联产承包责任制的实行,调动了农民生产积极性,发挥了家庭经营的优越性,提高了生产率,增加了农户家庭农业收入。与此同时,伴随着农村家庭劳动生产率的提升,很多劳动力剩余产生了。以户为单位的家庭新型农业耕作模式以土地集体所有制为基础,使得土地集体所有权与经营权分离。农村政策的变迁、农业的发展和非农就业机会的增加,使劳动力加速从粮食生产向非农产业转移。部分剩余劳动力在 20 世纪 80 年代进入村办和乡镇企业,更多的农村劳动力转移出粮食生产。1978 年我国的基尼系数和印度的类似,Johnson(2001)研究发现,自 1979 年以来,中国农村与城市的收入差距进一步拉大,城市的收入至少是农村的两倍以上,城乡收入差距超过经济发达的韩国和日本,甚至远超经济发展相对落后的印度、孟加拉国和巴基斯坦。这是因为我国以户籍制度作为主要控制手段,限制着劳动力在城市和农村之间的流动。直到 1984 年 1 月中央发布《关于 1984 年农村工作的通知》,开始允许农民在自筹资金、自理口粮的条件下进入城镇务工经商,这标志着农村劳动力流动政策限制的放松。

3. 粮食购销"双轨制"运行与农村劳动力外流启动(1985—2000 年)

中共中央国务院在 1985 年 1 月 1 日出台了《关于进一步活跃农村经济的十项政策》。"十项政策"规定取消实施多年的粮食"统购统销制度",用"合同定购制度"代替原来的统购统销。规定除了粮棉油等重要农产品继续由国家定价外,其他实行合同定购。这就意味着国家定购以外的粮食可以上市自由交易。定购的粮食由国家确定"倒三七"比例计价,国家仍按原统购价敞开收购,以保护农民利益。其他大部分农产品价格放开由市场调节,"逐步缩小合同定购数量,扩大市场议购"。这一文件的发布标志着农产品购销体制进入了计划调节与市场调节并存的"双轨制"时期。粮食生产合同制定购代替了粮食的统购统销制度,市场调节与定购合同并存。粮食购销"双轨制"的实施,一方面稳定了粮食生产和供给,另一方面发挥了市场的调节作用。粮食生产和购销一部分由政府带以一定强制性的手段进行直接控制,一部分由市场决定。粮食市场上,强制性的低价收购、低价定量供应与一般的市场调节并存。粮食体制以"三项政策、一项改革"为主要改革内容,以保护价敞开收购农民余粮。家庭联产承包责任制的实施,使粮食生产效率提高,农村家庭劳动效率提高,释放了家庭剩余农村劳动力,越来越多的剩余劳动力离开粮食生产转移到非农生产。20 世纪 80 年代后出现了前所未有的从乡村到城市的劳务移民现象,数以千万计的农村劳动力转移到城市工作,1989 年农村外出劳动力突破 5000 万人。1989 年《关于严格控制民工盲目外出的紧急通知》,是针对这样的"民工潮"发出的。其主要内容是限定这些迁移人员的就业机会,城市的常住权利也被剥夺,限制人口自由迁移。不同于世界上其他地方的劳动力转移和移民现象,中国农村劳动力没有城市永久法定居住的资格,他们被称为"外来务工者"或"农民工"。他们难以融入城市,更难长期定居在城市,背井离乡职业无保障,受到制度和城市人群的双重歧视。1993 年后,在全国开始实施以就业证卡管理为中心的农村劳动力跨地区流动的就业制度,原有限定迁移人员的政策有了松动。2000 年下半年开始,各地开始逐步取消对农民进城就业的各种不合理限制,农村劳动力转移进入一个新的发展时期。

4.粮食购销市场化与农村劳动力外流加速(2001 年至今)

2001 年初,国务院决定取消农民的粮食定购任务,2001 年粮食主销区浙江率先进行粮食流通体制的市场化改革,"放开市场、放开粮价、放开经营"。之后,国务院颁布的《关于进一步深化粮食流通体制改革的意见》和 2004 年 5 月的《粮食流通管理条例》,标志着粮食计划经济时代的结束。新粮食流通体制的总体框架思路是"放开收购、放开价格"。在低门槛收购许可下放开收购,使粮食流通渠道多元化,由单渠道流通向多渠道流通转变;支持放开价格,纠正市场扭曲的价格,由双轨制向单轨制价格回归。粮食流通市场化,在尊重市场配置资源基础上,赋予粮食行政主管部门社会粮食管理执法权,并逐步走上法制化轨道。"放开销区,保护产区",全面放开粮食价格和购销市场,取消地方乡镇统筹提留粮,并对种粮农民实行直接补贴。粮食购销市场化的新型粮食流通体制自 2004 年起运行,农业特别是粮食出现了"超常规"的增长,除了中央和地方储备粮源分别由国家和地方政府掌握外,定购粮食逐步放开,粮食价格出现恢复性上涨,最终完全走向市场。主销区范围也从浙江进一步扩大到福建、广东、海南、上海、北京、天津等 7 个省、市。粮食主销区农民自主选择权加大。在全国范围放开粮食收购价格,建立统一、开放、竞争、有序的粮食市场体系是粮食流通市场改革的重要内容。根据粮食生产成本、合理利润等制定最低收购价格,低于最低收购价格时,在规定时间内敞开收购;超过最低收购价格时,由市场机制进行配置。这样既促进粮食生产,又利于国家掌握粮源。

与此同时,在比较利益的驱动下,农村劳动力开始选择经济收入更高的非农生产来替代粮食生产。农村外出劳动力逐年上升,2002 农村外出务工劳动力达到 9700 万人,占农村劳动力总数的 16.98%,2005 年达到 1.26 亿人。粮食生产大幅度下降,主销区一半以上粮食供给需要靠市场来弥补,产需供求缺口加大。2006 年"十一五"规划纲要的一项重要任务是"统筹城乡就业、建立城乡一体化的劳动力市场"。据第二次农业普查数据显示,2006

年农村常住人口中外出从业劳动力为 413.42 万人。在粮食市场化政策导向下,对意愿外流的农村劳动力限制放松,使得农户的从业选择更加自由,减少了农村劳动力对粮食生产的投入,为农村劳动力外流创造了新的机会。2003 年,农村户均有 0.53 个劳动力外出就业,到了 2009 年,户均劳动力外出就业增加到 0.71 个,以种粮等为主的纯农户和兼营农户所占比重由 2000 年的 75.9% 下降到 2009 年的 64.1%,与此同时,纯非农户和以非农为主兼营的农户占比提高了 10%,由 2000 年的 22.5% 逐年上升到 2009 年的 32.5%。[①] 农村外出从业劳动力流向及从业情况见表 3.3。

表 3.3　农村外出从业劳动力流向及从业情况　　　　　单位:%

外出从业劳动力		全国	东部地区	中部地区	西部地区	东北地区
地区构成	乡外县内	19.2	29.9	13.5	15.2	26.9
	县外市内	13.8	18.4	9.9	12.4	31.5
	市外省内	17.7	33.1	9.0	12.8	24.2
	省外	49.3	18.6	67.6	59.6	17.4
产业构成	第一产业	2.8	2.5	2.2	3.6	4.2
	第二产业	56.7	55.8	57.1	58.4	44.3
	第三产业	40.5	41.7	40.7	38.0	51.5

资料来源:农村固定观察点调查数据汇编(2000—2009 年)

第二节　粮食生产弱质性、比较利益与农村劳动力结构变迁

粮食生产的特性是自然风险较高、经济效应较低,但公共责任较强,其特性决定了其弱质性表现。为了提高收入,比较利益驱使农村劳动力减少投入粮食生产,促使劳动力转移到非粮生产,甚至离开农村流向非农产业。减少粮食生产投入,增加非粮农业甚至非农产业投入,农业产业结构和农村劳动力投入结构随之发生变化。

---

① 以上数据和资料来自 2000—2009 年全国农村固定观察点调查数据汇编。

1. 粮食生产的弱质性与比较利益

粮食是特殊商品,粮食生产对自然有很强的依赖性,存在自然风险。除了一般商品生产所要面对的市场风险外,粮食生产还要面临更大的自然风险,受自然条件的约束与影响较大,自然灾害如洪涝、干旱等气候变化等都会对粮食生产造成较大危害。

我国地域辽阔、灾害频发重发,因灾损失粮食总体上仍呈偏重态势,粮食生产面临着比其他产业更大的自然风险。如 2006 年川渝大旱、2007 年东北大旱、2009 年东北及内蒙古大旱、2010 年北方冬小麦主产区旱情等,导致粮食减产上百亿斤。"旱涝急转""南冻北旱"等极端天气导致粮食减产、粮价上涨。如 1978　2008 年,粮食受灾面积 40000 千~50000 千公顷,成灾面积在 20000 千~30000 千公顷,并呈现稳态波动。自然灾害始终是影响粮食生产的重要因素。其他影响因素还包括农业基础设施和农业机械化水平。我国农田水利设施少而且陈旧,农业机械化水平较低且发展很不平衡。2011 年中央一号文件提出把水利建设等放在重要位置,国家进行固定资产投资,提高抗灾能力,降低粮食生产自然性损失。2008 年后,我国粮食受灾和成灾面积总体呈下降趋势。2015 年粮食受灾和成灾面积分别下降到 21770 千公顷和 12380 千公顷,与最高时期相比下降了一半多,图 3.1 所示是我国 1978—2016 年情况粮食成灾和受灾面积。

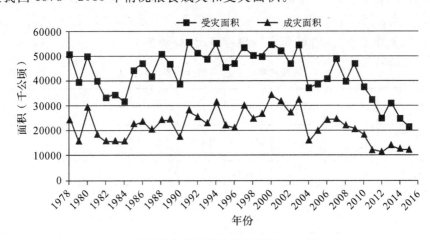

图 3.1　我国粮食成灾和受灾面积(1978—2016 年)

资料来源:《中国统计年鉴 2016》,新中国 60 年农业统计资料

马克思认为生产时间与劳动时间的差别,在农业上表现特别显著。粮食生产中的生产时间与劳动时间不一致,劳动时间小于生产时间。粮食供给侧调整

滞后于市场需求变化,劳作不连续,分工和专业化难以展开,影响粮食生产效率。从短期来看,粮食产量对价格反应滞后。粮食市场供求波动呈现出典型的发散型"蛛网周期"(Cobweb Cycle)波动。市场信号放大作用非常显著,农户往往根据当前的粮食行情来决定来年的粮食生产,陷入"小生产和大市场"的决策困境。外界因素如价格变化远快于粮食的生产与调整,粮食生产作业时间长,价格与产量的波动越来越离开均衡水平,较难自动调整至均衡状态。粮食的供给弹性大于需求弹性,粮食需求曲线比供给曲线陡峭,意味着市场价格变动对粮食供给量的影响大于对粮食需求量的影响。家庭联产承包责任制后,粮食生产以家庭小规模经营为主,多主体分散进入市场。市场价格引导粮食生产与市场匹配,但存在明显的周期性和滞后性。粮食生产周期长,农民难以建立起稳定的价格预期,面对市场和自然风险,农民抵御能力有限,引发粮食安全隐患。

从成本收益看。我国人口多耕地少,人均耕地面积不足 1.40 亩,全国耕地面积为 18 亿多亩,不足世界人均水平的 40%。水土流失、沙化和退化使粮食播种面积扩大的余地越来越小。粮食生产存在内卷化和过密化的现象,科技要素等投入有限,粮食单产稳步提高难度大,加上农用物资价格上涨等因素,种粮成本高而收益低。表 3.4 是三种粮食(稻谷、小麦、玉米)平均生产费用和人工成本情况,从 2003—2008 年看,三种粮食的生产费用和人工成本逐年上升,"每亩物质与服务费用"和"每亩人工成本"分别由 186.64 元、128.12 元上涨到 287.97 元和 175.02 元,年平均上涨 10.86% 和 9.36%,其中 2007—2008 年上涨幅度更大,分别为 19.97%、9.70%。

表 3.4　我国三种粮食的平均生产费用和人工成本　　　　单位:元

项　目	2003 年	2004 年	2005 年	2006 年	2007 年	2008 年	2008 年比 2007 年增长(%)
每亩物质与服务费用	186.64	200.12	211.63	224.75	239.87	287.78	19.97
每亩直接费用	153.09	178.21	203.62	218.54	233.93	281.71	20.42
每亩间接费用	33.55	21.91	8.01	6.21	5.94	6.07	2.19
每亩人工成本	128.12	141.26	151.37	151.90	159.55	175.02	9.70

注:直接费用包括:种子费、化肥费、农家肥费、农药费、农膜费、租赁作业费、机械作业费、排灌费、畜力费、燃料动力费、技术服务费、工具材料费、修理维护和其他直接费用

间接费用包括:固定资产折旧、税金、保险费、管理费、财务费、销售费

资料来源:根据《全国农产品成本收益资料汇编 2009 年》整理

2003—2015 年三种粮食的生产价格指数涨幅较小,平均上涨了 1.94 个百分点,有时甚至出现下跌现象。种粮平均费用和人工成本高速上涨,而粮食价格低幅增长甚至负增长的现象,导致种粮经济收益不断下降,会产生"谷贱伤农"现象,进一步削减农户种粮积极性。粮食短缺而引起的价格上升,流通领域往往会率先吸收其利益,导致农民种粮越多,比较利益损失越多,农户从而选择抛弃耕地,离开粮食生产转向从事非粮甚至非农生产。

表 3.5　我国三种粮食生产价格指数(2003—2015 年)　　　单位:元

指标	2003 年	2004 年	2005 年	2006 年	2007 年	2008 年	2015 年	2015 年比 2008 年增长(%)
农产品生产价格指数	104.4	113.1	101.4	101.2	118.5	114.1	101.7	−12.4
谷物	102.3	128.1	99.2	102.1	109.0	107.3	98.7	−8.4
小麦	103.0	131.2	96.4	100.1	105.5	108.7	99.2	−9.5
稻谷	99.9	136.3	101.4	102.0	105.4	106.6	101.6	−5.0
玉米	104.6	116.9	98.0	103.0	115.0	107.3	96.5	−10.8

资料来源:根据《中国统计年鉴》2009 年、2016 年整理

从社会特性看,粮食是特殊商品也是纯公共产品,生产具有"正外部效应",粮食生产还受制度变迁的影响和制约,当市场机制失灵时,需要政府"看得见的手"来矫正市场并使其内在化。在实行"一大二公""人民公社"制度下,劳动力没有退出权和支配权,虽然劳动力全部投入农业生产,但是出工不出力、粮食产出效率低。改革开放初期的家庭联产承包责任制,节约了监督成本,内化了激励。以家庭为单位的农村劳动力投入有了支配权和剩余索取权,极大地激发了劳动积极性,提高了粮食产出效率。家庭联产承包责任制实行多年后,边际效应已经下降。以家庭为生产经营单位的小农生产方式中,家庭只是市场价格的接受者,存在着小生产与大市场之间的矛盾和冲突,其反应与调整能力明显滞后于市场变化。另外,其典型的小农生产方式会阻碍要素资源在粮食生产中的流动和有效配置。由于粮食生产比较效益偏低,随着家庭剩余劳动力的出现,农民在理性选择下,追逐当期利润最大化,生产安排会呈现短期趋利化行为。通过比较粮食生产的投入和收益,农户会自发进行农业结构调整或选择兼业化,种粮收入占农民纯收入的比重越来越低,贡献率也越来越低,从事农业的劳动力数量也显著下降。农

民种粮经济收益下降必然降低农民种粮积极性,从而导致粮食播种面积和产出减少,出现粮食安全隐患。全国 1978—2008 年农作物播种面积由 156266 千公顷减少到 150104 千公顷,减少了 6162 千公顷,年均净减少 205.4 千公顷。2008 年粮食作物播种面积比 1978 年减少了 13794 千公顷,年均净减少 459.8 千公顷,即由 120587 千公顷减少至 106793 千公顷。2009 年农户家庭经营农业的纯收入比 2000 年增长 95.9%(901.2 元增至 1765.6 元),但相比 2000 年,2009 年农业占家庭经营收入的比重下降了 3.0%(59.0%降至 56.0%)。同期来自二、三产的收入增长了 121.8%(由 626.2 元增至 1388.8 元),占家庭经营收入比重也提高了 3.0%[①]。

2. 农村劳动投入、粮食生产与获得能力

我国城乡二元结构体制主要表现为城乡之间的户籍壁垒,农村劳动力的外流,改变了原有粮食生产的劳动投入,就业结构和产业结构也随之变化。

(1)农村最优劳动投入与粮食生产。新劳动力迁移经济学强调迁移决定因素和迁移结果之间的关系 Taylor Eduard 和 Philip Martin(1999)认为按照移民模式惯例,每增加 10%GNP 就会导致农业就业人口减少 3.1%,他与 Olded Stark(1991)一样强调将移民作为农村家庭成员的性质。随着粮食市场化的推进,农村劳动力大规模转移,粮食生产等农业的最优劳动投入与粮食产出效率问题,是我国有效实现粮食安全目标的重要内容之一。

家庭联产承包责任制基本沿袭传统小农生产方式,无法实现规模效应。但家庭联产承包责任制实施后,农村劳动投入的边际产出递增,粮食也随之增产。随着粮食市场化的进程加快,种粮的比较利益被非粮生产取代。随着家庭联产承包制的长期实施,制度变迁优势基本发挥,粮食边际产量开始递减且小于平均产量,但仍大于零,因此,我国粮食总产量处于总体持续上升阶段,未来如果粮食的边际产量下降为零,总产值将达到最大值。因此,理论上确定的劳动最优投入量,即是粮食产出最大化下的劳动投入量,分为短期和长期考察。

短期内,假设粮食生产利润 π 等于粮食产值减去劳动和资本成本,设粮食生产劳动投入量价格为 w,资本投入价格为 γ,粮食价格为 p,劳动投入为 L,资本投入量在短期内是一个固定量 $\overline{K}$,于是有:

---

① 以上数据来自《2000—2009 年全国农村固定点调查数据汇编》。

$$\pi = pf(L, \overline{K}\gamma - wL - r\overline{K})$$

$$\frac{\mathrm{d}\pi}{\mathrm{d}L} = \frac{p\mathrm{d}f}{\mathrm{d}L}(L, \overline{K}) - w = 0$$

移项即得：$p \cdot \dfrac{\mathrm{d}f}{\mathrm{d}L}(L, \overline{K}) = w$

$\dfrac{\mathrm{d}f}{\mathrm{d}L}(L, \overline{K})$ 是劳动边际产量 MP_L，所以，在短期内决定投入粮食生产的最优劳动的必要条件是：$\varphi \cdot MP_L = w$，即劳动边际产量价值与劳动的投入价格相等。而在长期中所有要素可变，如果只考虑两种投入要素劳动 L 和资本 K 的生产函数，有 $Q = F(L, K)$，其中劳动 L 和资本 K 两种要素都是可变的。

(2) 粮食自给和进口(调入)的最优配置。粮食供给可以由两部分组成，即粮食自给和进口(包括国外进口和国内区域调入)。粮食市场供求平衡时，应考虑某时期内计划期间粮食自给与粮食进口数量的最优配置，从而提高社会整体福利水平。设 $G(X, Y, U, V)$ 表示 t 时刻粮食供给数量，X 是粮食自给量上线，Y 是粮食进口量上线，U 是粮食自给量变化率上线，V 是粮食进口量变化率上线。t 时刻粮食供应状态 $G(X, Y, U, V) \geqslant 0$，且 G 随 X, Y, U, V 单调增加。假设当 $U, V \to +\infty$ 时 $G(X, Y, U, Y)$ 有极限 $G(X, Y, +\infty, +\infty, t)$。在 $t + \Delta t$ 时刻，粮食市场上粮食自给量不超过 X，粮食进口量不超过 Y 的供给数，t 时刻满足条件 $X + U\Delta t \leqslant X'$ 和 $Y + V\Delta t \leqslant Y'$，即粮食自给量不超过 X'，粮食进口量不超过 Y'；在 $[t, t + \Delta t]$ 时间区间内自给或进口新进入或退出粮食市场后，满足粮食自给量不超过 X' 和粮食进口量不超过 Y'。这样便得到粮食供给分布密度函数 $f(X, Y, T)$ 关于粮食自给量 X 和粮食进口量 Y 的变化方程。可求出粮食供给的分布密度函数 $f(X, Y, T)$。最优控制涉及条件极值，其最简单的形式为：

$$\max \int_0^T f[X(t), Y(t), T]\mathrm{d}t,$$

$$\mathrm{s.t.} \frac{\mathrm{d}y}{\mathrm{d}t} = f[X(t), Y(t), T]$$

粮食的自给量与进口量之和应与粮食消费量一致，即粮食供需动态平衡。粮食市场上的预期价格会显著影响粮食生产者的生产量；粮食进口取决于供给及需求的平衡，即预期价格及收入水平。可见，在预期价格及收入水平影响下，U, V 必然遵循一定动态规则，可以此来确定粮食自给和进口(调入)的最优配置策略。

(3)农村劳动力外流与粮食获得能力。1983 年 4 月联合国粮农组织从强调获得能力出发,对粮食安全概念进行了修正。把"确保所有的人在任何时候都能买得到,又能买得起所需要的基本食品"作为粮食安全的目标,即粮食的获得能力。之后,联合国粮农组织又在世界粮食首脑会议上庄严重申:"人人都有权获得安全而富有营养的粮食。"强调粮食的获得权力。从粮食安全概念的演进看,粮食安全不仅是有足够的粮食,而且要确保所有需要粮食的人都有能力和条件获得粮食,即粮食获得能力的安全。

农村劳动力外流也即农村剩余劳动力的有效转移,一方面可以缓解我国粮食生产过密化、内卷化和细碎化现象;另一方面,外流劳动力在对经济增长做出贡献的同时,非农收入也提高了微观家庭和个人的"全部收入",即家庭与个人获得粮食的能力。随着农村劳动力的大量外流,由于产业间劳动生产率的差别,农村劳动力向非农业部门转移,是劳动力资源在城乡产业间的重新配置。农业劳动力向非农业部门转移将会提高整体社会生产率,也使农村家庭与个体收入结构发生变化。工资性收入和家庭经营收入是农民人均纯收入增长的主要来源,尤其是工资性收入。2008 年农民人均纯收入 4761元,其中工资性收入增长 16.1%,高于农民人均纯收入 8% 的实际增长。工资性收入增长对全年纯收入增加量的贡献率为 41.5%。2008 年农村劳动力外出务工的月平均工资是 1205 元,提高了 13.7%。[①] 农村劳动力外出务工所获得的工资性收入一般会寄回农村,提高外流户家庭收入。家庭汇款一般会用以改善生活,主要用在消费和投资上,可见农村劳动力外流给家庭带来了工资性收入,推动提高了农村家庭的粮食获得能力乃至推动农村地区的发展。

3. 农村劳动力结构变迁与粮食生产

"配第—克拉克定理"是研究产业结构变动和劳动力转移的重要理论。"配第—克拉克定理"产业结构理论表明:随着经济的发展,第一产业国民收入和劳动力的相对比重逐渐下降,第二产业国民收入和劳动力的相对比重上升;劳动力由第一产业向第二产业移动。经济进一步发展,人均国民收入水平也随之进一步提高,劳动力便向第三产业移动,第三产业国民收入和劳动力的相对比重也开始上升。一个国家产业结构的变动是与经济增长紧密联系在一起的,产业结构的优化与调整也是经济良性发展的内在体现,产业结构变化与就业结构的演进具有极强的关联性。

1949 之后国家制定了第一个五年计划(1953—1957 年),确定了优先发

---

① 以上数据来源于《中国农村统计年鉴 2009》。

展重工业的战略方针,产业结构中工业投资占 58.2%,农林水利只占 7.6%,而其中重工业投资又占工业投资额的 85.0%。其间的诸如"大炼钢铁"运动的重工业发展,严重削弱了农业发展,农业严重落后。根据 H.钱纳里和 M.赛尔奎的"常态模型",世界银行报告称我国当时的产业结构存在着严重的扭曲,不仅在农村中大办人民公社,还提出了不切实际的粮食生产计划指标。到了第六个五年计划(1976—1980 年),用于农业的投资有小幅提高,但只占 10.5%,仍然很低,而同期的重工业占比投资高达 52.6%,其中支农工业投资占全部工业投资的比重仅为 2.9%。

　　始于 1978 年的农村联产承包责任制的实行,使得农业生产积极性和生产率大大提高,农业产值增加值在国内生产总值的比重见图 3.2 所示。1978—1984 年第一产业产值增加值总体上升,由 1978 年的 27.70%上升到 1984 年的 31.50%,与 1978 年以来的产业结构调整相对应。1985 年至 1992 年间,第一产业产值增加值在国内生产总值的比重呈缓慢下降趋势,分别是 27.90%和 21.3%。基本稳态期后,随着大量农村劳动力从农村外流,农业产值增加占国内生产总值的比重开始逐年显著下降,由 1993 年的 19.30%下降到 2000 年的 14.70%。2001 年粮食市场化后,第一产业产值增加值的比例继续呈较大幅度地下降,由 2001 年的 14.00%下降到 10.30%,2008 年降为 10.30%。到 2015 年,第一产业产值增加占比开始一直小于 10.00%,2015 年第一产业产值增加值占国内生产总值的比重只有 8.80%。

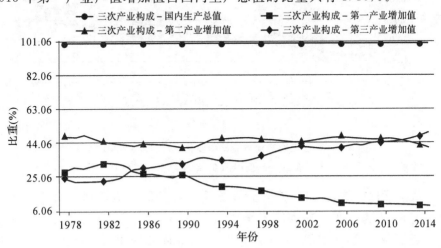

图 3.2 我国三次产业产值结构(1978—2015 年)

数据来源:《中国统计年鉴 2016》,新中国 60 年农业统计资料

  "大跃进"时期(1957—1960年)是工业部门过度需求时期;而到三年紧急调整时期工业部门精简职工,知识青年"上山下乡"(包括兵团、干校)和插队,人数规模大、涉及家庭多,大量劳动力流到农村。其主要模式——插队,顾名思义就是知识青年被安插在农村生产队,和普通农村社员一样挣工分、分口粮。"文革"中(1968—1977年)上山下乡的知识青年总人数达到1600多万人,几乎1/10的城市劳动力流向农村,是人类现代历史上罕见的从城市到乡村的劳动力大转移。而原有的农村劳动力一直被全面禁锢在农村,转移到其他产业的通道基本没有。直到1978年改革开放,我国第一产业农业劳动力的比重高达70.50%(见图3.3)。之后,第一产业就业比重逐渐下降,第三产业就业比重上升,并且在1994年左右超过二产的就业比重。就业趋势一直保持着,2011年第三产业就业比重首次超过第一产业就业比重,分别为35.70%和34.80%;到了2015年,第一、二和三产业就业比重分别为28.30%、29.30%和42.40%,第一产业就业比重在三产中最少,第三产业就业比重相对较高。

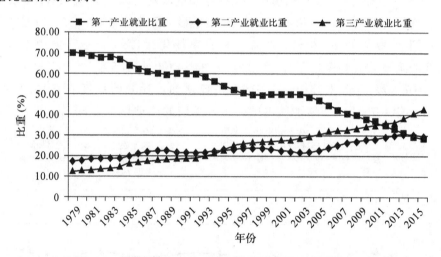

图3.3　我国三次产业就业结构变化情况(1978—2015年)

数据来源:《中国统计年鉴2016》,新中国60年农业统计资料

  从国际比较看,在第一产业就业比重下降的同时应该伴随着产值比重同步上升,因为生产效率提高不会带来产出的下降。而我国的第一产业就业比例下降是伴随着第一产业的产值比重同步下降的(见图3.4)。从1978—2008年我国第一产业产业结构和就业结构变化看,1978年第一产业产值占国内生产总值的28.20%,2009年下降为10.30%,下降了17.90%;

与此相应,从就业结构变化看,我国第一产业就业比重由 1978 年的 70.50% 下降到 2009 年的 36.10%,下降了 34.40%。世界银行报告(2008)显示, 2002 年美国的农业就业人口仅占总就业人口比例的 0.58%。从劳动力比重看,虽然我国产业以农业为主的情况有所改变,但第一产业产值和就业结构仍有较大的调整空间。与拥有现代就业结构的产业发达国家相比,我国劳动力就业结构尚属于传统型模式。虽然从产值比重看,我国在 20 世纪 70 年代初就以第二产业工业为主了,但与国际平均水平相比,无论是我国第一产业的劳动力比重下降的速度,还是第三产业服务业的劳动力比重上升速度都远慢于国际平均水平。农业生产效率提高、农业劳动力就业比重下降的同时,一般伴随着农业产值比重的上升,而我国农业就业比重下降的过程也是农业产值比重同步下降的过程。1978—2015 年间,我国第一产业就业比重由 1978 年的 70.53% 下降到 2008 年的 39.60%,30 年间下降了近 30%,之后继续下降,到了 2015 年,第一产业就业比重为 28.30%。与此同时,第一产业产值的比重也是一个明显的下降过程:1978—2015 年间,第一产业产值比重由 1978 年的 27.70% 下降到 2008 年的 10.30%,30 年间下降了近 17%,之后继续下降,到了 2015 年第一产业产值比重仅为 8.80%。我国农村劳动力就业结构与产值结构的变迁呈同步下降状态,这是一种失衡状态。

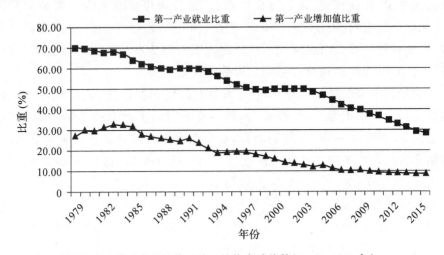

图 3.4　我国产业结构和就业结构变动趋势(1978—2015 年)

数据来源:《中国统计年鉴 2016》,新中国 60 年农业统计资料

由于农村劳动力转移的滞后,占较大比重的农业劳动力却只贡献了较

小的产值比重。农业生产的人均收入远低于非农生产的人均收入。据北京大学中国社会科学调查中心发布的《中国民生发展报告 2014》显示,1995 年我国财产的基尼系数为 0.45,2002 年为 0.55,并呈现上升趋势。粮食生产的劳动生产率低于非粮生产。在我国市场化、工业化进程中,总体上看劳动力就业结构的变化远远滞后于产业结构的变化,其滞后程度相对于钱纳里等(1989)提出的一般模式更明显。2008 年我国非农产业 GDP 比重与就业比重的差距近 20%,农业就业比重是 39.60%,仍然远高出发达国家水平。

4. 农村劳动力内部构成失衡与粮食生产

除农业产业结构与就业结构失衡之外,农村劳动力内部构成也存在失衡现象,体现在农户与农户之间以及农户内部的劳动力配置,这会对粮食生产效率和可持续性发展带来影响。农村联产承包责任制和城镇化改革政策为改善劳动力市场的分割局面提供了条件和环境,为农村不少劳动力外流到城市提供了可能,城市也为外流的农村劳动力提供了就业机会。随着大量农村劳动力外流到城市,农村劳动力结构改变。农村劳动力外流的重要原因是粮食生产收益低以及为了改善家庭经济状态。因此,劳动力外流成为家庭风险规避的手段,外出打工可以为家庭开拓多元化收入、改善生活提高福利。在这个过程中,一些没能选择外流来改善状况的农户,往往是由于社会关系少,存在技能、知识方面的缺失,他们很可能变成慢性的相对贫困户,从而导致农村劳动力内部结构失衡,留守粮食生产的农村劳动力在年龄、性别和教育等方面出现选择性倾向。通常认为在传统生产方式下,农村劳动力的年龄、性别和教育结构会影响粮食生产。

农户劳动力配置呈现出留守劳动力老龄化和女性化、兼业化和副业化现象。从全国层面来看(见表 3.6),留守在农村的劳动力按年龄分,51 岁及以上占 32.5%;41~50 岁占 23.1%,从事粮食生产的等农业从业人员,即农村留守劳动力一半以上已经老龄化,31~40 岁只占 24.2%,而 20 岁以下的只占 5.3%,21~30 岁占 14.9%,这与第一次农业人口普查数据相比呈现出更明显的老龄化倾向,第一次农业普查时,50 岁以上农业从业人口比重只有 18.11%。可见,农业劳动力老龄化问题已经日趋严重,一些新增从事粮食生产的农村劳动力,一部分源自近年来无法外出务工的中老年劳动力,一部分源自从城市回流的劳动力。粮食生产劳动力的"老龄化"还反映出农村劳动力固态化和后继梯队断层的态势。

留守农村的劳动力性别结构也存在一定问题。农村劳动力的性别结构以男性、女性各占农村总劳动力的比重表示。研究表明男性劳动力对农业生产增长率具有非常显著的正向影响,相比于女性劳动力,每增加 10% 男性劳动力将拉动农业生产率增加 0.98%(白雪洁等,2010)。随着城市化、工业化进程的加快和粮食市场化的演进,2006 年年末,在全国 34874 万农业从业人员中,男性占比 46.8%,低于女性 53.2% 的占比。大量青壮年尤其是男性农村劳动力选择从事非粮生产或弃耕进城务工,在农村外流的 13181 万从业劳动力中,男性劳动力占比 64%(8434 万人),高于女性 36%(4747 万人)的占比。外出从业人员以男性为主,而留守在农村的劳动力却以女性为主,这个现象在东部地区表现得更为突出。

留守农村的劳动力文化程度相对较低。研究发现拥有较高文化程度的农村劳动力倾向于外流,这导致留守农村的劳动力整体文化水平的下降。从全国层面来看(见表 3.6),文盲占 9.5%,西部地区的更是高达 12.8%;多数留守农村的劳动力的文化程度是小学和初中,分别占 41.1% 和 45.1%;高中、大专及以上的农村留守劳动力占比很低,分别只有 4.1% 和 0.2%。可见,农村留守劳动力的文化程度普遍要低于农村外流劳动力的文化程度,大量相对高素质的农村劳动力外流,在解决农村劳动力总量过剩的同时,也大大降低了留在农村从事粮食生产的劳动力的文化程度。一些可以为提高粮食生产率做出贡献的劳动力大量外流,在缓解农村劳动力"内卷化"总量过剩的同时,却产生了新问题,即农村劳动力的结构性短缺矛盾。

表 3.6　我国农业从业人员数量及构成

地区		全国	东部	中部	西部	东北
农业从业人员数量(万人)		34874	9522	10206	12355	2791
性别数	男(%)	46.8	44.9	45.7	48.6	49.7
	女(%)	53.2	55.1	54.3	51.4	50.3
年龄构成	20 岁以下(%)	5.3	4.2	4.9	6.4	6.4
	21~30 岁(%)	14.9	13.5	13.8	16.5	17.2
	31~40 岁(%)	24.2	22.0	24.5	25.3	25.4
	41~50 岁(%)	23.1	25.0	23.5	20.6	25.3
	51 岁及以上(%)	32.5	35.3	33.3	31.2	25.7

续　表

地区	全国	东部	中部	西部	东北
农业从业人员数量（万人）	34874	9522	10206	12355	2791
文化程度构成　文盲(%)	9.5	7.7	8.9	12.8	2.9
小学(%)	41.1	38.5	37.0	47.0	39.0
初中(%)	45.1	48.8	49.2	36.7	54.6
高中(%)	4.1	4.8	4.7	3.3	3.2
大专及以上(%)	0.2	0.2	0.2	0.2	0.3

资料来源：全国第二次农业普查数据公报（第二号）http://www.stats.gov.cn/

留守农村种粮的劳动力老弱化现象已经成为一种常态，大量农村新生代青壮年劳动力选择外流进入城市务工。农村留守劳动力结构老弱化，主要表现在年龄、性别和文化程度等方面，这决定了他们主要沿袭传统的小农作业方式，对粮食生产缺乏激情，更不会靠科学种植、效率种植来增收，他们留守农村多数属于无奈的选择。此外，他们也没有创新意识，这会影响农业先进技术的应用、生产效率的提高和自我发展。另外，我国农户总兼业率已经相当高，超过70%。农户兼业的规模及深度日益加强，非农收入成为家庭收入的主要来源，农户对粮食生产等农业收入的依赖逐步降低，种粮等农业生产被农户边缘化和副业化，这将对粮食生产产生负面影响，直接影响粮食生产的可持续性发展和国家粮食安全。

第三节　地区禀赋差异与粮食安全目标的实现

我国有13多亿人口，既是粮食生产大国又是粮食消费大国。民以食为天，食以粮为主，粮食问题是关系国计民生的大问题，我国一向十分重视粮食问题。我国粮食生产与消费供求格局受国内外环境的影响较大。随着国际化、市场化程度的加快，虽然我国粮食产量年年增长，但我国的粮食生产潜力有多大？在粮食产量连增的同时粮食进口和库存也同步增长，我们是不是实现了有效的粮食供给？能不能有效满足国民需求？需不需要进行粮食生产的供给侧改革？这都是人们普遍关心的问题。我国地域辽阔，各地自然条件与经济条件不同，各省（自治区、直辖市）粮食安全目标也因此有差别,自然禀赋和比较利益也有不同的表现。

1. 粮食安全目标的多元化

经过改革开放以来的农业政策和经济发展实践,根据不同的自然禀赋,我国的粮食生产形成了相对较为稳定的主产区、平衡区和主销区。北京、上海、天津、浙江、海南、广东、福建 7 个省(市)成为粮食需求大于供给的粮食主销区。粮食主产区是吉林、辽宁、黑龙江、内蒙古、山东、江苏、安徽、江西、湖北、湖南、四川、河北、河南 13 个省(区)。粮食产销平衡区是陕西、甘肃、青海、宁夏、山西、广西、重庆、云南、贵州、西藏、新疆维吾尔自治区。粮食大致供求格局已经形成。

我国的粮食管理制度是典型的供给主导型制度。改革开放前,我国在赶超型的工业化道路发展过程中,采用外延增长方式优先发展重工业。实行严格的城乡分割“户籍制度”,一味追求粮食高产“放卫星”,在“人有多大胆,地有多大产”的舆论下,各地虚报夸大粮食产量,浮夸风盛行严重挫伤了农民的种粮积极性。以粮食高产为单一目标,不能真正解决粮食问题,工农产品价格剪刀差严重,牺牲了农民利益,形成了城乡隔离的二元化结构。可见,违背自然规律盲目追求粮食短期高产,并不能实现粮食安全的终极目标。事实上,各地区自然禀赋是不同的,因而不同的区域应有不同的粮食生产目标。改革开放以后,数以亿计的农村劳动力外流,有些“鱼米之乡”如浙江的杭嘉湖地区,已从原粮食主产区成了第二大粮食主销区。粮食安全的目标应该根据地区自然禀赋的不同来设定,不仅要实现数量安全的目标,也要实现粮食的效率安全和能力安全的目标。联合国粮农组织对粮食安全的界定做了多次修正,不仅强调粮食的供给能力(综合生产能力),还强调粮食的获得能力。农村劳动力外流一方面影响了粮食产出,但另一方面提高了个人和家庭的粮食获得能力,保障了粮食能力安全。

粮食安全目标指标体系是多元的,除了包括粮食自给率(或粮食贸易依存度)、总产量波动指标、粮食储备和粮食流通水平外,还包括低收入阶层和满足积极健康生活要求的“获得能力”。“粮食自给率”是指一国或地区粮食生产量占总消费量的比重。一般粮食自给率越高表明粮食安全系数越高,但是各地自然禀赋不同,一味追求粮食生产的高自给率是不现实也是无效率的。粮食贸易依存度指一国或地区粮食对进口贸易的依存度,表现了一国对国际粮食市场的依赖程度,粮食贸易作为补充在调节我国粮食供求平衡方面发挥着重要的作用。粮食总产量波动指标是指粮食产量受自然和人为因素影响,随着时间推移而产生的波动,自然因素如天灾等一般呈现出不可抗拒性,人为因素主要是指受历史事件、政策和制度等变迁的影响而产生的粮食产量波动。粮食储备是调节粮食供求平衡、稳定粮食市场价格、应对重大自然灾害或其他突发事件而建立的,联合国粮农组织提出实现粮食安全的最低储备是储备粮占粮食的 17%~18%。粮食储备水平是反映粮食安全的重要指标之一,在粮食安全多元指标体系中,粮食综合能力的安全是最基本的,强调以最小的、最合理的代价实现粮食安全。

2. 农村劳动力外流与粮食安全目标的实现

改革开放以后,粮食生产主要是由千家万户的家庭小农劳动组成家庭联产承包责任制的作业方式,这提高了劳动投入效率和粮食生产率,由此产生了家庭劳动力剩余。大量家庭开始自我选择相对优质的劳动力外流,这使流出地粮食生产的劳动力结构发生变化。留守在粮食生产的劳动力无论是文化程度、年龄还是性别都不占优势,他们生产粮食的目标仅是维持生产,缺乏采纳新技术的动力。因此,我国农村劳动力的外流使得小农群体粮食生产的劳动力投入与粮食生产能力下降,粮食产业的弱质性表现更为突出。其影响之所以在很长一段时间内没有体现出来,是因为一方面,家庭联产承包责任制激发了劳动生产效率;另一方面,我国粮食生产长期以来存在内卷化、过密化现象。随着农村劳动力的外流,粮食生产播种面积呈现减少趋势,甚至出现撂荒现象,粮食供需缺口将会扩大。

农村劳动力外流后,留守从事粮食生产的劳动力除了在质量上(知识、年龄和性别)不占优势以外,还呈现出区域性的数量差异。刘易斯、乔根生和钱纳里均为农业劳动力剩余的测算提供了经典的估算方法。纪韶(2005)根据刘易斯估算方法,在调查全国 31 个省、自治区、直辖市 320 个市县的2.2 万多个农村家庭的基础上,测出 2005 年我国农业劳动力剩余为 4005.59 万人。在此基础上,我们从粮食主产区和主销区视角来看劳动力剩余,比较不同区域的情况(见表 3.7)。

表 3.7 粮食主产区、主销区农业劳动力剩余比较(2005 年)

地区		折实人均收入(元)	年均投工数(天)	剩余比例	剩余规模(万人)
粮食主销区	北京	6737.69	268.87	0.004	0.24
	天津	5119.15	257.15	0.048	3.79
	上海	7566.76	274.86	−0.018	−1.06

地区		折实人均收入(元)	年均投工数(天)	剩余比例	剩余规模(万人)
粮食主销区	浙江	6110.05	264.32	0.021	16.56
	福建	4082.90	249.65	0.075	52.18
	广东	4303.20	221.85	0.178	273.49
	海南	2755.99	239.36	0.113	21.95
	合计				367.15
粮食主产区	河北	3194.17	243.22	0.099	154.04
	内蒙古	2955.29	241.49	0.115	61.00
	辽宁	3385.51	244.60	0.094	64.38
	吉林	2994.49	241.77	0.105	52.50
	黑龙江	2955.29	241.49	0.106	73.58
	江苏	4840.63	255.13	0.055	58.28
	安徽	2422.90	231.88	0.141	249.48
	江西	2870.54	240.87	0.108	102.59
	山东	3606.01	246.20	0.088	180.37
	河南	2633.56	236.61	0.124	386.81
	湖北	2843.30	221.87	0.178	196.41
	湖南	2860.31	221.85	0.178	348.10
	四川	2571.36	235.21	0.129	298.63
	合计				2226.17
全国				0.134	4005.59

资料来源:根据纪韶(2005)的《中国农业剩余劳动力数量最新估计和测算方法》整理

　　从表3.7可见,全国农业剩余劳动力约为4005.60万人,其中,粮食主产区农业剩余劳动力约2226.17万人,占一半以上(55.58%)。粮食主销区农业剩余劳动力约367.15万人,约占9.17%。粮食主产区农村劳动力外流比主销区表现将更明显,无论是总量还是增量都高于主销区(见图3.5)。

　　随着农村劳动力外流与粮食市场化进程的加快,需要根据比较优势原则,通过投入机制的设计,发挥粮食生产的比较优势,生产相对集中以形成规模效应,降低粮食生产的边际成本曲线。一方面要确保粮食供给,另一方

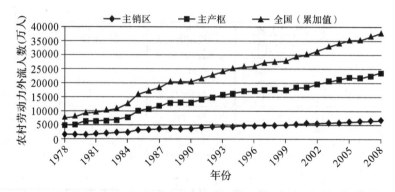

图3.5 全国及粮食主产区、主销区农村劳动力外流情况(1978—2008年)

数据来源:根据《新中国60年农业统计年鉴》计算整理

面要提高粮食获得能力。

3.地区禀赋差距、比较优势与粮食安全目标:主产区与主销区

粮食是一种特殊商品,社会效益高但经济效益相对较低,具有非竞争性和公共物品的特点,一定程度上带有社会保障的特殊属性。

在农业和经济发展的不同阶段,不同区域粮食问题的表现及其侧重点有所不同,粮食安全的目标也应有所不同。由于区域禀赋的地区差异和比较优势,并不意味着所有地区都要通过粮食自给来确保粮食安全,见图3.6。

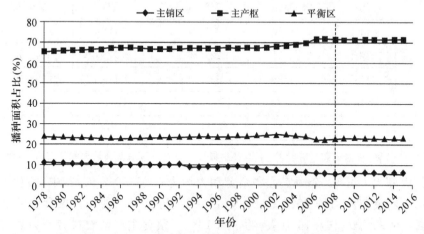

图3.6 主产区、主销区粮食播种面积占全国的比例(1978—2016年)

数据来源:根据《中国农村统计年鉴2016》与《新中国60年农业统计年鉴》计算整理

从图3.6中可以看到,随着2001年粮食主销区率先实行购销市场化,

农村劳动力外流加速,主销区大量农村劳动力转向非粮产业,粮食播种面积占比开始明显下降。而与此同时,主产区发挥其粮食生产优势,粮食播种面积占全国比重开始明显上升。2015年,主产区粮食播种面积占全国播种面积的比例为72.03%,主销区粮食播种面积占全国的比例只有5.26%。

图3.7是粮食主产区、主销区粮食产量占全国的比例,可见,主产区粮食产量占全国的比重很大。

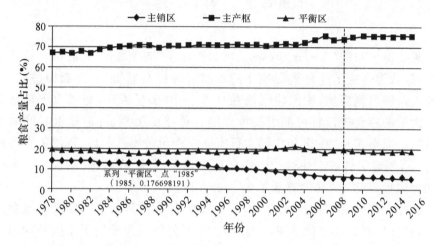

图3.7　粮食主产区、主销区粮食产量占全国的比例(1978—2016年)

数据来源:根据《新中国60年农业统计年鉴》和《中国农村统计年鉴2009》计算整理

从粮食主销区考察来看,主销区耕地少,粮食生产比较优势已经逐步弱化并将不复存在。这种情况如同日本、新加坡、荷兰等,需要部分"进口替代"或省际粮食调入。此外,主销区粮食产量占全国的比重要小于其播种面积占全国的比重,因此,主销区的粮食安全问题更多地表现为经济问题。粮食生产在不具备比较优势的条件下强调自给自足,会降低经济效率。2001年在浙江等率省(市)先实行粮食购销市场化后,粮食播种面积逐年下降,主销区各级政府粮食部门直接掌控的粮源大幅度减少,政府调控防范粮食风险的难度加大。

主产区粮食安全目标与主销区不同,主产区的目标重点是粮食生产的效率安全,提高资源配置效率,以实现效率最大化。而主销区的目标重点是粮食的市场安全与能力安全。同时来看两类市场,有可能发生两种情况:一种是主产区在相对偏高的粮食价格保护政策下,主销区低价粮食倒流回主产区,给主产区粮食市场和储备带来风险;另一种是国内粮食市场短缺时,主产区粮食惜售或待价而沽,而在国内粮食市场充裕时,主销区从国外进口质优价廉的粮食,前者加大了主销区粮食调入成本和风险,后者主销区会压级压价减少调入成本,粮食主产区和主销区之间陷入相互转嫁风险的怪圈,出现粮食"产量、进口量和库存"三增现象。因此,处理好粮食主产区和主销区的利益关系,是确保粮食安全的重要因素(张红宇,2005)。

第四节 本章小结

莱斯特·布朗(Lester Brown,1994)提出了"布朗之问",即"谁来养活中国"。他认为高速工业化进程中伴随着水资源的日益短缺,对农田的破坏,以及人口的急剧膨胀,中国将无法独自养活 10 多亿人口,必然出现粮食短缺。大量的粮食进口将可能引发世界粮食价格的上涨,并造成世界性的粮食危机。但事实是,1978 年中国实行家庭联产承包责任制后,我国粮食增产约 50%,创造了奇迹。1984—1985 年还出现了农民"卖粮难"的现象。中国成功地以世界 7% 的耕地养活了 22% 的人口。

在粮食计划管理体制下(1949—1978 年),农村劳动力高度投入粮食生产中,粮食生产以生产队为单位集体出工,工分制事先锁定了不同劳动力的不同报酬,于是干好干坏一个样,"磨洋工"和"搭便车"成为普遍现象,粮食生产效率很难提高。由于所有劳动力都投入生产,全体劳动力集体出工掩盖了由于效率低下而存在的剩余劳动力,城乡分割也导致农村劳动力不可能放弃粮食生产而到城市打工。随着家庭联产承包责任制的实施,农村劳动力投入效率提高(1978—1984 年)。农村家庭联产承包责任制这一诱致性的变迁,使得生产监督内部化,极大地调动了农村生产积极性,农民的生产干劲和效率也大大提高,农村劳动力高效率的投入也带来了劳动的节约,农户不再需要全体家庭劳动力投入粮食生产,于是部分家庭劳动力出现剩余。农村劳动力外流开始启动(2001 年至今),这些剩余家庭劳动力离开家乡另谋出路,加入城市"农民工"行列。粮食购销市场化实施,加速了农村劳动力外流。

比较优势驱使农民理性选择非粮产业,家庭重新配置劳动力,文化程度相对较高的年轻男性成为城市打工的主力,而家庭中教育年龄等均不占优势的劳动力留下维持承包田的劳作,这部分人被俗称"386199"部队(妇女、孩子、老人)。显而易见,他们的劳动投入无法使粮食生产达到生产可能性边界,因为他们根本没有技术进步和提高生产率的能力,农村劳动力结构出现失衡。

　　粮食是耕地密集型产品,根据马歇尔(1920)的局部均衡理论,不同区域的粮食安全目标应该根据其自然禀赋差异有所侧重。从比较优势的视角,优化粮食生产区域布局,本研究提出了分区域的不同目标。中国粮食主产区有 13 个省、直辖市(自治区),粮食主销区有 7 个省、直辖市(自治区)。本研究基于自然禀赋与比较优势原则,分别阐述了粮食主产区与主销区各自的粮食安全目标。

　　本章内容起到了承上启下的作用,即在明确了区域禀赋差异与粮食安全目标的基础上,为第四章"粮食主产区的比较优势、农村劳动力外流与效率安全"以及第五章"主销区农村劳动力外流、粮食生产底线与能力安全"的研究提供了理论基础和目标。

第四章 粮食主产区的比较优势、 劳动力外流与效率安全

　　综合考虑各地区自然禀赋差异、粮食产量、需求量特征、粮食生产传统等因素,我国可分为三大不同的粮食生产功能区,即粮食主产区、产销平衡区和主销区。粮食主产区有 13 个,包括:黑龙江、辽宁、吉林、内蒙古、四川、河北、河南、湖北、湖南、山东、安徽、江西和江苏。国家粮食局 2011 年统计数据显示,13 个主产区的粮食产量占全国粮食总产量的 75.4%,库存占全国的 71%,调出量占 90% 以上,对我国粮食安全保障起着重要的作用,但也给粮食流通带来了很大的压力。粮食主产区的构成省份也经历了动态调整过程,原来的平衡区吉林和内蒙古 2003 年才转为粮食主产区;原来的主产区浙江和广东两省转为粮食主销区。2011 年,13 个粮食主产区粮食总产量为 8760.48 亿斤。河南省、黑龙江省是粮食生产大省,连续多年粮产超过 1000 亿斤。内蒙古单产增长贡献率达到 95.3%。河北省、吉林省、湖南省、安徽省全年粮食总产均超过 600 亿斤。人口大省河南在自给基础上每年还能调出 400 亿斤以上的食用原粮和制成品,安徽每年有 150 多亿斤粮食外调,江西近年来年均外调商品粮 100 亿斤左右。四川省是粮食生产大省和消费大省,常年粮食消费及转化量约 780 多亿斤,2011 年四川省粮食总产达到 734 亿斤,确保粮食自求平衡是四川对全国粮食安全的重大贡献。粮食主产区为我国提供了全国所需粮食总量的 3/4 左右,随着政府加大对主产区粮食生产的扶持,主产区的粮食产量增长明显,产量占全国粮食总产量的比重逐渐增加。但是随着粮食市场化进程的加快,粮食主产区农村劳动力外流数量加大,速度也在提高,给区域粮食安全带来了一定的影响。

第一节　粮食主产区的自然禀赋与比较优势

对粮食的界定,联合国粮农组织将粮食界定为谷物类,即稻谷、小麦和粗粮。我国对粮食的界定分狭义概念和广义概念,狭义概念与联合国粮农组织相同,广义概念还包括豆类、薯类。

1. 粮食主产区的自然禀赋

我国粮食主产区的自然禀赋条件具有明显的比较优势。主产区大多处于平原和浅丘区,耕地资源丰富、气候湿润,具备粮食生产所依赖的气候优势和土地资源优势,适合粮食等农作物生产。13 个粮食主产区的耕地面积占全国耕地面积的 63.3%,产量占全国粮食总产量的 75%,具有绝对优势。粮食主产区相对于粮食主销区拥有丰富的农村劳动力资源,2008 年,13 个粮食主产区的农村从业人员占全国的 60.83%。

2014 年,从第一产业增加值来看,排名靠前的基本是粮食主产区,如居首位的是山东(4798.4 亿元),接着依次是河南(4160.8 亿元)、江苏(3634.3 亿元)、四川(3531.1 亿元)、河北(3447.5 亿元),湖北、广东、湖南等均超过 3100 亿元,形成了东北、黄淮平原和长江流域优质粮食产业带。

主产区粮食产量在稳定中增长,从图 4.1 可见,主产区粮食增长趋势与全国的粮食产量增长情况一致。尽管粮食主产区的耕地面积跟全国其他地方一样有所减少,但从 1998—2008 年粮食产量轨迹来看,主产区粮食产量总体并未出现减少趋势,占全国粮食的比重反而由 1998 年的 70.86% 上升至 2008 年的 74.01%。到了 2011 年,全国粮食总产量 57120.9 万吨,13 个粮食主产区粮食产量总和 43421.2 万吨,占全国总产量的 76.01%,比 2008 年上升了 2%。而同期,主销区粮食产量占全国总产量比重下降,由 1998 年的 10.01% 下降到 2008 年的 6.50%。产销平衡区粮食产量变动比较平稳。以 2003 年波动比较大的年份作为分界点看各区域分阶段情况:1998 到 2003 年间,粮食主产区的粮食产量有所下降,降幅为 16.08%,占全国的份额略有上升,2003 年占 70.93%;主销区粮食减产 1705.4 万吨,减幅高达 32.99%。2003 年到 2008 年间,主产区粮食产量增幅最大,有一个明显的增产回升过程,增量达 20.30%,由 2003 年 30707.7 万吨增加到 2008 年的 36941.6 万吨,占全国总产量的比值上升到 74.01%。产销平衡区也有一定程度的增产,为

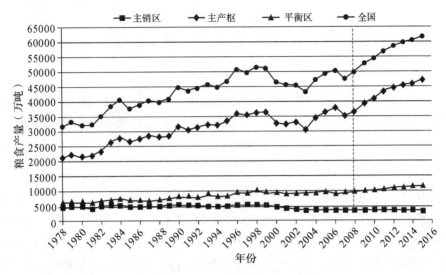

图 4.1　我国主产区、主销区、平衡区粮食产量（1978—2015 年）

数据来源：根据《中国统计年鉴 2016》，《新中国 60 年农业统计资料》计算整理

6.67%。但同期主销区粮食减产，幅度为 6.30%，占全国的份额由 2003 年的 8.00% 下降到 2008 年的 6.50%。2008 年到 2016 年间，主产区粮食产量继续持续上升，2015 年全国粮食总产量是 62143.9 万吨，其中主产区粮食产量是 47341.2 万吨，主产区粮食产量占全国总产量的比重为 75.80%（见表 4.1）。

表 4.1　我国主产区、主销区和产销平衡区粮食产量及结构变化

项目		1998 年	2003 年	2008 年	2015 年
产量（万吨）	主产区	36592.1	30707.7	36941.6	47341.2
	主销区	5169.6	3464.2	3244.8	3311.8
	平衡区	9871.6	9119.2	9727.0	11490.8
结构(%)	主产区	70.86	70.93	74.01	76.18
	主销区	10.01	8.00	6.50	5.33
	平衡区	19.12	21.07	19.49	18.49

数据来源：根据《中国农村统计年鉴》（1999 年，2004 年，2009 年，2016 年）和《新中国 60 年农业统计资料》分区域计算所得

　　随着城市化、工业化的进程，农村劳动力外流加快，主产区农民收入来源也呈现多元化。从农村居民人均可支配收入来源看，2014 年全国农村人均工资性收入是 4152.2 元，经营性收入是 4237.4 元，经营性收入略高于工

资性收入。考察 13 个粮食主产区农村居民人均可支配收入来源,发现经营纯收入仍是粮食主产区农民收入的重要构成,大多占一半及以上。2008 年粮食主产区的内蒙古、吉林、黑龙江和河南的农业家庭经营纯收入占纯收入的比重分别为 69.1%、67.8%、65.2% 和 60.6%,均超过 60.0%,占比 50.0% 以下的只有江苏和湖南。到了 2014 年,粮食主产区经营纯收入占农村居民人均可支配收入的比重有所下降,但吉林(69.1%)、黑龙江(63.1%)占比仍然超过 60.0%,内蒙古(58.9%)下降了 10.3%,河南也已经占比不到 50.0%,为 42.9%,下降了 17.7%。但主产区粮食仍然是全国占重要地位的粮食生产集中地,主产区粮食在全国粮食供给中仍占主要地位。

2. 主产区粮食生产"过密化"与农户收入

"斯密型成长(the Smithian Growth)"、"库兹涅茨型成长(the Kuznetzian Growth)"和"广泛型成长(the Extensive Growth)"是经济成长三种主要方式。由劳动分工和专业化所带来"斯密型成长",与由技术进步引发的"库兹涅茨型成长"有本质不同,也有别于只有总量增加而无劳动生产率的提高和技术进步的"广泛型成长"。随着我国农村家庭联产承包制的实施,劳动生产率有显著提高,家庭分工的细密和专业化程度的加深,带有"斯密型成长"的某些特征,有一定程度的分工协作和专业化所带来的规模经济效益。20 世纪 60 年代初吉尔茨(Geertz,1963)根据对印尼水稻生产的深入研究,提出了传统农业"过密化",亦称"内卷化"问题,指在劳动生产率下降情况下的经济增长。黄宗智(1985)则把它扩大到农业生产各方面,证实了中国小农经济的人口过剩与内卷的事实。所谓"过密化"是指人口增长过快,数量超过了一定限度,即耕地面积和粮食生产的限度,粮食劳动生产率下降,虽然总劳动力就业和收入增加,但平均报酬没有增加,因此认为是"无发展的增长",或者说"过密型增长"。通过充分利用家庭劳动力而带来较高的家庭收入,而不是通过劳动组织的改良、技术的进步或更多的单位劳动力资本投入来实现的。黄宗智认为"过密型增长"是"不把农村引向结构性变化"。单位面积劳动投入增加,绝对产量可能上升了,但单位劳动日边际报酬递减,农业劳动生产率和农民收入却是停滞的,这种现象称作"内卷化"或"过密化"。费正清(2000)认为由于经济生活中劳力供应非常充分,因此一些"节省劳动的办法反而不经济"。他将中国社会经济停滞归因于人口的激增,认为它削弱了政府的功能。郭继强(2005)对"内卷化"概念作了新解读,综合了吉尔茨的农业过密化(内卷化)观点和黄宗智等学者观点,将农业"内卷化"与刘易斯模型相关联,提出"去内卷化"概念,主张通过市场化、工业化和城市化转移来消化农村剩余劳动力。

斯密指出,在低收入水平下,一种经济中大部分劳动力将投入粮食生产。从人均耕地面积和劳动投入与产出比较,我国粮食主产区存在吉尔茨"农业内卷化"倾向,随着青壮年劳动力人口的持续外流,农村劳动力规模减小和劳动力年龄老化的态势会加速,转为老弱化严重的倒三角形结构。据第一次全国农业普查的统计,1996 年我国农村住户家庭在劳动力年龄内的农村从业人员是 50482 万人。1997 年我国劳动力绝对数量回升,到了 2002 年有所下降,人口普查法得到的农村从业人员数据为 48960 万人。2003 年,农村从业人员数为 48971 万人,2012 年增长到 53858 万人。农村居民家庭经营耕地虽然有增加趋势,但从 2003 年的人均 1.96 亩可以看出,农业劳动力人均承担的耕地面积很少,2008 年我国人均劳动力经营耕地面积为 2.18 亩,2012 年增加到人均 2.34 亩,但土地资源有限,粮食生产存在内卷化与过密化生产现象。尤其是粮食主产区农村劳动力相对丰富,有限的土地上拥挤着过多的劳动力,人力资本投入水平较低。农村劳动力边际产出低下,农业劳动力收入和报酬低下。

由于过高的流动成本和制度壁垒,农村劳动力转向非农业部门或城市的过程中,存在阻碍农村剩余劳动力转移的因素。2008 年 13 个主产区粮食耕地面积占全国总耕地面积的 59.46%,但粮食主产区农村劳动力人均耕地面积更少,不到 0.50 公顷,除了辽宁、吉林和黑龙江有所超出全国平均外,湖南只有 0.20 公顷,河南、四川分别为 0.28 公顷和 0.29 公顷。相比地多人少的美国,农业劳动力人均经营土地高达 125.40 公顷,我国粮食主产区农村劳动力人均耕地面积约只有美国的 1/230,与世界平均水平相比也只有1/4,差距非常大,也远低于耕地资源一样有限的日本,其每个农业劳动力承担可耕地面积为 1.07 公顷。显然,主产区农业劳动力承担的耕地面积过少,是劳动过密投入的"内卷化"粮食生产,粮食生产的劳动边际产量价值与劳动价格不相符,生产效率损失。家庭联产承包责任制的实施,对农业生产起了显著推动作用(林毅夫,1986),改变了农业集体经营模式,但是土地经营碎片化,通过充分利用家庭劳动力从而使劳动效率提高,从而带来单位投入劳动力回报提高,但是整个家庭收入提高有待通过劳动组织的改良、技术的进步或家庭剩余劳动力转移实现。从劳动密集型转向资本和技术密集型是产业升级的需要,提高劳动生产率特别是全要素生产率是演变方向。

从表 4.2 可见,从我国粮食主产区农林牧渔业密度来看(2008 年),每个农业劳动力投入可平均承担耕地:辽宁是 6.17 公顷(最高),另外内蒙古、吉林、黑龙江大于 1 公顷,其余粮食主产区各省份均小于 1 公顷。

表 4.2 我国粮食主产区农林牧副渔劳动力投入情况(2008 年)①

项目地区		各地区农林牧渔业从业人员(万人)	密度(公顷/人)
全国合计		28363.6	0.43
粮食主产区	河北	1478.2	0.43
	内蒙古	526.7	1.36
	辽宁	662.3	6.17
	吉林	491.1	1.13
	黑龙江	678.0	1.74
	江苏	896.4	0.53
	安徽	1592.6	0.34
	江西	887.1	0.32
	山东	1991.9	0.38
	河南	2837.2	0.28
	湖北	995.8	0.47
	湖南	1877.9	0.20
	四川	2857.3	0.29

数据来源:根据《新中国 60 年农业统计资料》,《中国统计年鉴 2009》计算整理

农林牧副渔农业劳动力投入情况,即农业劳动力占比,是衡量一个国家人均真实收入水平的有效指标。与其他部门相比,农业劳动生产率低但占比高,城乡劳动二元收入差距明显。长期以来,粮食生产采取依靠劳动力密集投入的粗放经营,粮食主产区也不例外。农村实行家庭联产承包制度,强化了以家庭内部劳动力为单位的生产投入,由于承包土地经营地块规模小而分散,家庭劳动细碎化,家庭耕作的农业科技应用和推广滞后,粮食生产基本沿袭传统的耕作方式,科技成果转化率低,因此,粮食的劳动生产率和商品生产率都很低。一旦家庭中有劳动力转移到非粮生产或者城市时,会影响家庭粮食生产产出率。

从全国范围看,改革开放以来已经连续 10 多年以"三农"为主题的中央一号文件聚焦农村、农业和农民,强调粮食这一"舌尖上的安全"。2004 年中

---

① 注:本表数据来源于国土资源部 2008 年度土地变更调查,截止时间点为 2008 年 12 月 31 日。四川的数据已经包含重庆数据。

央一号文件明确提出了全面放开粮食市场,制定了最低保护价,对小麦和稻谷实行最低收购价。2008 年开始,最低收购价格快速上涨。2008 年到 2014 年,整个粮食市场价格发生明显变化,小麦价格增长 2/3 左右,稻谷的价格增长了近 100%。与 2008 年相比,2015 年全国耕地面积增加了 13282.8 千公顷,其中 13 个粮食主产区耕地面积占全国比重由 2008 年的 59.25% 提高到 2015 年的 60.90%。耕地面积增加明显并且在全国占比提升比较快的主产区省(自治区)有黑龙江和内蒙古,分别提高 2.02 和 0.97 个百分比,耕地面积分别增加了 4024.0 千公顷和 2090.8 千公顷。但也有部分主产区如四川等耕地面积有下降趋势(见表 4.3)。

表 4.3 我国粮食主产区耕地面积与占全国比例(2008 年和 2015 年)

项目地区		2008 年		2015 年	
		耕地面积(千公顷)	比重(%)	耕地面积(千公顷)	比重(%)
全国合计		121715.9	100.00	134998.7	100.00
粮食主产区	河北	6317.3	5.19	6525.5	4.83
	内蒙古	7147.2	5.87	9238.0	6.84
	辽宁	4085.3	3.36	4977.4	3.69
	吉林	5534.6	4.55	6999.2	5.18
	黑龙江	11830.1	9.72	15854.1	11.74
	江苏	4763.8	3.91	4574.9	3.39
	安徽	5730.2	4.71	5872.9	4.35
	江西	2827.1	2.32	3082.7	2.28
	山东	7515.3	6.17	7611.0	5.64
	河南	7926.4	6.51	8105.9	6.00
	湖北	4664.1	3.83	5255.0	3.89
	湖南	3789.4	3.11	4150.2	3.07
	四川	8183.3	6.72	6731.4	4.97
合计			59.25		60.90

数据来源:根据《中国统计年鉴》(2009 年,2016 年)整理

主产区耕地面积的总体是一个上升过程,粮食产量也由一开始的下降

到后来的持续增长过程(1998—2011 年)。尤其在 2001 年主销区粮食购销市场化后,无论是主产区还是主销区粮食产量均呈持续增长状态。2001—2005 年与 2005—2011 年间主产区粮食年均增长最快,超过 3%;主产区粮食结构比例占据全国比例也持续增加,2005—2011 年平均每年占比增加 2.38%(见表 4.4)。2011 年主产区粮食产量占全国粮食总产量比重高达 76.01%,即占全国粮食生产总量超过 3/4 的粮食是由粮食主产区生产的。

表 4.4　我国粮食产量及其产销区结构的变动(1998—2011 年)单位:万吨;%

	粮食	1998 年	2001 年	2005 年	2011 年	1998—2001 年年均增长	2001—2005 年年均增长	2005—2011 年年均增长
产量	主产区(万吨)	36592.1	32508.6	36424.1	43421.2	-3.72	3.01	3.20
	主销区(万吨)	5169.6	4221.7	3378.2	3409.0	-6.11	-5.00	1.51
结构比例	主产区(%)	70.86	71.82	73.63	76.01	0.96	1.81	2.38
	主销区(%)	10.01	9.33	6.82	5.97	-0.76	-2.51	-0.85

数据来源:《中国农村统计年鉴》(1999 年,2006 年,2012 年),国家统计局农调队

粮食生产的自然属性导致生产周期长,虽然主产区粮食生产总体呈增长态势,但由于农资等生产资料成本仍然居高不下,农民种粮成本也持续上升,种粮效益提高缓慢,以至于粮食主产区农民收入提高缓慢。家庭承包的粮食生产模式,极大地激励了粮食生产积极性的同时,分散的家庭生产也带来一些弊端,如分散的农户市场谈判能力不强,抵御市场风险能力低,对市场和外部的依赖性较强。几乎无法靠家庭分散的自身力量来消解生产和市场不确定性带来的风险,农业生产资料价格急剧上升,成本的上升,集体谈判能力的缺乏和市场信息的滞后等问题,都体现出粮食生产的脆弱性,主产区农民收入提高缓慢。从粮食主销区农民收入增长及其来源结构、地区差异来看,农业收入尤其是来自家庭经营纯收入,已经越来越不具有关键性意义(陈吉元、韩俊,1995;李实,1999)。

考察粮食主产区农村居民人均可支配收入来源结构,经营净收入仍占主要部分,粮食生产受自然灾害等影响表现出不稳定性。粮食成本的提高直接影响以经营纯收入为主要收入的农户。目前,粮食主产区农村居民人均可支配收入中来源于农村家庭经营纯收入虽然比例在下降,13 个主产区平均由 2008 年占总收入的 55.19%下降到 2015 年的 45.14%,但还是比全国平均水平的 39.43%高出 5.71%。尤其是主产区吉林和黑龙江、河南家

庭经营纯收入占总收入比重分别高达 69.56% 和 63.54%,内蒙古也有 57.40% 的农村居民人均可支配收入来源于家庭经营收入。从粮食主产区农村居民人均可支配收入来源结构来看,2008 年除了江苏与湖南以外,其他 11 个粮食主产区其经营纯收入占可支配收入均超过一半以上,其中内蒙古、吉林、黑龙江和河南占比超过 60%。到了 2015 年,主产区农村居民人均可支配收入来自经营纯收入的比例平均已经不到 50%,大大下降,但是主产区农村农业收入相对工资性收入、财产性收入和转移净收入所占的比重还较大(见表4.5)。比较同期的粮食主销区如浙江,经营净收入只占农村居民人均可支配收入的 25.39%,而粮食主销区上海和北京经营性收入更只占总收入比例的 6.30% 和 9.52%,明显低于主产区。

表 4.5 主产区农村居民人均可支配收入来源结构(2015 年) 单位:元

项目主产区	可支配收入	收入结构				经营纯收入/可支配收入(%)
		工资性收入	经营净收入	财产性收入	转移净收入	
全 国	11421.7	4600.3	4503.6	251.5	2066.3	39.43
河 北	11050.5	5811.9	3682.7	235.9	1320.0	33.32
内蒙古	10775.9	2249.7	6185.4	425.3	1915.5	57.40
辽 宁	12056.9	4730.1	5573.7	231.7	1521.3	46.22
吉 林	11326.2	2097.4	7878.1	198.6	1152.1	69.56
黑龙江	11095.2	2247.0	7049.8	524.9	1273.5	63.54
江 苏	16256.7	8014.9	5045.6	545.2	2651.0	31.04
安 徽	10820.7	3983.1	4214.4	161.8	2461.4	38.94
江 西	11139.1	4393.0	4431.3	184.6	2130.2	39.78
山 东	12930.4	5139.5	5856.4	326.3	1608.1	45.29
河 南	10852.9	3728.4	4462.2	157.0	2505.3	41.12
湖 北	11843.9	3682.9	5281.4	160.8	2718.8	44.06
湖 南	10992.5	4515.2	3911.7	174.1	2391.5	35.59
四 川	10247.4	3463.5	4197.3	223.6	2363.0	40.96
平 均						45.14

数据来源:根据《中国农村统计年鉴 2016》计算整理

总之,虽然从粮食主产区农村居民人均可支配收入来源结构来看,2015 年来自家庭经营纯收入的比重比 2008 年有所下降,但占总收入的比重仍然较大。粮食主销区农村居民人均来自家庭经营纯收入的比重远小于主产区。

3.粮食主产区生产比较优势与定量分析

主产区粮食生产比较优势具有明显的外生性,主要是由指由其所具备自然资源禀赋形成的。运用李嘉图的比较优势理论分析粮食主产区,比较优势表现为外生性和内生性,粮食主产区更多表现为生产的内生比较优势,而且内生比较优势会随着分工水平的提高而提高。

通过粮食生产比较优势指数,测算和比较三大粮食作物规模优势指数、生产优势指数和效率优势指数,作为具体测定指标测定主产区和主销区的生产的比较优势。在测定规模优势指数、生产优势指数和效率优势指数这三项指数的基础上,三者的几何平均数就是比较优势指数。下面分别测定这三项指数。

(1)规模优势指数测定。规模优势指数是用某地区某种作物的播种面积与全国同种作物的平均播种面积之比,即

$$S_{ij} = \frac{A_{ij}}{\frac{1}{n}\sum_{j=1}^{n}A_{ij}}A_{ij}$$

式中,S_{ij} 为 j 地区(省、自治区)i 种作物的规模优势指数;A_{ij} 为 j 地区(省、自治区)i 种作物播种面积;$\sum_{j=1}^{n}A_{ij}$ 为各地区(省、自治区)i 种作物播种面积之和。S_{ij} 之和大于1,说明该作物生产具有规模优势。第一步,分别测算各自规模优势指数,包括粮食主产区和主销区各个省(自治区、直辖市),按三大粮食(稻谷、小麦和玉米),分别计算其规模优势指数;第二步,综合计算各地区(省、自治区)三大粮食总规模优势指数。

计算结果表明,在粮食主产区 13 个省、自治区中,除了主产区辽宁和内蒙古规模优势指数接近1,其他11 个省、自治区的规模优势指数均大于1,平均规模优势指数是 1.66。说明粮食主产区三大粮食(稻谷、小麦和玉米)都具有明显的规模优势。同样测算粮食主销区 7 个省(直辖市),其三大粮食(稻谷、小麦和玉米)的规模优势指数均小于 1,其平均规模优势指数只有 0.37,说明粮食主销区三大粮食(稻谷、小麦和玉米)不具备规模优势。

(2)生产优势指数测定。生产优势指数是以用某地区的主要农作物的自然生态条件为主要依据,如土地生产条件,同时以单产水平和品质为具体的指标来说明生产优势,即

$$P_{ij} = \frac{Q_{ij}/A_{ij}}{\sum\limits_{j=1}^{n} Q_{ij}}$$

式中，P_{ij} 为 j 某地区（省、自治区）i 种作物生产优势指数；Q_{ij} 为 j 某地区（省、自治区）i 种作物的总产量；A_{ij} 为 j 某地区（省、自治区）i 种作物的播种面积；分子 Q_{ij}/A_{ij} 反映了 j 某地区（省、自治区）i 种作物的土地生产率水平，即可考察单位土地播种面积的产量；$\sum\limits_{j=1}^{n} Q_{ij}$ 为 i 种作物各地区（省、自治区）的总产量之和，$\sum\limits_{j=1}^{n} A_{ij}$ 为各地区（省、自治区）的 i 种作物播种面积之和。分母为全国平均 i 种作物的土地生产率水平。P_{ij} 大于 1，则说明具备生产优势指数。

第一步，分别测算各自生产优势指数，包括粮食主产区和主销区各省、自治区和直辖市，按稻谷、小麦和玉米三大粮食分别计算其生产优势指数；第二步，综合计算主产区各地区（省、自治区）与主销区三大粮食总生产优势指数。

计算结果显示，粮食主产区和主销区的平均生产优势指数均接近 1，分别为 0.96 和 0.90，粮食主产区相对于主销区具有生产优势。因为前者的粮食生产优势指数略大于后者。

(3)效率优势指数测定。效率优势指数是考察某地区农业劳动力人均主要农产品生产量，再与全国平均水平进行比较，说明其劳动生产率的高低，即

$$E_{ij} = \frac{Q_{ij}/L_{ij}}{\sum\limits_{j=1}^{n} Q_{ij}/\sum\limits_{j=1}^{n} L_{ij}}$$

式中，E_{ij} 为 j 某地区（省、自治区）i 种作物的效率优势指数；L_{ij} 为 j 某地区（省、自治区）i 种作物的劳动力投入数；Q_{ij}/L_{ij} 反映 j 地区（省、自治区）i 种作物的劳动力生产水平；$\sum\limits_{j=1}^{n} Q_{ij}$ 为 i 种作物各地区（省、自治区）产量之和，$\sum\limits_{j=1}^{n} L_{ij}$ 为各地区（省、自治区）i 种作物的劳动力投入数之和。分母反映了全国平均 i 种作物的劳动力生产水平。E_{ij} 大于 1 说明有效率优势。

计算结果显示，粮食主产区和主销区三大粮食（稻谷、小麦和玉米）的效率优势指数的平均数均大于 1，均具有效率优势。粮食主产区的效率优势指数是 1.64，主销区的效率优势指数 1.12，说明粮食主产区的效率优势明显

大于主销区。

（4）比较优势指数测定。比较优势指数是在各省规模优势、生产优势和效率优势综合基础上形成的，即在测定了以上三种指数后，计算各省每种作物的综合比较优势指数，评价其比较优势，即

$$C_{ij} = \sqrt[3]{S_{ij} \cdot P_{ij} \cdot E_{ij}}$$

式中，C_{ij} 为 j 地区 i 种作物的比较优势指数，反映 j 地区种植 i 种作物的综合比较优势。当 $S_{ij} \cdot P_{ij} \cdot E_{ij}$ 或 E_{ij} 的值大于 1，则有比较优势，反之则无比较优势。C_{ij} 的值大于 1，有综合比较优势，反之则没有综合比较优势。

计算采用的数据来自《新中国 60 年农业统计年鉴》分地区数据和《中国农村统计年鉴》相应年份的数据。2001 年是区域分工具有分水岭的一年，因此采用 1999—2001 年三年的算术平均值的数据。2001 年以后，主销区浙江率先实施粮食购销市场化，主销区农民弃粮从事非农劳动，其选择的机会成本小，农村劳动力外流，导致主销区粮食生产比较弱势凸显。而与此同时，主产区粮食生产优势明显。2001 年之后强化其路径依赖，即粮食主产区与主销区比较优势基本稳定，其构成省份（自治区、直辖市）也基本稳定。运用 1999—2001 年数据，具有代表性。

从表 4.6 计算结果得出：粮食主产区 13 个省（自治区、直辖市），江西和湖南比较优势指数小于 1（但接近 1），其余的均大于 1，平均比较优势指数值是 1.32，说明粮食主产区具备粮食生产综合比较优势。而粮食主销区 7 个省、直辖市粮食三大类作物，其比较优势指数各省均小于 1，平均比较优势指数只有 0.60，说明粮食主销区不具备相应的粮食生产综合比较优势。

表 4.6　主产区和主销区三种粮食（稻谷、小麦和玉米）比较优势指数[①]

区域	省（自治区、直辖市）	规模优势指数	生产优势指数	效率优势指数	比较优势指数
主产区	湖南	1.48	0.75	0.71	0.92
	江苏	1.72	1.20	4.16	2.04
	江西	1.02	0.63	0.85	0.82
	湖北	1.27	0.96	1.16	1.22

---

　　① 式中各项计算结果均是在三种粮食，即在稻谷、小麦和玉米分别的规模优势指数、生产优势指数和效率优势指数计算的基础上综合而得。

续 表

区域	省(自治区、直辖市)	规模优势指数	生产优势指数	效率优势指数	比较优势指数
主产区	黑龙江	1.77	0.89	2.98	1.67
	四川	1.91	1.00	0.76	1.13
	安徽	1.73	0.90	0.94	1.13
	吉林	1.22	0.97	2.56	1.45
	辽宁	0.88	1.06	1.88	1.21
	河南	2.92	1.07	1.04	1.48
	内蒙古	0.95	0.90	1.54	1.10
	山东	2.60	1.19	1.38	1.62
	河北	2.13	0.98	1.40	1.43
	区域平均	1.66	0.96	1.64	1.32
主销区	广东	0.94	0.83	0.59	0.77
	浙江	0.68	0.80	0.64	0.70
	福建	0.47	0.72	0.52	0.56
	上海	0.09	1.25	1.33	0.53
	海南	0.13	0.41	0.54	0.31
	天津	0.13	1.05	1.70	0.61
	北京	0.12	1.26	2.49	0.72
	区域平均	0.37	0.90	1.12	0.60

数据来源:根据《中国农村统计年鉴 2002》《新中国 60 年农业统计年鉴》整理计算

另外,分项考察主产区粮食生产的 3 个指标,即规模优势指数、生产优势指数和效率优势指数,在各地区表现不同。主产区河南、山东和河北的 S_{ij} 值较高,即生产规模优势较高,说明这些地区粮食播种面积高于全国水平,粮食生产在这些地区(省)最具生产规模优势;生产优势指数较高的是江苏、山东、河南和辽宁,即 P_{ij} 值较高,单产水平高于全国平均水平,最具生产优势;最具效率优势的是江苏、黑龙江、吉林,说明其农业劳动力人均主要农产品生产量与全国的平均水平进行比较,具有优势,即 E_{ij} 值较高劳动生产率高。江苏、黑龙江、山东、河南、吉林和河北的综合比较优势指数 C_{ij} 大于主产区平均值。

同样考察主销区各个省、直辖市的生产优势指数和效率优势指数,虽然北京、天津、上海其指数大于1,但其 C_{ij} 值均小于1,说明这些地区并没有综合比较优势。其余主销区各省和直辖市的 S_{ij}、P_{ij} 和 E_{ij} 值均小于1,那么 C_{ij} 值也就小于1,说明粮食主销区是不具备综合比较优势,也没有规模优势、生产优势和效率优势。

综上所述,粮食主产区和主销区自然禀赋有差异,除此之外,其物质资本、人力资本的禀赋也不同。粮食主产区自然资源和劳动力资源均比较丰富,具备粮食生产比较优势条件;物质资本和人力资本在粮食主销区表现相对有优势,具有发展非农产品的比较优势条件。

第二节 影响粮食生产的劳动力外流等因素分解

影响粮食生产的因素分解主要有劳动力、资本和土地等要素。随着农村劳动力的大量外流,粮食生产中的要素投入发生了变化,尤其是粮食生产中劳动力投入不断减少,而资本和物质技术等的要素投入依旧缺乏。农村优质人力资本随着农村劳动力的选择性流出而减少;而与此同时,没有物质、技术等其他要素流入。因此,粮食主产区要素投入的减少与不足,制约着粮食产出效率。主产区粮食生产存在过密化、内卷化现象,因此一定数量的农村劳动力的外流,短期内可能对粮食生产影响不大,但是长期看,尤其是农村劳动力长期迁移带来的影响,以及这样的影响在粮食主产区和主销区带来的影响差异,我们将通过实证来考察和研究。

1. 相关数据及来源

我国粮食产量从 1978 年后呈总体上升状态,其间两次粮食生产回落点,分别在 1994 年和 2003 年。1978 年我国粮食产量是 21286.03 万吨,1994 年取消"二元结构"下户口按商品粮为标准的划分,代之以居住地和职业划分,农村劳动力外流"冻土"松动。1999 年主产区粮食产量上升到36801.60 万吨。2001 年主销区浙江率先实行粮食购销市场化,农村劳动力外流加大。2003 年主产区粮食产量为 30707.70 万吨,粮食产量下降明显,比 1999 年降低了 6093.90 万吨,降幅达 16.56%。

从图 4.2 可见,主产区粮食播种面积变化总体比较平稳,在 2003—2005年间有较大波动。1978—2008 年主产区粮食播种面积轨迹变化形成"V"形状,不同于平衡区和主销区,也不同于全国层面。1999 年起约束农村劳动力外流"冻土"松动,导致大量农村劳动力持续外流,一直到 2005 年后,主产区粮食播种面积开始拉升,这一方面与主销区粮食市场化和惠农政策的出台激励有关。但考察同时期的主销区粮食播种面积情况,自 2001 年粮食购销市场化后,一直是持续下降的过程,始终没有出现一个明显的拉升过程。20世纪80年代末,从乡村到城市的农村劳动力外流的"民工潮";1993年以来一系列改革,如实施就业证卡管理的农村劳动力跨地区流动就业制度;1994年的农业和非农业标准划分的变化以及从2000年下半年开始取消对农民进城就业的各种不合理限制等,原有束缚制度的松绑和新制度的确立使得农村劳动力的转移和流动进入一个新的发展时期。

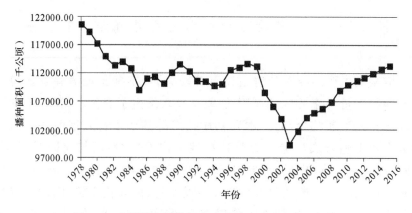

图 4.2　全国粮食播种面积变化情况(1978—2015 年)

资料来源:根据《中国统计年鉴 2016》和《新中国农业 60 年统计资料》中分省资料汇总计算

　　比较 1978—2015 年粮食播种面积变化情况发现(见图 4.3),主产区与全国的变化走势相似,都呈现"V"字形曲线,都在 2001 年之后有下降过程,到了 2003 年前后探底,然后很快拉升,到了 2008 年之后继续平稳上升。

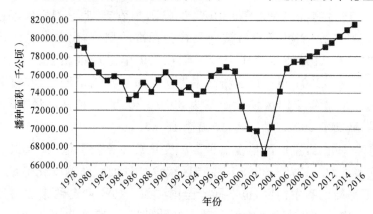

图 4.3　主产区粮食播种面积变化情况(1978—2015 年)

资料来源:根据《中国统计年鉴 2016》和《新中国农业 60 年统计资料》中分省资料汇总计算

　　主产区粮食生产与粮食播种面积一致上升,2003 年后由于粮食播种面积减少,粮食产量也有下降,但由于多因素影响减缓了下降程度。2008 年到 2014 年间主产区粮食产量继续持续上升,全国粮食总产量是 60709.9 万吨,其中主产区粮食产量是 46021.3 万吨。2015 年,我国粮食产量持续"十三"连增,粮食总产量 62143.5 万吨,比 2014 年增加 1433.6 万吨,增长 2.4%。2014 年我国 13 个主产区粮食产量占全国总产量的 75%以上,特别是黑龙江、吉林、辽宁、内蒙古、河北、山东、河南 7 个主产省区。2015 年 13 个主产区粮食总产量为 45338.7 万吨,2014 年占全国总量的 73%。主销区粮食总产量为 3311.8 万吨,只占全国总量的 5.3%。全国粮食单位面积产量 5482.9 公斤/公顷,粮食主产区超过平均水平,为 5860.5 公斤/公顷,粮食主销区低于平均水平,为 4922.6 公斤/公顷(见表 4.7)。

表 4.7　全国及各区、市粮食产量(2015 年)

区域	省(自治区、直辖市)	播种面积(千公顷)	单位面积产量(公斤/公顷)	总产量(万吨)
主产区	湖南	4944.7	6073.1	3002.9
	江苏	5424.6	6565.1	3561.3
	江西	3705.6	5798.6	2148.7
	湖北	4466.0	6053.0	2703.3
	黑龙江	11765.2	5375.1	6324.0
	四川	6453.9	5334.4	3442.8
	安徽	6632.9	5334.2	3538.1
	吉林	5078.0	7182.1	3647.0
	辽宁	3297.4	6073.1	2002.5
	河南	10267.2	5909.2	6067.1
	内蒙古	5726.7	4936.6	2827.0
	山东	7492.1	6290.2	4712.7
	河北	6392.5	5262.1	3363.8
	区域(总量/平均)	77146.4	5860.5	45338.7
全国合计		113340.5	5482.9	62143.5

资料来源:《中国农村统计年鉴 2016》

　　研究中数据来源主要有:《新中国农业 60 年统计资料》的分省数据,相关年份的《中国统计年鉴》、《中国农村统计年鉴》和《全国农产品成本收益资料汇编》。我们选取粮食主产区 13 个,粮食主销区 6 个(其中海南省因其特殊性未纳入考察)。改革开放的 30 年是很重要也很有研究特质的区段,从农村劳动力外流与粮食生产来看,改革开放 30 年后,即 2008 年以后,改变基本是沿着 1978—2008 年之后的路径的,新中国六十年的统计资料来源也是1978—2008年间的,能构成较好的分省数据。为了研究考虑代表性和比较一致性问题,本章其他数据来源的考察期也均以 1978—2008 年为主。

2. 影响因素分解及关键变量采集

林毅夫[①](1992)采用 C-D 生产函数,估计农业生产主要由四种常规投入(土地、劳动、资本、化肥)构成,主要分析家庭联产承包制对产出的影响。研究家庭农作制改革对粮食增长的贡献,即"家庭联产承包责任制",这是改革开放后影响粮食产出的主要制度变量。林毅夫的研究期是1978—1984年,认为粮食增长影响因素是一系列市场导向的改革,研究得出家庭联产承包责任制这一诱致性制度变迁,对粮食产出的贡献有近 46.89%。沿着这个思路,我们继续考察 1992 年后"家庭联产承包责任制"因素,家庭联产承包责任制降低了计划的功能,增强了激励与市场的作用。再加上重点考察"农村劳动力外流"因素,这一因素在 1992 年前即林毅夫研究时期,因为未大规模启动从而未影响粮食生产。惠农政策对粮食生产影响是陈飞等(2010)的研究,他们运用 Nerlove 的适应性预期模型和动态面板 GMM 法,估计了农业政策对粮食生产的影响。在粮食生产影响因素分解中,"农村劳动力外流"这一重要变量没有考虑,"惠农政策"也是从全国层面考察的。我们将分区域考察"农村劳动力外流"、"惠农政策"和"家庭联产承包制"等因素对粮食生产的影响。

农村劳动力外流的数量由于统计口径差异,统计年鉴等数据中没有直接的数据。本研究把"劳动力外流"界定为以下几种:"到乡外就业达 6 个月以上的劳动力(为地域转移);在本乡内从事非粮食产业就业已达 6 个月以上的劳动力"。研究用反向指标即留下的"种粮劳动力"来考察非粮产业就业劳动力。计算口径为:

种粮劳动力=乡村就业人员×(农业产值/农林牧渔业产值)×(粮食播种面积/农作物播种面积)。

---

① Justin Yifu. Rural Reforms and Agricultural Growth in China. LinSource: The A-merican Economic Review, Vol. 82, No. 1 (Mar., 1992), pp. 34-51. Published by: American Economic Association Stable URL.

实证模型的设定,Johnson(1956)采用粮食生产的分布滞后模型。陈飞等(2010)利用 Nerlove(1958)提出的适应性预期模型(adaptive expectation model),主要研究我国粮食播种面积调整问题,其模型中没有考虑劳动力因素。Kanwar(2006年)使用面板数据随机效应法,分析影响印度粮食生产的主要变量。另外,预期价格的 ARIMA 模型研究预期价格、政策等因素对三种主要粮食播种面积和单位产量的影响。

本研究采集变量沿用林毅夫分析模型,即分为常规生产函数变量和非常规变量。常规生产函数变量采用主要有:一是土地,是指耕地;二是劳动力,是指种粮劳动力人数;三是资本,用农业机械总动力来衡量;四是化肥。其他变量有家庭联产承包责任制(HRS)的生产小队百分比,复种指数(MCI),农业机械总动力(Power),化肥施用量(Fertilizer),非粮经济作物占播种面积比重(NGCA),市场价格与制造品投入价格相对价格指数(MP)、二、三产业增加值占 GDP 比重,抗灾能力,超购价格与制造品投入价格指数(GP),粮食产出的三年移动平均,时间趋势(Trend)。

粮食生产是典型的投入产出行为,可选择数学家 Cobb 和经济学家 Douglas 于 20 世纪 30 年代共同提出的 C-D 生产函数来进行拟合和比较验证,在许多生产领域已得到广泛应用。与林毅夫所用的变量不同的是,我们用"村委会个数"替代林毅夫模型中所用的"生产小队数",沿用的相同变量是化肥和农业机械总动力,同时考察第二产业和第三产业占 GDP 的比重、抗灾能力等影响粮食产出的自然因素指标。

陈飞等(2010)采用了农业支出政策变量、农村固定资产投资变量和农业税变量,构造"农业政策",研究其对粮食产量的影响指标;并构建了预期价格指标和价格风险指标,选取了产业结构、施肥量、抗灾能力等其他解释变量。我们的变量构造也将采用农业政策、施肥量、抗灾能力等指标。现有的研究从全国层面考察,但我国地域辽阔,自然资源禀赋和经济发达程度相差大,因而我们分区域进行研究,考察常规和非常规因素在主产区、主销区和平衡区的不同表现。家庭联产承包责任制、农村劳动力外流等都是影响粮食生产的重要因素,并且在不同地区表现不同。研究重点关注粮食主产区、比较粮食主销区的不同表现,以期研究不同区域相应的制度安排。

3. 实证模型的设定

柯布—道格拉斯的 C-D 生产函数的实证模型设定:

$$Q = AK^\alpha L^\beta$$

式中，产量为 Q，资本投入量为 K，劳动力投入量为 L，A、α、β 为参数，$0 < \alpha, \beta < 1$，α 和 β 为投入要素的产出弹性系数。

本研究实证模型设定采用林毅夫（1992）应用的格里克斯（Griliches，1963）生产函数方法。农业生产函数包括 C-D 生产函数四项常规的劳动、土地、资本、化肥以外，还包含其他对粮食产出的影响的非常规变量如：家庭联产承包制（HRS）、复种指数（MCI）、抗灾能力（DP）、农业消费资料价格指数/生产资料价格指数（Cmpricel）、非粮作物比率、农业支出（EP）、时间趋势（Trend）等，估计与验证农村劳动力外流对粮食生产的影响。设定的实证模型如下：

$$\ln Y_{it} = \alpha_1 + \alpha_2 \ln Land_{it} + \alpha_3 \ln Labor_{it} + \alpha_4 \ln Power_{it}$$
$$+ \alpha_5 \ln Fert_{it} + \alpha_6 HRS_{it} + \alpha_7 Cmpricel_{it} + \alpha_8 Dp_{it}$$
$$+ \alpha_9 NGCA_{it} + \alpha_{10} MCI_{it} + \alpha_{11} EP_{it} + \alpha_{12} TP_{it} + \alpha_{13} T_1 + \sum_{i=14}^{43} \alpha_i D_i + \varepsilon_{it}$$

以上模型中，产出和四种常规投入（土地、农业机械总动力、劳动力、化肥施用量）为自然对数形式。α 是需要估计的参数，ε 是误差项。我们的研究中，柯布—道格拉斯的四项常规投入因素沿用林毅夫（1992 年）采用的土地（Land）、资本（Capital）、劳动力（Labor）和农业机械总动力（Power）来分别考察其对粮食产出的影响；非常规投入因素如：家庭联产承包制（HRS）。我们要观察其在 1992 年林毅夫考察的时间终止段以后的情况，对粮食产出的影响方向和影响程度变化情况，以期与 1992 年之前的情况做比较分析。

根据自然禀赋与比较利益原则，按照粮食主产区 13 个省（直辖市、自治区）和主销区 7 个省（直辖市）分类，数据区间选取改革开放 30 年（1978—2008 年），关键变量的采集如表 4.8：

表 4.8 关键变量定义

变量名	变量含义
Land	耕地面积
Remp	乡村就业人员
HRS	家庭联产承包制
Power	农业机械总动力

变量名	变量含义
Aemp	农业就业人员
Fertilizer	化肥施用量
Irrigate	有效灌溉面积
Sow_crop	农作物播种面积
Sow_food	粮食播种面积
Nlmy_gdp	农林牧副渔产值
Nlmy_gdp_index_1978_100	农林牧副渔指数（1978＝100）
A_gdp	农业产值
A_gdp_index_1978_100	农业产值指数（1978＝100）
Food_production	粮食产量
Fiscal	一般预算支出
Fiscal_a	农业支出
Czmj	农作物成灾面积
Nlmy_pindex_1978_100	农林牧副渔消费价格指数（1978＝100）
Szmj	农作物受灾面积
Sec	第二产业增加值
Tir	第三产业增加值
A_pindex_1978_100	农业消费价格指数（1978＝100）
A_m_pindex_1978_100	农业生产资料价格指数（1978＝100）
Femp	从事粮食种植就业人员
Com_num	村委会个数
Dum_area	产销区虚拟变量

第三节　农村劳动力外流影响粮食生产的实证处理

实证分析农村劳动力外流对粮食生产影响，分全国层面、粮食主产区、主销区和平衡区，进行回归分析（OLS）；对分省数据做了 Hausman 检验后，采用固定效应模型估计(FE)。

1. 模型估计与回归分析中变量的处理

首先,为了避免异方差(heterosecedasticity)问题,采用"村委会数"进行标准化。粮食主产区和主销区的各省(自治区、直辖市),其粮食生产自然禀赋规模差距比较大,通过各区域历年的"村委会数"进行标准化。即对影响粮食产出的四种常规投入,包括劳动力、耕地面积、农业机械总动力和化肥等变数,进行标准化。林毅夫(1992)研究时,采用的是对 1980 年的"生产队数"进行标准化,而到了我们的研究阶段,城市化浪潮使得原本一些郊区农村的村委会转变成了居委会,农村现行组织结构形式发生了变化,由"村委会"替代了"生产队",因而更加符合我们研究的是"村委会数"。其次,"村委会数"采用变化的而不是固定的数据,这是更进一步的改进。林毅夫(1992)研究"生产队数"时是固定在"1982 年",而我们采用"1978—2008 年"的"村委会数",分别标准化,更加符合"村委会数"变化的实际。事实是,1978—2008 年,我国的村委会个数由 690388 个减少到了 603589 个,从分区看这样的情况变化更大。第三,相应变量采用的"村委会数"标准化。如粮食产量(lnFP)是由粮食产量除以"村委会数"所得;土地(lnLand)是耕地面积除以"村委会数"所得;农业机械总动力(lnPower)和化肥施用量(lnFert)等都是除以"村委会数"所得。

农村劳动力(lnLabor)[①],即从事粮食生产的劳动力,计算估计式:农村劳动力(lnLabor)=[农业就业人员×(农业产值/农林牧渔业产值)×(粮食播种面积/农作物播种面积)]/村委会个数。粮食种植部门的劳动力估计数的变量处理,即粮食生产劳动力,按粮食产出占农业总产出的价值份额进行估计计算。因为没有粮食种植者即劳动力投入的直接数据。

复种指数(MCI)。复种指数=农作物播种面积/耕地面积,此变量可以考察土地利用情况。

农村消费价格指数(ACP)。农村消费价格指数=农业消费价格指数/农业生产资料价格指数(设 1978 年=100),由农林牧渔产值指数计算。

抗灾能力(DP)。抗灾能力=(农作物受灾面积—农作物成灾面积)/农作物受灾面积。

---

① 农村外流劳动力的界定是不再从事种粮的劳动力,即农村劳动力减去在从事粮食种植的劳动力。

农业支出（EP）。农业支出＝农业支出——一般预算支出。陈飞等（2010）定义农业支出变量为农业财政支出占总财政支出的比率，我们的研究所用的农业支出（EP）是通过计算所得。

非粮作物比例（NGCA）。非粮作物比例＝（农作物播种面积—粮食播种面积）/农作物播种面积。

第二产业增加率（SECSH）。第二产业增加率＝第二产业增加量/（农业产值＋第二产业增加值＋第三产业增加值）。

第三产业增加率（TIRSH）。第三产业增加率＝（第三产业增加值）/（农业产值＋第二产业增加值＋第三产业增加值）。

我们设立了 13 个粮食主产区（省和自治区）和 6 个主销区（省）[①]，3 个平衡区虚拟变量，以考察区别主产区、主销区和平衡区的不同情况。时间跨度从 1978—2008 年，共 30 年。

2. 相关讨论

从全国层面来看，对粮食产出率的影响具有统计显著性且都是正向的影响的因素，如劳动力、耕地面积、农业机械总动力和化学肥料等，在分区域来看表现却不同。即分区域看是负向的影响因素，在全国层面来看可能是正向的；即使在无论是从全国层面来看还是分区域来看，都是显著和同方向的影响因素，但其影响的强度也不同。下面我们分别总结主要常规变量对粮食生产的影响，如"农村劳动力"等因素，再讨论生产函数变量中其他非常规变量对粮食产出的影响。

（1）劳动力等四类常规投入变量的影响。在柯布—道格拉斯函数中，我们考察的 4 个常规投入中，除了以农业机械总动力这一变量来替代资本投入外，其他不变。即四类常规投入是土地、劳动力、农业机械总动力（资本）和化肥。在这 4 个变量中，重点来讨论"农村劳动力"变量对粮食产出弹性的影响，将留守粮食生产的农村劳动力，作为考察外流的农村劳动力情况，即从反向指标来考察其对粮食主产区、主销区产出的影响情况，以及在全国层面和平衡区层面的不同影响比较。

农村劳动力（lnLabor）因素。唐纳德·博格（Donald Bogue）提出了人口迁移"推—拉"理论，农村劳动力外流"推力"来自粮食市场化改革和制度变

［①］　主销区一般包括 7 个省，由于海南虽然是主销区，但它的情况比较特殊，因此我们在做实证时没有包括。同样的情况还有西藏也没有考虑。

迁,"拉力"来自城市化、工业化进程。不同区域农村劳动力外流对粮食生产的产生的影响表现不同。从全国层面、粮食主产区、主销区以及平衡区来看,"农村劳动力外流"因素都显著影响粮食产出,对提高粮食产出率做出了贡献,缓解了粮食主产区的生产过密化、内卷化现象,提高了主销区农民家庭收入,从而提高了粮食的获得能力。农村劳动力外流的是边际生产率为零的农村劳动力,原本存在于农村尤其是主产区的这部分农村劳动力离开农村,可以缓解原本的劳动过多投入以及土地低效率产出问题。粮食政策扶持(陈飞等,2010)、家庭联产承包责任制和其他化肥使用等因素也对粮食产出率有帮助。农村劳动力的外流(留守种粮者)在对主产区粮食生产的效率安全影响是正向显著的。土地(lnLand)因素。我们通过"村委会数"进行标准化。用"村委会"替代"生产队"更加符合我国农村现行组织结构的形式。主产区的耕地在全国占比是主要的且上升的。耕地面积这一变量无论在全国层面、主产区、主销区还是平衡区,对粮食产出的影响都是显著的。农业机械总动力(lnPower)。我国农村物质要素投入长期缺少对粮食产出的贡献。原有的农业机械使用情况,粮食主产区要好于主销区,但农业设置陈旧,机械化程度低已是现实。也从一个侧面说明,农村机械化设备投入、科技进步等将会带动粮食生产率的提高。化肥(lnFert)因素。化肥这一变量的贡献在粮食主产区、主销区和全国层面显著性较接近。1978—1984年间农业增长主要贡献除了来自家庭联产责任制,另外一个来自化学肥料使用的显著增加(林毅夫,1998)。目前,农户对水利、机械化设备等固定资产投入不足,但对化肥投入较为积极和普遍,这是直接影响粮食产出的因素。

(2)非常规变数对粮食产出的影响。包括家庭联产承包制、农业消费资料价格指数/生产资料价格指数、复种指数、抗灾能力、非粮作物占总播种面积的比例、价格调整(农业消费价格/生产资料价格指数)、农业支出、时间趋势等对粮食产出的影响。

家庭联产承包制。家庭农作率(HRS)即家庭联产承包制。实施多年后的家庭联产承包制显示出对粮食产率贡献仍是显著且正向性的,但其制度的边际效应在递减。林毅夫研究期内(1992年前)的作用强度和对农业生产的贡献是46.89%,说明家庭联产承包制(HRS)的边际效用在递减。复种指数(MCI)。复种指数(MCI)显著性在粮食主产区稍微弱,而对主销区是显著且正向的作用。原本有"鱼米之乡"之称的主销区如杭嘉湖地区,目前现实是粮食产出率没有达到应有的效率水平,只要提高复种指数,主销区粮食产出会随之提高。抗灾能力(DP)。我国是自然灾害频发的国家,对农业生产的影响大。抗灾能力（DP）这一变量在粮食主产区是显著的，而在主销区不显著。肖海峰等（2004），张丽丽、王建军（2010）分析得出自然灾害对粮食产量也是显著负面影响。我们研究"抗灾能力的正向"与"成灾的负向"对粮食产出的影响的结论是一致的。非粮作物比率（NGCA）。无论在粮食主产区还是主销区，非粮作物比（NGCA）的影响都是负向的，只是在平衡区不显著。非粮作物的种植会减低农户对粮食生产的产出弹性影响，原因尤其主销区，是非粮作物的收入要高于粮食作物的收入。农业消费价格/生产资料价格指数（Cmprice1）。由于种粮收益低，主产区种粮收入不足以驱使农户提高粮食生产率，因此，此变量对粮食主产区有一定的正向影响但效果不强，而对主销区影响不具显著性。陈锡文（2011）认为生产成本的上升导致农业生产资料价格上涨，如果粮价太低，很多农民可能会放弃种粮。我国粮食定价机制存在承担市场物价稳定作用，市场决定作用发挥少。农业税（TP）。农业税对主产区粮食产量有一定的刺激作用，但不太明显，粮食产出有个拉升的过程。但在主销区甚至是反向影响，即农业税下降的刺激没能止住粮食产量的持续下降。农业支出（EP）。对主销区的粮食产出弹性有负向影响，而在全国层面、主产区和平衡区表现均不显著。时间趋势（Trend）。在主产区和主销区的表现更强力些，制度变迁需要有一定的时间和时段表现。

产业结构变化影响粮食产出。随着城市化、工业化进程加快，产业结构变量农村劳动力从第一产业外流，第二产业和第三产业发生变化。改革开放后第一产业农业的就业比例下降了近一半，产业结构变动已经快于就业结构变动。第二产业和第三产业增加率的变动对粮食产出产生了负影响。农业耕地被侵占，尤其表现在主销区，直接导致粮食产量的下降。

第四节　本章小结

粮食安全一方面要能"买得到"，另一方面要能"买得起"。既有充裕的粮食生产保障，又要提高收入增强购买能力（联合国粮农组织对粮食安全的界定）。本章主要围绕粮食主产区"买得到"问题，即"农村劳动力外流"背景下的粮食生产保障。主产区在全国粮食生产中处于举足轻重的地位。

本章通过计算主产区综合比较优势指数，主要研究主产区粮食生产比较优势。特有的粮食生产物质资源和自然条件，使得其粮食产量占全国粮食总产量的 3/4,是全国粮食供应的主要承担者,对我国粮食供给安全保障起重要作用。考察粮食主产区三大粮食(稻谷、小麦、玉米),根据其规模、效率和生产优势指数得出的结果均大于 1,而主销区比较优势指数小于 1。

主产区粮食生产自然禀赋与比较优势,劳动力外流的同时,要解决主产区的粮食生产效率安全问题。因为,长期以来,粮食主产区过多劳动力集中在有限土地上,存在粮食生产过密增长问题。主产区粮食产量增收但收入不增加。因此,主产区农村劳动力需要缓解粮食生产过密化问题,实现效率安全。

本章对 13 个粮食主产区确定了影响变量,沿用林毅夫采用的格里克斯(Griliches,1963)生产函数方法,设立了模型。测度影响粮食产出的四大常规变量及非常规变量。常规变量包括劳动力、粮食耕地面积(土地)、农业机械总动力(资本)和化肥等。新古典经济理论认为劳动力自由流动,有利于促进部门间收入差距的缩小。农村劳动力外流对粮食主产区产出弹性影响虽然都是显著的,但对主产区和主销区的表现程度不同,应做出不同的区域制度安排,发挥比较优势,实现粮食效率安全。

影响粮食产出的其他非常规变量有:农作制度(家庭联产承包责任制)变迁、复种指数、非粮作物占总播种面积的比例、农业消费价格/生产资料价格指数、价格调整、抗灾能力、时间趋势等。农村劳动力从第一产业流出,带动了产业结构的变化,对粮食产出的影响较大。随着城市化浪潮,二产和三产的迅速发展,吸引了农村相对高质量的劳动力从农村流向城市。粮食弃耕行为或耕地被侵占,导致粮食产量的下降。

本章阐述了主产区粮食生产自然禀赋与比较优势;从定量上运用计量分析工具,构建了影响粮食产出的分析模型,经过分区域情况比较分析,得出了富有意义的结论。

第五章　主销区农村劳动力外流、粮食生产底线与能力安全[①]

　　我国粮食政策的制度变迁,是典型的供给主导型演变过程。2001 年,我国开始率先在粮食主销区浙江实施粮食购销市场化,国务院开始实行粮食流通体制改革。根据区域自然禀赋、比较优势与经济发展情况,我国粮食主销区包括北京、天津、上海、浙江、广东、福建和海南,土地、劳动力等资源供给有限,经济相对发达而耕地稀少,粮食生产机会成本高。随着主销区农村劳动力外流,粮食生产区域布局发挥了比较优势。在强调增强主产区粮食生产效率安全与调出保障的同时,主销区粮食需要明确自给底线,增强市场调入能力,提高收入水平,实现能力安全。

第一节　主销区粮食自给底线与劳动力外流

　　我国粮食主销区经济相对发达,但耕地少,种粮机会成本高,区域比较优势相对较弱。2001 年主销区浙江率先实施粮食购销市场化,大量主销区农村劳动力转向比较收益高的非粮产业,放弃粮食生产,农业生产结构逐年

---

　　①　内容选自"新型城镇化、主销区粮食自给底线与能力安全",王跃梅,《财经论丛》,2016 年 9 月;"主销区农村劳动力外流与粮食安全:一致抑或分歧——以浙江为例",《财经论丛》,2010 年 5 月;"主销区粮食安全目标与现代物流分析——以浙江为例",《农业经济》,2009 年 5 月;"粮食主销区供求与安全问题研究",《农村经济》,2009 年 3 月。

调整。本章重点研究主销区粮食生产的自给底线,农村劳动力外流对粮食产出与能力安全的影响。

1. 主销区粮食生产比较优势

从 20 世纪 80 年代中期开始,主销区粮食生产比较优势已逐步弱化。尤其是 2001 年主销区实施粮食市场化改革后,主销区粮食播种面积减少幅度较明显。2000 年至 2008 年间粮食播种面积和粮食产量持续减少,粮食播种面积在全国的比例也逐年减少,在粮食生产和承担保障粮食安全上已经不具备比较优势,由最高时(1982 年)的 10.47% 减少到 2008 年的 6.14%。到了 2015 年,粮食播种面积更只占全国的 5.27%。

1978—2008 年,主销区农作物及粮食作物播种面积总体呈下降趋势,尤其在 2001 年粮食购销市场化后,表现尤为明显,呈急剧下降趋势。主销区 1978 年粮食播种面积是 13090.63 千公顷,到了 2001 年下降为 8035.32 千公顷,减少了 5055.31 千公顷,年均净减少 219.80 千公顷。之后,主销区粮食播种面积一直没有像粮食主产区一样出现拉升现象,只是减缓了下降趋势,总体呈"L"形曲线。2008 年主销区粮食播种面积减少到 6097.07 千公顷,之后一直呈平缓的下降趋势,2015 年主销区粮食播种面积下降到 5968.80 千公顷(见图 5.1)。

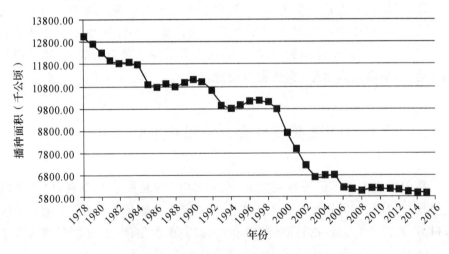

图 5.1 主销区粮食播种面积变化(1978—2015 年)

数据来源:《中国统计年鉴 2016》,《新中国 60 年农业统计年鉴》

1978 年至 2000 年间主销区粮食产量在 5000 万吨上下波动。从图 5.1 看,1978—2008 年主销区粮食播种面积,呈逐年下降趋势,尤其是 2001 年后,主销区粮食购销市场化实施,粮食播种面积急剧下降。主销区粮食产量也随之持续下降,粮食自给率也随之下降。粮食主销区的产需缺口逐年扩大,2003 年主销区产需缺口 4850 万吨,到了 2008 年粮食产需缺口已达 6000 多万吨。一直到 2005 年后,又在更低产量水平(低于 3500 万吨)下逐渐平稳。比较同期的主产区粮食播种面积和产量变化,在 2005 年前后有一个明显的拉升过程,而在主销区粮食产量相反,表现为一个持续下降过程。改革开放后的 30 年,主销区粮食产量下降了 1155.11 万吨,相比实施粮食购销市场化后的 2001 年下降了 977.00 万吨。2015 年主销区粮食总产量只有 3311.8 万吨。

较早实施粮食购销市场化改革的主销区浙江、广东和福建等沿海省份,粮食播种面积、单位面积产量和总产量下降更为明显,粮食总产分别只有 752.2 万吨、1358.1 万吨和 661.1 万吨(见表 5.1)。其在全国总产量的占比已经微不足道,主销区北京、天津和上海更是如此,主销区粮食生产比较优势在逐年下降。因此,主销区粮食一味追求过高的粮食自给率必然会加剧主销区资源短缺矛盾。

表 5.1　全国及主销区(区、市)粮食产量(2015 年)

区域	省(自治区、直辖市)	播种面积(千公顷)	单位面积产量(公斤/公顷)	总产量(万吨)
主销区	广东	2505.8	5419.8	1358.1
	浙江	1277.8	5886.7	752.2
	福建	1193.2	5540.6	661.1
	上海	161.9	6924.0	112.1
	海南	375.6	4898.8	184.0
	天津	350.0	5191.4	181.7
	北京	104.5	5990.4	62.6
	区域(总量/平均)	5968.8	5990.5	3311.8
全国合计		113340.5	5482.9	62143.5

资料来源:根据《中国农业统计年鉴 2016》

发展中国家所面临的主要农业问题是粮食问题,粮食问题不仅是农业部门的问题,还是整个国民经济的问题。[①]"无论是由于自然地理、历史还是制度的原因,在生产要素的禀赋结构上,中国地区之间有着巨大的差异。在存在着可能性的国际贸易或区际贸易的条件下,每个地区所不同的资源禀赋就构成其比较优势。"[②]主产区粮食供给受粮食自产量及外部市场供给制约较大,粮食市场的波动使主销区粮食区域风险加大。与此同时,主销区经济高速发展,接纳了大量流入务工经商者,粮食需求刚性增长。以主销区浙江为例,其已由原本"鱼米之乡"的粮食产区成为全国第二大销区。粮食需求随着人口需求的上升而增加,每年需调进粮食 100 亿公斤左右,主销区粮食由原本粮食产需矛盾主要表现转化为粮食供需矛盾。

主销区农村居民家庭可支配收入来源结构也发生变化,来自家庭经营性的净收入下降。主销区农户充分发挥比较优势,农村家庭劳动力选择离开低收益回报的粮食生产,投入增收机会多的非粮生产。主销区浙江农村居民人均可支配收入逐年上升,其收入增长贡献来自非农产业收入,种粮收入所占比重较少。2016 年浙江省农村居民人均可支配收入 22866 元,同比增长 8.2%。从收入来源看,人均工资性收入增长速度(同比增长 8.5%)快于人均经营净收入增长速度(同比增长 4.8%);连续 32 年居全国省区第一位。"十二五"时期年均增长 11.5%。2009 年,浙江省农民人均纯收入成为全国首个农民收入破万元(10007 元)的省份,2015 年更突破 2 万元(21125 元),同比增长 9.0%。从浙江农民收入结构来看,已经从来源于家庭经营性即以农业收入为主,以传统的生产性收入为主变为生产性收入和经营性收入并举。其全年农村居民纯收入的 75.4% 来自非农产业[③],主销区粮食由产需问题转变为供需问题,粮食安全问题更多地表现为经济问题,即边际调节问题,由生产的自然风险转向市场的供给风险。

主销区粮食安全目标是遵循比较利益原则,实现收益最大化。主销区粮食追求完全自给并无效率,有限的资源投入没有比较优势的粮食生产,会导致粮食生产成本上升。爱德华·萨乌马(1983)认为"确保所有人在任何时候既买得到又买得起他们所需要的基本食品,是粮食安全最终目标"。"粮食保障问题并不一定是粮食供应不足造成的⋯⋯在长期中,只有提高家庭

---

① 速水佑次郎,神门善久.农业经济论[M].北京:中国农业出版社,2003 年。

② 蔡昉.三农、民生与经济增长[M].北京:北京师范大学出版社,2010 年 6 月,p326。

③ 数据来自国家统计局浙江调查总队历年对全省 47 个市、县(市、区)4700 户农村居民家庭抽样调查。

的实际收入才使它们有能力获得足够的粮食。"（世界银行，1986 年）即不是单纯强调粮食供应上的自给自足，而是强调粮食的购买能力。显然，粮食安全问题并非只是自给率低引起的，也会因购买力低而引发。粮食自由贸易会比自给自足更有效率。提高居民收入，有足够的购买力是主销区粮食安全的保证，通过"贸易是实现粮食安全的一个关键因素"（《世界粮食安全罗马宣言》）。同时，主销区粮食应有一定的自给底线，并调入（进口）口粮以外的粮食，实现贸易利益的最大化，即以追求比较利益最大化作为主销区粮食安全政策的目标。

　　主销区应将确保粮食安全与效率有机结合来考虑。完全自给不可能实现比较利益最大化，主销区粮食生产比较优势指数明显低于主产区，缺乏粮食生产比较优势。

　　2014 年，主销区广东自产粮食 1357 万吨，调入粮食约 2860 万吨，粮食自给率仅 32%。近十年来，主销区浙江省粮食自给率平均每年下降 1%，粮食年产需缺口达到 280 亿斤，粮食自给率只有 36.2%，成为仅次于主销区广东的第二大粮食调入省。主销区要实现粮食供求平衡，在粮食一定自给的基础上，大量依赖于主产区和国外粮食。联合国粮农组织（FAO）认为，"粮食自给率大于 95%，表明该国家或地区基本实现粮食自给；粮食自给率大于 90% 而小于 95% 时，为可接受的粮食安全水平；若自给率小于 90% 则为粮食不安全"。由于自然禀赋、比较优势在各区域表现情况不同，不切实际片面强调保障粮食产量，会因违背比较优势原则而造成生产效率损失。主销区在放开粮食市场的同时，政府也取消了一些"暗补"，一些政策如"取消原来按保护价敞开收购农民余粮时的流通补贴"导向，导致主销区农民种粮积极性下降。补贴的取消虽然从一定程度上减轻了地方财政负担，但不利于调动农民种粮积极性。主销区农村劳动力大量外流，使得种粮面积和产量锐减。主销区广东、浙江等省以及直辖市的粮食自给率逐年下降，已降到改革开放以来的最低点。对于农业资源紧缺的国家或地区来说，追求 100% 粮食自给的目标会付出高昂的经济代价。韩俊（2003）认为，粮食问题总体上主要靠自己解决，完全自给自足或依赖他人都是不可取的。因此，粮食安全问题应与效率有机结合来考虑，明智的选择是主销区在粮食自给底线的基础上，通过大量区域间粮食贸易供给来获得保障。

2. 主销区粮食自给底线与生产能力①

粮食主销区生产不具备比较优势,因此,对于自然资源禀赋缺乏的地区来说,要追求100%粮食自给目标并不可取。各区域的自然和经济条件、比较优势差别大,不顾区域自然和经济特点,追求较高的粮食自给率,不仅违背了比较优势原则而且会付出高昂的经济代价,不是明智的选择。确保粮食安全并不意味着所有区域都要实现粮食完全自给,联合国粮农组织一般从宏观层面界定一个国家或地区的粮食自给率与粮食安全水平。亚太一些国家和地区的经济发展过程,也是粮食自给底线下降的过程。20世纪60年代到20世纪80年代,粮食等农产品自给率,韩国只有69%,下降了22%;而我国台湾则更是下降了42%;日本只有67%,下降了13%,从20世纪70年代开始日本农产品自给率都处于下降的趋势,到1998年日本农产品自给率仅为41%。我国粮食主销区粮食生产劳动力丰富,人均土地面积较小,与一些亚太国家相似,农民人均可耕种粮食面积低于世界平均水平,完全实现100%的自给无法发挥区域比较优势。主销区自给底线目标是保证"口粮安全",自给底线是口粮自给率。在口粮自给的前提下,充分发挥市场效率的作用,从外部(主产区或进口)调入补充,在安全性和经济性的权衡中达到最优粮食的供求平衡点,实现安全与效率的有机结合。

在经济和农业发展的不同阶段、不同区域,粮食安全的目标侧重点是不同的。主销区粮食购销市场化改革导向是根据自然禀赋与区域比较利益,成为粮食主产区粮食盈余的调入市场,互享市场和生产的比较利益收益。舒尔茨曾强调粮食援助即进口,会阻碍发展中国家农业发展,但有学者认为粮食援助使用适当有正面效果。地区在国内粮食区际进口与一国的粮食国际进口效应相似,主销区通过粮食完全自给自足是不可取的,发挥主销区比较优势,选择从事非粮生产,弥补主销区农户的粮食缺口,符合市场交换理论。同样,主销区完全依赖外部调入也是不可取的。

主销区资源稀缺决定自给自足要损失较高的经济效率,粮食生产机会成本高,不利于资源配置。利用主产区粮食生产资源比较优势,主销区粮食大量从主产区各产量大省调入,来实现进口替代,可以弥补主销区的粮食缺口,使主销区资源配置更加有效。主销区粮食生产播种面积和产量,从2001

---

① 　内容选自"主销区农村劳动力外流与粮食安全:'一致'抑或'分歧'",王跃梅,《财经论丛》,2010.5;中国人民大学报刊资料《农业经济研究》,2010.10,全文转载;"粮食主销区供求与安全问题研究",《农村经济》,2009(03)。

年急剧下降后,就一直没有提升,到了 2008 年以后基本呈平稳下降趋势,粮食生产不具备比较优势,完全靠自给自足显然影响资源配置效率和经济收益,与收益最大化目标不一致。因此,主销区粮食生产应该有一定的底线即口粮安全,随着人民生活的提升,口粮部分需求呈下降趋势。主销区粮食保证自产底线的同时发挥市场作用,不仅可以分享比较利益带来的收益,还可以防范主销区粮食安全问题。如主销区国土资源部下达的浙江耕地保护2500 万亩,以及省政府确定 1000 万亩左右的永久基本农田示范区,即为主销区浙江的粮食生产自给底线。到 2014 年年底,主销区浙江建立了近 600万亩的粮食生产功能区,提高了粮食生产能力。主销区广东粮食产需缺口逐渐加大,缺口粮食从外省购入约占 80%,进口约占 20%,成为全国最大的缺粮省份,保持 4270 万亩基本农田和 1750 万吨粮食年生产能力这一底线,可实现口粮基本自给。由能力安全下的可产出量,转到粮食安全需要的实际增加量,一般在一个生产周期内实现,达到所需要的安全水平。保障主销区粮食生产能力,未必需要把能力转化为生产,尤其是市场上不需要的粮食品种。在粮食强调自给率即确保口粮安全的同时,更应该保护粮食生产能力。借鉴国际经验,如美国的"自愿退耕计划",早在 1956 年就实行了。该计划鼓励农民休耕部分土地,分为短期休耕或长期休耕,前者为了控制和调整产量,后者为了保持水土。主销区也可效仿,短期或长期休耕部分土地,改变主销区已经出现的长期来看只会损害原有优质资源的弃耕和撂荒现象。与其让农户因为劳动力外流而出现"弃耕"现象,不如适当规划实行短期或长期"休耕","休耕"不仅保持必要的耕地数量,更重要的是保护耕地质量,储备优质生产能力,一般只需要 4 个月时间即可转向粮食生产。"休耕"不是放弃粮食生产,而是储备耕地,避免因弃耕和撂荒而减少耕地,避免目前已经出现的生产能力丧失的现象。休耕短期内产生的粮食缺口,可以通过粮食储备和区域间调剂来解决。主销区粮食在明确自产底线、确保口粮自给的同时,充分发挥市场效率的作用,达到安全性和经济性的平衡。主销区粮食生产缺乏比较优势,在确保自给底线的前提下,主销区粮食安全除了通过区域间调入外,一部分还来自国外进口替代,有利于提高资源利用效率和社会总福利。通过与主产区的贸易得以补偿福利损失,主销区可实现其生产可能性边界之外的消费效应,促进区域粮食生产布局优化和区域间粮食购销合作。

主销区粮食自然禀赋和比较利益决定农户更多地选择放弃粮食生产,粮食市场购销化进一步使得农村劳动力转移到投资回报率大的非粮产业,外流的农村劳动力从粮食供给者变成粮食需求者,需要从市场上购进粮食。随着农村劳动力大量外流,粮食的产需矛盾更多体现为供需矛盾,粮食安全问题一旦形成就会产生溢出效应,主销区粮食安全问题由自然风险更多向市场风险转化。因此,伴随着主销区农村劳动力转移,在明确粮食安全自给底线基础上,主销区粮食自给更应从其"获得能力"视角出发。因为,伴随着农村劳动力外流,农户来自粮食生产收入已经不再是家庭主要收入构成,非农收入已经占主销区农村收入构成的主要部分,主销区农户的粮食"获得能力"增加。

3. 主销区农村劳动力外流与粮食安全:"一致"抑或"分歧"①

随着城市化的推进和粮食购销市场化的演进,数以亿计的农村劳动力外流,原本有"鱼米之乡"之称的粮食产区(如浙江的杭嘉湖地区)已转变为粮食主销区,粮食播种面积减少,甚至出现了弃耕和抛荒现象。在比较利益下主销区农村劳动力外流降低了粮食生产自给底线,但对经济增长和粮食获得能力的增强做出了贡献,显示了二者的"一致"效应。主销区在一定的粮食自给底线基础上,通过劳动力外流和粮食区际贸易可获得比较利益。

粮食主销区人多地少、耕地稀缺,而粮食是耕地密集型产品,因此粮食生产并不是主销区的比较优势,劳动力转移到非农产业,通过国内(区际)贸易为主适量从粮食主产区换取耕地密集型的粮食,应该会有利于改进劳动力和土地等资源配置。李嘉图指出,工业化推动在农业停滞不前的情况下,会遇到粮食问题。舒尔茨(Schultz,1964)、托达罗(Todaro,1970)以及乔根森(Jorgenson,1967)等则认为,发展中国家对现有资源的配置是有效率的,不存在"零值劳动力",但从农业退出会导致农业(粮食)生产的下降。到了"拉尼斯—费景汉"模型的第二阶段,农业部门存在"隐蔽失业",如果农业边际劳动生产率没有提高,那么随着劳动力的转移,农业产出水平将会下降,因而可能发生粮食短缺,即可能出现"粮食短缺点"。罗高斯(Rozelle,1999)等研究发现,劳动力迁移对农作物产出的直接影响是负向且显著的,但是这种显著负向影响在一定程度上被因迁移者给家中的汇款从而带来的家庭资金的增加所抵消,每增加1元的汇款会使得每亩产出增加0.44斤。而速水佑次郎(2003)则认为,随着收入提高后恩格尔系数的下降,对粮食等食品价

---

① 选自主销区农村劳动力外流与粮食安全:"'一致'抑或'冲突'",王跃梅,《财经论丛》,2010.5;中国人民大学报刊资料《农业经济研究》,2010.10,全文转载。

格上涨的反应程度变得越来越弱,生产要素尤其是劳动要素应尽快从农业部门转移到非农业部门。盖尔·约翰逊(Gale Johnson,2005)指出,中国农业的土地生产率已经不低,但劳动生产率却远远低于发达国家,存在"内卷化"①或过密化的现象,因而要将农业劳动力降到总就业人口的 10% 甚至更少。

从粮食主销区角度思考农村劳动力外流问题以及重视"获得能力"的粮食微观安全层面正是本章的研究重点。

4. "一致"和"分歧"的命题

本书界定主销区农村劳动力外流是从种植粮食劳动到非粮生产劳动,指"居住在本乡(农村户口)、户口登记地在外乡(离开户口登记地半年以上)"。主销区农村劳动力外流更多的是留在本地。

我国粮食主销区的 7 个省市有人口二亿九千一百万,经济比较发达而耕地少,粮食种植机会成本高。2001 年主销区实行粮食市场化后,农业比较利益下降,在面临土地边际收益递减的约束条件下,越来越多的农民不愿种粮,大量农村劳动力外流。

5. 分歧命题:主销区农村劳动力外流会产生粮食安全问题

农村劳动力外流使得粮食主产区的播种面积下降,粮食自给底线下降,主销区粮食对外依赖性很大,粮食市场呈现典型的供求"蛛网周期(cobweb cycle)——发散型波动"和"小生产和大市场"的决策困境。一旦外部市场波动或流通不畅,很容易引发粮食安全隐患。

6. 一致命题:主销区农村劳动力外流会提高粮食安全度

由于粮食是耕地密集型产品,在耕地稀缺的粮食主销区,发展耕地密集的粮食生产并不是比较优势所在。因此,根据资源禀赋理论,发挥比较优势,主销区农户会选择"弃耕"而转向非农生产。确保粮食安全并不意味着所有地区都要实现粮食自给,粮食获得能力的提高与农民收入的增长是一致的。

1984 年我国开始允许农民在自筹资金、自理口粮的条件下进入城镇务工经商,在破除了对农村劳动力外流的政策限制后,农村劳动力外流数量日益加大。2001 年粮食主销区浙江等地率先实行市场化改革,放开粮食购销

---

① 20 世纪 50 年代,政府为确保有充足的劳动力从事农业生产,保障粮食安全,增加劳动投入以应对粮食消费需求,将中国农业推向了"内卷化"或"高水平均衡"状态(帕金斯,1984;黄宗智,1986)。

市场,取消了原来按保护价敞开收购农民余粮的政策,转而成为在流通的"暗处"补贴,农民的种粮积极性受到影响,政策鼓励主销区倾向少生产粮食,导致主销区种粮面积锐减,粮食大幅减产,自给率降到了改革开放以来的最低点。浙江、福建和广东是我国较早实行粮食购销市场化改革的沿海省市,粮食作物播种面积日益减少,粮食自给率均不到一半,需要大量来自主产区等地的粮食调入来满足需求。

在计划经济时期,政府通过指令性计划强制性地配置资源,致使粮食生产和其他产业的比较收益差异没有凸显出来。实行粮食市场化后,粮食生产的比较效益低,种植机会成本高,根据比较利益原则,农户会选择抛弃耕地而从事非农生产,农村劳动力大量外流,粮食播种面积逐年减少。尤其是在 2001 年主销区实行粮食购销市场化后,主销区浙江粮食作物播种面积由 2000 年的 2233.33 千公顷下降为 2008 年的 1271.63 千公顷,减少了 961.7 千公顷,年均净减少 120.21 千公顷;主销区福建粮食播种面积由 2000 年的 1828.51 千公顷下降到 2008 年的 1210.27 千公顷,年均减少 77.28 千公顷;主销区广东粮食播种面积由 2000 年 3099.89 千公顷下降到 2008 年的 2499.94 千公顷,年均减少 74.99 千公顷(见图 5.2)。

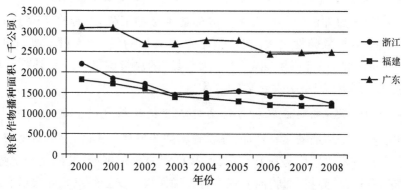

图 5.2　2000—2008 年部分主销区粮食作物播种面积①

从浙江第二次农业普查数据看,2006 年农村劳动力资源总量为 2251.76 万人,农村常住户(在本普查区内居住 1 年以上)中外出从业劳动力为 413.42 万人,其中农业户籍外出劳动力 390.18 万人。

从图 5.3 可见,2001 年后浙江农村从业人员的减少尤其显著,原因在于

---

① 根据浙江、福建、广东 2009 年的统计年鉴整理而得。粮食作物包括谷物、豆类和薯类。广东数据中自 2004 年起含豆类,2006—2007 年数据为第二次全国农业普查后的调整数。

浙江率先实行粮食市场化后,取消了粮食订购任务,农民有了更大的经营自主权,受比较利益的影响,大量农村劳动力外流。由于在现有的土地产权制度下,农户间的土地流转还未有效进行,大多数农户选择了"边打工、边种粮"的兼业型粮食生产方式,粮食与经济作物的种植比例下调,甚至出现了土地"撂荒"情况。1998 年浙江粮食自给率高达 82.0%,而目前已降至41.7%。成了我国的粮食第二主销区。

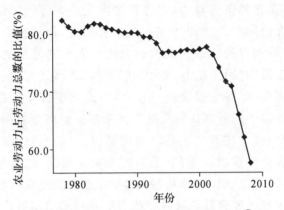

图 5.3 浙江省农村从业人员的变化情况①

与此同时,主销区粮食需求继续呈刚性增长。(1)人口与流动人口的增加。经济的高速发展吸引了大量外来人口务工经商,浙江人口每年约增加 25 万人,相应的口粮需求增加 1.25 亿斤。(2)农村非农产业成为推动农民增收的主要力量。2008 年浙江农村居民人均纯收入 9258元,比 2007 年增加 993 元,名义增长率为 12.0%,排除物价上涨的因素外,实际收入增长 6.2%,全年纯收入的 72.2%来自非农产业。(3)城乡居民食物消费结构变化较大,2008 年浙江城乡居民恩格尔系数分别为36.4%和 38.0%,农村居民恩格尔系数已经比 1978 年的 59.11%下降了 20%多。食物消费结构变化将带来粮食间接消费的较大增长,2008年浙江产需缺口依然在 100 亿公斤左右,粮食缺口大,对市场的依存度增加。因此,区域内的粮食安全问题在很大程度上仍需依靠全国乃至世界粮食大市场的供给来保障。

---

① 根据 2009 年的浙江统计年鉴整理而得。

第二节 主销区农村劳动力外流与粮食生产的关联分析

1. 粮食短缺点向商业化点的过渡与劳动节约倾向

传统农业生产率水平低,其特点是满足基本生理需求。刘易斯(Lewis,1964)认为农村存在剩余劳动力,即存在边际生产率等于零的劳动力,但舒尔茨认为不存在边际生产率等于零的剩余劳动力,传统社会的农民是理性的。此后,拉尼斯和费景汉的剩余劳动力概念大于刘易斯的,是指"边际生产率小于生存工资"时的劳动力,大于"边际生产率等于零"的剩余劳动力概念。主销区经济发达,需求层次相对较高,有追求更好生活的动机,促使农村劳动力持续外流。刘易斯认为发展中国家国民经济含有两种性质不同的结构或部门,即一般存在着二元经济结构部门:一是乡村,即满足糊口的和维持最低生活水平传统农业部门,是非资本主义部门;二是城市,即劳动生产率高的工业部门,以现代化方法进行生产,工资远比乡村部门高,是资本主义部门。经济发展过程就是农村劳动力从乡村部门向城市部门转移的过程,即从传统农业部门向现代工业部门转移的过程。我国粮食主销区以传统农业部门为主要发展的表征在逐渐衰微,以现代工业尤其是民营经济为主的现代经济发展迅速。拉尼斯和费景汉也认为经济发展过程就是农业部门劳动力流入工业部门的过程,还把农业部门进步和现代工业部门扩展过程结合考虑来顺利推进这一过程,认为不但需要工业部门的扩张和容纳,同时也需要农业部门的发展和推进。拉尼斯和费景汉把农业劳动流动和发展推进分为三个阶段,即"三阶段模型"。第一阶段,"边际生产率等于零"的劳动力外流阶段,即是剩余劳动外流。第二阶段,"边际生产率大于零,但小于不变制度工资"的那部分劳动的流出。农村劳动力无限的劳动供给阶段是在第一阶段到第二阶段。第三阶段,前两部分劳动流出后留下来的剩余劳动,也由农业部门向现代工业部门转移,这一阶段是现代化(商业化)农业形成阶段,农业部门已商品化了。之后,农业剩余劳动转移完毕,会出现竞争性供给劳动,农业劳动力已变成竞争市场的商品;因此,农业存在边际生产率等于零,或者大于零但小于不变工资的剩余,影响工业部门的工资水平和扩张速度,进而影响农村劳动流出速度。拉尼斯—费景汉模型指出,农业部门的发展和推进,即农业生产率提高将使短缺点后移,商业化点前移,最终"短缺点"和"商业化点"重合成为所谓的"拐点",即刘易斯拐点。拉尼斯—费景汉模型是刘易斯模式的进一步发展,表明随着农村劳动力外流,需要提高农业生产率和新要素流入。否则,随着农业生产投入减少,农业资源不断向工业转移,粮食与其他农业生产一样会产生"短缺点",粮食问题将不可避免。因此,随着农村劳动力要素流出,需要重视农业技术进步和农业投资,以资本、管理和技术等要素投入,实现"粮食短缺点"后移和"商业化点"前移,即过渡与转化,这是古典学派和新古典学派的共同结论。蔡昉对刘易斯拐点、库兹涅茨转折点和商业化点做了比较分析(见表5.2)。蔡昉认为应加大对农业经济的激励,创造更好的劳动力转移制度环境,提高农业生产效率,使得农业和非农业之间劳动边际生产力相等,即"商业化点"到来,这便是农业技术变迁的劳动节约倾向。发展中国家农业工资到底是古典学派工资,还是新古典学派边际生产力工资,一直是个争论不休的话题。刘易斯拐点到来时劳动力无限供给结束,普通劳动工资上涨,需要改进政府再分配效率;库兹涅茨转折点时收入差距开始,需要提高农业生产效率;商业化点到来时农业和非农业之间劳动的边际生产力相等。

表 5.2　农业技术变迁的劳动节约倾向

名称	特点	议程
刘易斯拐点	劳动力无限供给结束,普通劳动者工资上涨	发育劳动力市场;改进政府再分配效率;提高社会对改善收入分配的共识
库兹涅茨转折点	收入分配恶化的趋势被遏制,收入差距开始缩小	加大对农业经济的激励,提高农业生产效率,创造更好的劳动力转移制度环境
商业化点	农业和非农业之间劳动的边际生产力相等	

资料来源:蔡昉《三农、民生与经济增长,中国特色改革与发展探索》,北京:北京师范大学出版社,2010 年 6 月

2.投入要素与粮食生产的灰色关联分析

客观世界中存在着许多不同类型且相互影响的关系和系统,每个系统都由许多因素组成,而由于很难分清这些因素中的关系密切度与重要性,因此,我们称这种关系是灰色的。随时间或对象不同系统间各因素随之变化的关联性大小的量度,称为关联度。灰色关联分析是指对一个系统发展变化态势的定量描述和比较,求出参考数列与各比较数列之间、因素之间发展趋势的相似或相异程度,亦即"灰色关联度"。系统中若两个因素变化的趋势具有一致性,可谓二者关联程度较高,即同步性;反之,则关联程度较低。劳动力投入和物质费用是影响粮食产量的两大主要因素,对粮食生产(单产)的贡

献不同,物质费用主要考察化肥和机械费用两项,利用灰色关联进行分析。

计算步骤如下:

首先,确定主行为因子和相关行为因子。为消除量纲影响,进行数据初值化变换:

$$x_i = \frac{x_i(t)}{x_i(0)} \quad (i = 1,2,\cdots,m;t = 1,2,\cdots,n)$$

求主行为因子数列 $x_0(t)$ 与相关行为因子 $x_i(t)$ 的绝对差:

$$\Delta_i(t) = |x_0(t) - x_i(t)| \quad (i = 1,2,\cdots,m)$$

确定两级最小差与两级最大差:

$$\Delta\min = \min_i \max_i |x_0(t) - x_i(t)|$$

$$\Delta\max = \min_i \max_i |x_0(t) - x_i(t)|$$

计算关联系数:

$$\varepsilon_i(t) = \frac{\Delta\min + \rho \times \Delta\max}{\Delta_i(t) + \rho \times \Delta\max} \quad (0 < \rho < 1)$$

求关联度:

$$r_i = \frac{1}{n}\sum_{t=1}^{n}\varepsilon_i(t)$$

其次,据此模型和计算机理,进行关联分析。分别对亩均物质费用、劳动力投入,以及粮食单产与用工费用等进行关联分析。亩均物质费用包括化肥和机械费用作业费,劳动力投入即用工数量。先假定粮食由三大品种——稻谷、小麦、玉米组成,再分三大品种计算各自劳动力投入与粮食单产的关联分析系数;最后,得出粮食总要素投入与粮食单产的关联关系。结果如表5.3所示。

表 5.3　三种粮食单产与投入要素的关联分析

时间	用工费用关联系数	关联序	主要物质费用			
			化肥费关联系数	关联序	机械作业费关联系数	关联序
1980—1990 年	0.5824	3	0.8845	1	0.8026	2
1991—2003 年	0.4369	3	0.7197	1	0.6390	2
2004—2008 年	0.3669	3	0.9461	1	0.4192	2

资料来源:《全国农产品成本收益资料汇编》

从上表5.3可见,1980—2008年虽然投入要素中"关联序"排列没有改变,但关联系数即影响程度大小有改变。1980—1990 年间用工费用与粮食单产的关联关系最大,也证实了大量劳动力投入在粮食生产上。1991—2003 年间用工费用关联系数有所下降,到了 2004—2008 年间,用工费用关联系数更是下降为 0.3669。而同期的化肥费的关联系数有一个下降再到提升的过程,2004—2008 年间上升到 0.9461。机械作业费关联系数持续下降且下降速度较快,2004—2008 年是 0.4192,比 1980—1990 年的 0.8026 机械作业费系数下降近一半。机械作业费关联系数最低,说明与粮食产量的变化与机械作业投入的贡献并不多,即随着农村劳动力的转移,对粮食生产的固定性资本投入如极限投入,不但没有增加,而且大幅下降。

3. 主销区劳动力外流对粮食获得能力的贡献

随着粮食市场化的实施,主销区追求经济收益最大化的农民在种粮比较利益下降、土地边际收益递减的约束条件下,逐渐放弃原来的单纯种粮或其他农业生产,选择从事比较收益高的非农生产。家庭决策中从微观层面上最先考虑的是外出预期收入,这是影响劳动力外流的重要因素。而农村劳动力外流对农户家庭收入的增长,即"粮食获得能力"的提升做出了贡献。

假设粮食主产区为 A,粮食主销区为 B,区域间 A 和 B 粮食可实行自由流通贸易。粮食主产区 A 的总收入为 $Y_A = W(L_A - L_B) + rK$,W 为单位劳动的报酬(或产出),r 为单位资本的报酬(或产出),L_A,$L_B \geqslant 0$,粮食可以自由流通贸易从而使得 A、B 区域间的要素报酬相等。于是主销区 B 的总收入为 $Y_B = WL_B + rK_B$,L_A,L_B 分别为 A、B 区域的劳动力数量。K_A、K_B 分别为 A、B 区域的资本数量。假设主产区 A 和主销区 B 区域的总人口分别等于其劳动力,则区域 A 和 B 间的人均收入差距为:

$$D = Y^B/L^B - Y^A/L^A(K^B/L^A/L^A) + WL^C/L^A$$

区域间人均收入差距取决于要素禀赋差异,粮食主销区人均收入高于粮食主产区。据全国农村固定观察点调查数据(2000—2009 年)[①] 来看,农户增收的主要来源是家庭经营收入,但也有所下降,从 2000 年的 59.0% 下降到 2009 年的 56.0%;但在粮食主销区,非农产业收入已经成为农户收入增长的主要来源。考察粮食主销区天津、浙江、广东和福建,家庭经营净收

---

① 全国农村固定点调查系统调查农户 23000 户,调查 355 个行政村,样本分布 31 个省(自治区、直辖市)。本汇编是继 2001 年《全国农村经济典型调查数据汇编 1986—1999》之后,全国农村固定观察点系统出版的第二部数据汇编。

入占农村居民可支配收入的比例下降较快,平均占比(39.76%)已经远低于全国水平(51.16%)。2008年主销区上海、北京的农户家庭经营净收入更低,只占农村居民可支配收入的6.22%和19.31%(海南是产粮小省例外,其农户家庭经营净收入占其可支配收入虽然比较高,但其收入不是生产粮食贡献的)。

　　从农村居民工资性收入来看,粮食主销区北京、广东、浙江其占可支配收入已经接近或超过50%,主销区上海工资性收入比全国水平高出31.94%,2008年已经占农村居民家庭纯收入的70.88%。2008年浙江省农村居民人均纯收入又比上一年增长10.73%。而从全国看,农户家庭工资性收入占农民人均纯收入虽然提高了5.7%(43.0%),但仍低于主销区平均水平。到了2015年,全国农村居民人均工资性收入比2008年增加了2746.4元,工资性收入占农村居民可支配收入由38.9%提高到40.3%。主销区农村居民工资性收入占可支配收入平均水平已经高达58.1%。除了海南以外,其他几个省市可支配收入均高于全国水平,北京、浙江和上海已经突破2万。2015年,农村居民人均工资性收入占可支配收入比全国为40.3%,比2008年(38.9%)有提升,但主销区各地农村居民人均工资性收入增长快,占可支配收入比均已经超过一半以上,其中北京、上海占比高达75.3%,浙江为61.9%,也就是说,主销区农村居民人均可支配收入主要来源已经是工资性收入,经营性收入逐年下降,其中上海、浙江和北京只占可支配收入不到10%,分别只有9.5%、6.9%和6.3%(见表5.4)。

表5.4　粮食主销区农村居民人均可支配收入来源结构(2015年)

主销区	可支配收入/(元)	收入结构				经营净收入/可支配收入(%)	工资性收入/可支配收入(%)
		工资性收入(元)	经营净收入(元)	财产性收入(元)	转移性收入(元)		
全国	11421.7	4600.3	4503.6	251.5	2066.3	39.4	40.3
北京	20568.7	15491.1	1958.5	1203.8	1915.3	9.5	75.3
天津	18481.6	11031.4	4949.4	775.0	1725.8	26.8	59.7
上海	23205.2	17482.5	1462.3	775.2	3485.1	6.3	75.3
浙江	21125.0	13086.9	5364.3	609.7	2065.9	6.9	61.9
福建	13792.7	6186.0	5455.6	232.5	1917.7	39.6	44.8

续　表

主销区	可支配收入/(元)	收入结构				经营净收入/可支配收入(％)	工资性收入/可支配收入(％)
		工资性收入(元)	经营净收入(元)	财产性收入(元)	转移性收入(元)		
广东	13360.4	6724.0	3590.1	337.0	2709.3	26.9	50.3
海南	10857.6	4251.1	5013.2	194.8	1398.5	46.2	39.1
主销区平均							58.1

数据来源：根据《中国统计年鉴 2016》计算

主销区浙江农民收入持续增长主要是由"四驾马车"——工资性收入、经营净收入、财产净收入、转移净收入——推动的，工资性收入已经成为农村居民增收主要来源，占收入总增加额的 70.1％，是拉动收入增长的主要动力。2015 年浙江农村居民可支配收入 21125.0 元，其中工资性收入为 13086.9 元，是 2008 年的工资性收入 4587.4 元的 2.85 倍，占可支配总收入的 61.9％；而经营性净收入占比继续下降，2015 年为 5364.3 元，占可支配收入仅为 6.9％，而 2008 年占比 40.7％。财产净收入增长也较快。

主销区农村劳动力外流提高了农户工资性收入，从而提高了"粮食获得能力"。粮食生产是自然再生产与经济再生产结合的特殊产业，生产成本递增快，盈利空间较小，劳动生产率提高相对较慢。而粮食主销区一般经济相对发达，随着农村劳动力外流加剧，投入粮食与非粮生产的劳动生产率差距更大，二元经济结构特征更加明显。劳动生产率的差别会使部门间重新配置劳动力要素投入，农村劳动力向非农部门转移无疑可以提高社会生产率。由于主销区劳动力商品意识强、头脑灵活，虽然目前来看，农村劳动力主要转移在一些以体力劳动为主的行业，如制造业、建筑业，这些行业的非农收入对家庭的收入增长做出了贡献。因此，农村劳动力外流一定程度上提高了迁移者家庭的汇款[1]，提高了家庭与个人"粮食获取能力"，即家庭的"全部收入"，符合联合国粮农组织提出的"获得能力"视角的"粮食安全观"。[2]

---

[1]　罗高斯等(Rozelle et al. ,1999)的研究发现，迁移对农作物产出的直接影响虽然是负向的，但这种负向影响一定程度上被迁移者给家中的汇款带来的家庭资金增加所抵消，每增加 1 元的汇款会使得每亩产出增加 0.44 斤。

[2]　联合国粮农组织(FAO)在 1947、1974、1983 年先后对粮食安全进行界定和调整，提出粮食安全的目标是"确保所有的人在任何时候都能买得到，又能买得起所需要的基本食品"。

第三节 主销区农村劳动力外流与粮食的"能力安全"
——以浙江为例

按 1978 年政府制定的贫困标准年人均收入 200 元计算,主销区浙江 1978 年农村贫困人口有 1200 万人,占全省农村总人口的 36.11%;到 2008 年时浙江农民人均纯收入达到 9258 元,已经高于全国水平。2009 年浙江农村居民人均纯收入达 10007 元,标志性地突破万元,并连续 25 年保持全国各省区第一。2016 年农村常住居民人均可支配收入 22866 元,同比增长 8.2%。从来源看,人均工资性收入 14204 元,是收入的主要来源,占人均可支配收入比高达 62.12%;人均经营净收入 5622 元,占人均可支配收入比高达 24.58%,同比增长 4.8%;人均转移净收入 2378 元,同比增长最快,达 15.1%。

1. 主销区农户的选择与贡献

以粮食主销区浙江为例来测算,主销区农村劳动力转移对能力安全的贡献,也就是运用索洛经济增长模型,测算其对经济增长的贡献。假定以 Y 代表生产总值,K 代表资本,L 代表劳动力,则经济增长函数表示为:

$$Y = F(K,L) = AK^\alpha L^\beta$$

在上述模型中引入"农业(粮食)劳动力占劳动力总数的比重(G)"这一因子,重新建立具有就业结构变量的经济增长模型:

$$Y = AK^\alpha L^\beta G^\gamma \tag{1}$$

式中,G 是一个逆向指标,G 的值越小,说明农村劳动力外流越多。故可假设 G 对 Y 增长的弹性系数 γ 是负值。γ 比例下降意味着劳动力资源的重新配置,即从事粮食的劳动力即转向生产效率更高部门,产出增加。把式(1)两边取对数:

$$\ln Y = C + \alpha \ln K + \beta \ln L + \gamma \ln G + U_i \tag{2}$$

式(2)中,C 为方程估计的截距,α、β 和 γ 分别是 K、L 和 G 对 Y 增长的估计弹性,U_i 为统计误差。考察 2001 年浙江粮食率先市场化改革实施情况,以 2000 年为基期,样本考察期为 2000—2008 年。Y、L 和 G 的数据来自《浙江统计年鉴》,Y 单位为亿元,按 1980 年不变价格计算,L 和 G 的单位分别是万人、%,资本 K 是一个存量概念,估计结果如表 5.5。

表 5.5　模型(2)的估计结果

解释变量	系数	标准误差	P 值
资本($\ln K$)	0.187	0.031	0.007
劳动($\ln L$)	2.723	0.360	0.004
G($\ln G$)	−0.711	0.201	0.027
常数项(C)	−11.219	3.242	0.038
R^2	0.9256		
调整后的 R^2	0.9142		

资料来源:据《浙江统计年鉴 2009》资料计算和估计

回归结果可见模型(2)拟合良好,G 的系数为负值符合预期,即 G 对 Y 增长的系数表示农村劳动力外流不仅对经济增长有贡献,而且对总产出影响比技术进步和资本的作用更明显(资本和劳动的系数为正值)。

估计结果看,G 即农业(粮食)劳动力占劳动力总数的比重估计系数为负值(−0.711),G 系数表示农村劳动力外流对经济增长有贡献,浙江农村劳动力选择放弃粮食生产从事非粮生产,其工资性收入逐年提高,成为农民增收最直接、最重要的推动力。

农村劳动力从比较效益低的第一产业,转移到比较效益高的第二、三产业,一方面促进了第二、三产业的发展,另一方面外出或转移的劳动力在完成资本积累后,带(寄)回家庭的资金可促进农业投入、本地农业产业结构的调整。浙江省农村每个劳动力承包耕地规模很小,只有 0.077 公顷左右,投入效果和劳动效益很难再提高。只有越来越多的农村劳动力外流,才能提高浙江农村农民土地经营的规模效益,增加农民收入,反哺农业发展,确保粮食安全。近年来,浙江城乡居民收入差距在持续缩小。1990 年浙江城乡居民可支配收入差距约为 1.76∶1,之后,由于主销区浙江经济相对发达,尤其是民营经济等非农部门相对发展快,城乡差距进一步拉大,到了 2000 年达到 2 倍多(2.18∶1)。之后,随着农村劳动力外流,尤其是粮食购销市场化改革,到了 2008 年城乡收入差别比差距更加拉大(2.45∶1),2015 年以后进一步缩小为 2.07∶1。收入比持续缩小的背后,是近年来主销区浙江省对"三农"的投入、新农村建设和城乡居民的"同等待遇"(见表 5.6)。

表5.6　浙江农村与城镇居民收入比较(1990—2015年)

指标名称	1990年	2000年	2008年	2015年
城镇居民人均可支配收入(元)	1932.0	9279.0	22727.0	43714.5
农村居民人均可支配收入(元)	1099.0	4254.0	9258.0	21125.0
城镇居民人均消费支出(元)	1604.0	7020.0	15158.0	28661.3
农村居民人均消费支出(元)	946.0	3231.0	7072.0	16107.7

资料来源:《浙江统计年鉴2016》,中国统计出版社

2. 主销区农村劳动力外流与粮食"获得能力":一个调查分析——基于粮食主销区浙江农户的调查

主销区农户选择外流或迁移情况,正如斯塔克(Stark,1991)提出了经济地位变化和迁移之间关系一样,对粮食生产产生了显著影响,主销区农村劳动力外流后农户收入提高,从而该农户在农村所处的经济地位也随之提升。

主销区浙江农业资源贫乏、耕地稀少,而劳动力资源丰富。2001年率先实行粮食购销市场化,根据资源禀赋理论,发挥比较优势,农户的理性选择从事收益相对较高的非农生产,于是粮食种植面积缩减,甚至出现弃耕现象。主销区浙江由于民营经济发达,就业机会较多,也吸引了不少外来务工者。为了考察粮食主销区农村劳动力外流情况,以及对其粮食生产的影响,我们先后组织浙江财经大学的大二、大三的本科生作为调查人员,于2008—2010年间的寒假、春假和暑假,结合学生阶段实习、城乡调查和放假机会,组织了三次调查,调查对象为所在地浙江的外来务工者为主和本地农村外出务工者。第一次调研对象个体主要是都是在杭州务工者,即被称为"农民工"的农村外出劳动力;第二次调研对象主要是粮食主销区浙江各地共350户农户,回收的调查样本有332户入户资料,包括劳动力882人,回收率是94.86%(之后又在2013年追加了100户,结果分析见第六章);第三次调研对象主要是在浙江民营企业打工的外来农村劳动力。本书以第二次调查资料为主,即332份入户调查资料,考察其农户家庭农村劳动力外流情况,以及由此带来的对粮食生产和家庭收入等方面的影响(见表5.7)。

问卷涉及的地区市、县有:杭州地区包括杭州、萧山、富阳、临安、桐庐、建德、淳安;绍兴地区包括绍兴(包括上虞区)、诸暨、嵊州和新昌;金华地区包括金华和义乌;宁波地区包括宁波(包括北仑)、慈溪和余姚;嘉兴地区包括嘉兴、桐乡和海宁;温州地区包括温州、平阳和乐清、温岭;再加上衢州、舟

山、湖州台州等 30 个地、市和县。调查内容主要包括:农村家庭成员基本信息,即年龄、性别、婚姻、文化等;农村劳动力外流、粮食生产和家庭内外经营情况。本书主要关注三类人群:在家务农、外出打工和已经迁移的。主要调查其种粮情况、外流打工及收入构成等情况并做相关分析。样本调查地区均为粮食主销区浙江各地市经济相对发达区域。

表 5.7　调查对象三类人群情况分布　　　　　　单位:%

类别项目		外出打工	在家务农	已经迁移
年龄	60 岁及以上	0.7	17.2	0.1
	50~59 岁	5.0	17.7	4.5
	40~49 岁	44.0	38.7	32.4
	30~39 岁	28.0	18.6	29.7
	29 岁及以下	22.3	7.8	33.3
婚姻	未婚	40.8	6.8	57.2
	已婚	59.2	93.2	42.8
文化程度	不识字	4.3	24.5	4.2
	小学	32.4	31.5	16.1
	初中	35.8	33.0	30.0
	高中/中专	23.2	10.9	38.1
	大学	4.3	0.1	13.6
收入状况	1000 元及以下	12.4	48.1	—
	(1000,2000]元	52.5	35.4	—
	(2000,3000]元	22.7	11.6	—
	(3000,4000]元	4.6	2.2	—
	(4000,5000]元	1.4	1.6	—
	5000 元以上	6.4	0.1	—

数据来源:粮食主销区浙江省 332 户农户调查数据

从上表调查统计情况可见,同一农户在配置家庭人群类型分布时,年龄因素区别较大,三类农村劳动力中,"在家务农"的年龄普遍比"外出打工"和"已经迁移"年龄大,两项年龄段 60 岁及以上和 50~59 岁的分别占 17.2%

和 17.7％,而这两项年龄段分布在"外出打工"和"已经迁移"的劳动力群体构成中占比很低,前者在"外出打工"分别只占 0.7％和 5.0％,后者在"已经迁移"中分别只占 0.1％和 4.5％,说明随着年龄的上升,选择"外出打工"的越少,同样"在家务农"群体中,29 岁以下的人群占比相对也很低,只有 7.8％,这个年龄段群体大多选择"外出打工",占 22.3％,"已经迁移"占 33.3％,两项合计占 45.6％。由于求学、工作等原因,这些年轻人一半以上选择离开农村,并且很多已经是永久性迁移。农村劳动力在 30～49 岁年龄段和 40～49 年龄段的,选择"外出打工"合计高达 72％,选择"已经迁移"的合计也高达 62.1％。但是选择"在家务农"要比高一年龄层次的少,说明年龄越轻越少选择在家务农。40～49 年龄段的农村劳动力有 38.7％选择"在家务农",其中包括一些兼业劳动者。从表 5.7 看,主销区浙江农村青壮年农村劳动力,即 29 岁及以下 和 30～39 岁年龄段的,分别只有 7.8％和 18.6％。粮食生产的主要群体是年龄偏大的农村劳动力,甚至有部分劳动力已经超过严格意义上的劳动年龄。除此之外,目前部分中年劳动力多以兼业形式为主要方式,而多数新生代年轻的农村劳动力已经不再意愿或者实际从事农业劳动了。

从婚姻情况看,被调查农村劳动力人三类人群中,"外出打工"群体已婚(59.2％)的略高于未婚的(49.8％);"已经迁移"的群体,未婚的(57.2％)高于已婚的(42.8％),但"在家务农"的基本是已婚的,高达 93.2％,符合实际情况。

从文化程度来看,被调查农村劳动力的三类人群中"外出打工"和"已经迁移"的群体学历普遍要比"在家务农"高。高中及以上(包含大学)学历,前两者"外出打工"和"已经迁移"分别是 27.5％和 51.7％,后者"在家务农" 高中及以上(包含大学)学历只有 11.0％。可见留守农村劳动力,即"在家务农"的文化程度相对较低,教育投入少,人力资本水平较低。以这样为主体的农村劳动力缺乏后劲,会影响农业先进技术和管理的采用和推广。"外出打工"的文化背景以小学、初中和高中居多,分别占 32.4％、35.8％和 23.2％,"初中文化"相对处于高峰和拐点,说明了九年制义务教育的普及作用,决定着大多数外出打工就业的文化水平和能力。而"已经迁移"人群中具有"大学教育文化"的高达 13.6％,他们成为永久性迁移者,他们多为从农村考上大学的年轻新生代农民,一般学成后选择永久性离开家乡,即永久迁移。

从收入状况来看,"外出打工"的收入每月 1000～2000 元的占 52.5％,2000～3000 元的占 22.7％;"在家务农"的收入主要集中在 1000 元及以下和

1000～2000 元,分别占 48.1％和 35.4％。5000 元以上的高收入在"外出打工"中占 6.4％,但"在家务农"人群很少能达到这档收入,只有 0.1％。从收入结构来看,农村劳动力人群中,"已经迁移"和"外出打工"两类群体其收入要远高于"在家务农"的群体。

调查农户中,全年收入比较集中分布在 20000 元左右。从收入构成看,"打工收入"高于务农收入的集中区(2000～6000 元)(见图 5.4、图 5.5、图 5.6)。

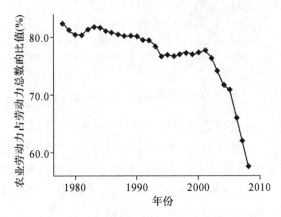

图 5.4　调查农户全年收入分布

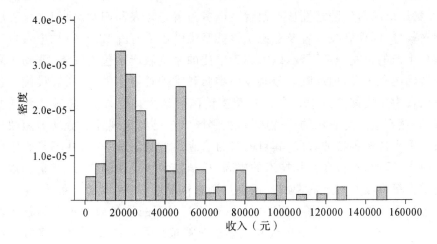

图 5.5　打工收入总体分布

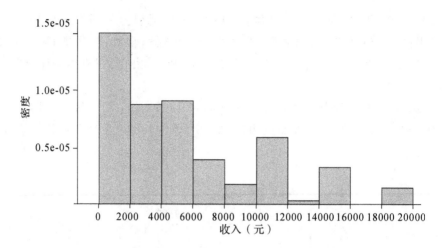

图 5.6　务农收入总体分布

从调查农户拥有适龄劳动力数量看,平均每户约有 2.5 个劳动力,其中平均有 1.9 个劳动力外出打工,而且是每户劳动力中年轻且相对较高学历者,占每户劳动力的一半以上。主销区浙江农户对目前种粮情况的反应,罗列出的问题排序是:反映种粮收益不高较多,占调查人群的 34.9%;认为种粮成本上涨但粮食价格偏低的占 19.8%;随着主销区农村劳动力的大量外流,虽然有部分兼业劳动力,但反映农忙季节种粮劳动力明显不足的占 19.4%;反映常年固定性从事粮食生产多为留守老人和妇女,他们文化程度相对较低,因而新技术普及意愿不强甚至难以普及的占 13.5%;加上农村对粮食生产的重视程度下降,以家庭为单位的家庭联产承包责任制,调动了家庭劳动的积极性,但反映对公共设施维修和维护意愿不强,水利等设施设备陈旧或常年失修的占 19.3%。随着主销区劳动力持续外流,种粮比较效益低,必然不会成为农民的理性选择,主销区农户已经出现种粮劳动力短缺现象。不少选择种粮的农民,其目的只为了满足自家消费需要,并不是为了增加收入,因此,对粮食耕作技术的提高、科学技术和设备的应用、产量和规模的扩大等都没有长远的考虑。据农户调查情况看,有计划和具备 2—4 个月以上粮食净储备的家庭不到 30.4%;一个月以下的储备或基本不储备的农户有 38.7%;完全依赖市场或其他渠道获得粮的农户占 23.2%。多数农户粮食由回农村消费时自给(只有 41.2% 的农户粮食来源于家庭自产),外出打工时直接就地从市场购买。因此,在主销区存在粮食自给缺口的压力,自产部分除了能确保口粮底线外,还需要从主产区调入或从国外进口粮食。

调查中对于政府提供一定的种粮补贴和技能培训补贴、自己承担一部分费用的优惠政策,大多数被调查者愿意参加(67.6%)。在接受政府给予一定学习补贴,掌握了新技能或新技术后,仍然选择"外出务工"的被调查者有51.3%,主要是年轻、文化程度相对较高的劳动力,喜欢在收入更高的城市就业。但也有38.7%的被调查人群选择"应用新技术在农村发展"。假定"在家种粮收入超过进城务工收入",则高达78.6%的被调查人群愿意"回乡种田",但高达86.1%的调查人群却要求他们的下一代仍然选择"外出务工",即使掌握了相关知识后,多数家长不希望自己的子女选择"在家务农"。许多被调查农户对农村有家乡情结而将城市生活看作是无奈的选择甚至对其排斥,希望条件具备就回归原来的农村生活,但对自己子女的选择确实偏向于外出打工、学习就业甚至永久迁移,自我选择与子女选择愿望是逆向的。而新生代自我选择留守和返回农村就业的意愿更少。

根据以往的研究,我们把农村劳动力选择就业的意愿排序:首先是农村非农产业,其次是外出打工,第三是在家务农,第四是不得已处于剩余状态(蔡昉,2010)。以早期研究来看,"具有较高人力资本禀赋的农村劳动者,优先选择向农村的非农产业转移而不是异地转移"(赵耀辉,1999)。但调查结果发现由于城乡差距,主销区农村劳动力受比较利益的驱动,一般选择外出打工。假如农村种粮收入超过外出打工收入,会考虑回乡务农,但不适用于新生代的选择。目前种粮收入如果要超过外出打工收入,没有一定的政策支持和补贴还有难度。

农村劳动力外流提高了农村居民收入。1985年农村居民纯收入只有549元,2008年增加到9258元,增长达16.8倍。2016年主销区浙江的农村居民人均可支配收入已经高达22866元,同比增长8.2%,主销区浙江的农村居民人均可支配收入是全国平均水平的2倍多,仅次于上海,并且农村快于城镇1.2个百分点。但从收入来源看,由于外流的农村劳动力大多是生产性的相对较高的人力资本,而留在农村的是相对生产能力弱势的群体,人均工资性收入增长仍然快于人均经营净收入增长,分别为同比增长8.5%和4.8%,并且工资性收入占农村居民可支配收入比例逐年提高。工资性收入提高了农村家庭的收入,从而提高了粮食获得能力。恩格尔系数是衡量一个国家或地区人民生活水平的指标,指的是家庭用以购买食品的支出与家庭总收入之比。恩格尔系数下降意味着购买食品支出占总收入比例下降,也意味着居民收入的提高。1978年粮食主销区浙江城镇恩格尔系数高达59.1%,从表5.8看,1995年农村居民恩格尔系数是50.4%。之后无论是城镇还是农村,居民恩格尔系数下降明显。2001年,浙江城乡居民恩格尔系数分别为 36.3％和 41.6％,而到了 2010 年,浙江城乡居民恩格尔系数分别只有 34.3％和 35.5％,城乡差距只有 1.2 个百分点。2016 年主销区浙江省城乡常住居民恩格尔系数进一步下降,分别为 28.2％和 31.8％。食品消费支出占总消费支出的比重下降,说明了农村居民生活的改善和总收入的提高。

表 5.8　主销区浙江城乡居民恩格尔系数(1995—2016 年)

年份	城镇(%)	农村(%)	城乡差距(%)
1995 年	47.0	50.4	−3.4
1998 年	42.5	47.1	−4.6
2001 年	36.3	41.6	−5.3
2004 年	36.2	39.5	−3.3
2007 年	34.7	36.4	−1.7
2010 年	34.3	35.5	−1.2
2013 年	34.4	35.6	−1.2
2016 年	28.2	31.8	−3.6

资料来源:《浙江统计年鉴 1995—2016》中国统计出版社

粮食主销区浙江农村居民人均消费支出从 1985 年的 474 元增加到 2008 年的 7072 元,增加 6598 元,增长近 14.0 倍。主销区浙江的城乡恩格尔系数均呈现持续下降的趋势,食物支出占总支出的比例下降,食物消费结构变化将带来粮食间接消费的增长,由于食物消费结构变化较大,城乡居民对粮食的消费呈刚性上升。

与此同时,主销区浙江粮食自给率下降,2013 年浙江省粮食自给率不足 40％,对外依存度超过 60％。2014 年,粮食自给率只有 36.2％,粮食年产需缺口达到 260 多亿斤。近十年来浙江省粮食自给率平均每年下降 1％。浙江省已成为仅次于广东的第二大粮食调入省,主销区广东是第一粮食销区,2014 年粮食自给率仅 32％。主销区粮食供给除了依赖于主产区和外部性粮食市场外,需要一定的自给底线。2014 年“中央一号文件”首次提出主销区要确立粮食面积底线、保证一定的口粮自给率。浙江省粮食功能区非粮化严重,因而从 2010 年启动粮食生产功能区建设,目标是八至十年内建成 800 万亩粮食生产功能区。截至 2015 年年底,全省已建成粮食生产功能区 676.74 万亩,2016 年再新建粮食生产功能区 70 万亩,对提升粮食生产能力具有重要的作用。

第四节 本章小结

主销区耕地稀少,种粮产业没有比较优势,原本"鱼米之乡"的主销区从20世纪80年代中期开始粮食生产已逐步弱化。2001年主销区在率先实施粮食市场化改革后,粮食产量急剧下降;从2008年至今粮食播种面积和产量仍然持续减少,在全国的比例也逐年减少。主销区粮食安全目标是口粮自给,即有明确的粮食自给底线,同时充分发挥市场作用。

农村劳动力外流与粮食安全是"一致"抑或"分歧"?分析结论是随着主销区粮食市场化,主销区农村劳动力外流降低了粮食产量,但增加了农村居民可支配收入,主销区农村居民可支配收入主要来自非粮生产,为粮食获得能力增强做出了贡献,显示了"一致"效应。从粮食生产的投入要素与粮食生产的灰色关联看,主销区农村劳动力外流对粮食生产的固定性资本投入下降。可能出现粮食短缺点向商业化点的过渡,应提高农业生产效率,加大对农业经济的激励,实现农业和非农业之间劳动的边际生产力相等"商业化点"的到来,即农业技术变迁的劳动节约倾向。以粮食主销区浙江为例,模型测算主销区农户的选择,模型系数表明农村劳动力外流对产出是有贡献的。通过对主销区浙江的调查结果,比较利益驱使主销区农户的理性选择是"外出打工",以实现收益最大化,提高粮食主销区农户的"获得能力"。但是调查显示,如果种粮收入也能高于打工收入,部分外流的劳动力就会选择回乡种粮。因此,需要有一些提高种粮收入的制度安排和相应的政策激励,以实现主销区农村劳动力外流与粮食的"能力安全"。

浙江农村劳动力选择非粮生产,其工资性收入逐年提高,成为农民增收的主要来源。主销区农村劳动力转移对能力安全是有贡献的。

从静态看具体区域来说,主销区存在着粮食生产的安全隐患;但从动态看区域间情况,主销区粮食可以通过主产区的区际贸易和国外适当调入来弥补不足。目前出现的情况是进口粮食调入市场,而自产粮食由于供给品种与需求不匹配而成为库存的现象,因此,要加强主销区粮食的供给侧改革,防止主销区粮食"进口入市"、"自产入库"现象。因此,主销区粮食需要在劳动力外流同时,提高农业生产技术水平和完善基础设施,提高主销区有限土地的产出效益,实现"粮食短缺点"向"商业化点"的过渡和重合。主销区粮食安全问题更多表现为市场问题,粮食主销区广东、浙江等地粮食产需缺口逐年扩大,需要在保障口粮安全底线的前提下,以部分区域间调入或国外进口替代。主销区粮食生产缺乏比较优势,可从粮食主产区区域间粮食购销合作中得以弥补,并产生收入分配效益,实现主销区粮食的"能力安全"。

第六章　农村劳动力外流、区域差异与粮食生产[①]

我国城市化、工业化和市场化的浪潮使数以亿计的农村劳动力外流,不少地区普遍出现粮食播种面积减少,粮食生产弱质化、兼业化现象。浙江、福建的粮食自给率已不到 40%,广东更是降到 30% 以下(王云龙,2011),成为目前最大的缺粮省区。在农村劳动力持续外流、新型城市化推进过程中,如何稳定粮食生产、确保粮食安全,是需要高度关注的重大问题。

新中国成立至今,我国农村劳动力流动与相应的粮食制度演变大体经历了四个阶段。第一阶段从新中国成立至 1978 年,粮食实行统一计划生产和普遍的计划配给制[②],形成了严格限制农村人口向城市流动的户口迁移制度。在人民公社集体所有制下,农民几乎没有支配自身劳动等生产要素的可能,农村劳动力被禁锢在土地上,造成了严重的生产效率损失,形成了"贫困陷阱"。第二阶段从 1978 年到 1984 年,其特征为农村劳动力高效率投入与农业超高速增长。家庭联产承包制取代了出工不出力、效率低下的生产队经营体制,使农业生产激励机制发生了根本性变革,粮食边际产出大大提高,同时,限制农村劳动力流动的政策也开始松动。第三阶段从 1985 年到

　　① 本文发表于《管理世界》2013 年第 11 期,王跃梅等,为国家自然科学基金重点项目(70933001)、国家社会科学基金一般项目(11BGL066)、国家社会科学基金青年项目(12CJY017)、教育部人文社会科学研究规划基金项目(10YJA630158)的阶段性研究成果。

　　② 1953 年 10 月 16 日中共中央通过《关于实行粮食的计划收购与计划供应的决议》,粮食由国家统一收购、统一配售,即"统购统销"制度。生产者对自己的生产行为无选择权,实行"三级所有,队为基础,以生产队为基本核算单位的人民公社制";粮食的销售实行计划供应,居民凭购粮证购买。

2000 年,表现为粮食"双轨"管理与农村劳动力外流启动。粮食生产合同定购制代替了粮食的统购统销制[①],使得农村剩余劳动力有了脱离粮食生产的可能,"民工潮"开始出现,与之匹配的农村劳动力跨地区流动的就业管理制度得以实施。第四阶段从 2001 年至今,粮食购销市场化的实施加速了农村劳动力的外流。主销区取消了农民的粮食定购任务,其中浙江率先实行了粮食流通体制的市场化改革[②],对农村劳动力流动的直接限制大为减少,转移进程加快。

农村劳动力转移是家庭劳动力资源的重新配置过程,也是家庭成员间新的契约安排。越来越多的青壮年特别是男性劳动力选择离开农村从事非农作业,这导致投入粮食生产的人力资本水平下降,粮食生产者呈现老龄化、兼业化和低教育水平现象,人们戏称留守农村的是"386199"部队。Brown(1994)提出了"谁来养活中国人"的质疑,认为"中国在'农转非'过程中农田、淡水减少以及环境污染将使中国未来粮食大面积减产,引发世界难以承受的巨大粮食缺口",并预测中国 2030 年粮食缺口将超过 3 亿吨,足以对世界粮食市场产生影响。但事实是,这么多年以来,Brown 所担忧的我国粮食缺口和依赖世界粮食市场的现象并没有发生。改革开放四十年来我国粮食产量总体呈上升趋势,粮食总产量从 2004 年到 2012 年已经实现了"九连增"。因此也有观点认为"粮食安全是个伪问题"[③]。但是分区域看,主产区与全国粮食生产轨迹吻合,而主销区无论是播种面积、复种指数和粮食产量都呈明显的下降趋势,其粮食所占全国的份额也由 1998 年的 10.01% 下降到 2008 年的 6.50%。可见,农村劳动力外流对粮食生产的地区性分工和差异化影响已经显现。然而,这种区域分工对粮食产出的影响起到了何种作用?农村劳动力外流等因素对粮食产出的贡献和影响如何?在转变经济发展方式和推进城乡一体化的背景下如何提高粮食生产效率保证粮食安

---

① 1985 年 1 月 1 日,中共中央、国务院《关于进一步活跃农村经济的十项政策》规定取消粮食的统购统销,用合同定购制度代替统购统派制度,定购的粮食由国家"倒三七"比例计价;政府的强制性低价收购、低价定量供应与一般的市场交换并存。

② 2001 年 7 月,国务院公布了《关于进一步深化粮食流通体制改革的意见》,"放开销区,保护产区,省长负责,加强调控"。2004 年 6 月,国务院颁发《关于进一步深化粮食流通体制改革的意见》(国发〔2004〕17 号),明确提出要在全国范围放开粮食收购和价格,建立统一、开放、竞争、有序的粮食市场体系。

③ 张曙光(2011):"有观点认为,从理论上看,粮食安全是个伪问题。"茅于轼、赵农等(2011)认为在市场机制的条件下,中国不存在所谓粮食安全问题。茅于轼质疑 18 亿亩耕地红线,赵农则认为"把粮食安全和 18 亿亩捆绑在一起纯粹是伪命题"。

全？基于对以上问题的思考和回答,本书余下部分内容安排如下:第二部分是文献综述;第三部分是数据与描述;第四部分讨论实证研究结果;最后是结论与相关政策建议。

第一节　文献回顾

关于农村劳动力外流与粮食问题结合研究的专题文献不多,多为两个主题的平行研究。

1.劳动力流动理论、模型以及实证研究

早期文献涉及劳动供给、劳动力剩余和转移,以及对农业影响等问题。Ricardo(1817)的比较优势理论主张生产应遵循自然禀赋优势,认为只要雇佣工资水平超过生存需要,长期劳动供给就会无限存在。Lewis(1954)构建的农工两部门经济发展模型中,与 Ricardo 一样认为在生存工资水平下即使农业的边际生产率不为零,也会有无限多的劳动力从农村转移出来,直到出现"转折点"。与 Ricardo 不同的是,Lewis 认为劳动无限供给弹性,是由存在于农业中的大量剩余劳动力而非马尔萨斯的人口增长规律导致的。之后,拉尼斯和费景汉(1963)在 Lewis 模型基础上,提出了二元经济发展的三阶段模型,认为不同阶段农村劳动力剩余、转移以及对农业影响都不同,农业剩余劳动力的转移要以农业生产率的提高为前提,否则会导致农业总产出和农业剩余的减少。而 Schultz(1964)、Todaro(1969)、Jorgensen(1967)等人认为农村部门不存在"零值劳动力"和"隐蔽失业"的现象,Shultz 主张以农村人力资本的投资与开发等促进农业生产力发展,Todaro 主张用农业自身的发展来吸引农村人口在农村就业。Rozelle 等(1999)研究发现迁移对农作物产出的直接影响为负向且显著。

关于中国劳动力流动问题研究,蔡昉等(2003)用政治经济学的理论框架揭示了我国劳动力流动的动因及对经济发展的效应。周其仁(1997)从机会与能力角度论述了中国农村劳动力的就业和流动。姚先国(2006)从中国劳动力市场发育角度探讨了劳动力流动产生的原因和机制。Johnson(2000)指出中国人口从农村向城市的转移是工业化和城市化过程中的必经之路,只有减少农民才能富裕农民。学者们肯定了农村劳动力转移对农村经济发展和农民收入的积极作用,认为农村劳动力流动能缩小地区与城乡收入差别(林毅夫,2004)。白南生(1996)、盛来运(2007)认为劳动力流动有利于推动现代农业的发展。李实(1999)认为一部分劳动力流出后,其余劳动力从事农业劳动的边际生产率会相应提高。Zhao(1997)研究了劳动力外流与收入差距的关系,对家庭贫困具有反向影响。王小鲁和樊纲(2004)认为劳动力迁移有助于缩小地区经济差距。也有学者对农村劳动力外流表示担忧,认为会扩大转型期中国的地区经济差距(严浩坤、徐朝晖,2008),使耕地资源利用不足、撂荒增多和经营粗放等(韩纪江,2001)。学者们提出了应改革和完善现有的土地承包制(吴敬琏,2002)、深化户籍制度改革(王德文等,2005)等,以提高劳动力市场的一体化水平及其效率。

2.对粮食安全问题的研究

联合国粮农组织(FAO)在 1974 年、1983 年和 1996 年分别对粮食安全的概念加以明确和修正,突出了粮食的"供给能力"和"购买能力"。Sen(1981)认为粮食问题主要是人们的粮食获取能力不足,而不是粮食供给问题。Rains 和 Fei(1963)的三阶段模型指出,在第二阶段,若转移农村劳动力是在未提高劳动生产率的情况下,就会出现"粮食短缺点"。Jorgensen(1967)模型假定粮食需求收入弹性为零,认为农业劳动剩余只有在粮食生产超过最大人口所需要的口粮时才有可能产生。也有学者如 Bigman(1993)、Senauer 和 Roe(1997)认为影响微观粮食安全的因素有家庭的收入、购买力以及粮食价格等。速水佑次郎和神门善久(2003)认为"低收入国家进行工业化必然会遇到粮食问题"。因此要重视对传统农业的改造,以国内生产来替代国际粮食援助(Shultz,1980)。

关于中国粮食问题,Pekins(1984)、黄宗智(1986)认为我国粮食生产存在"内卷化"现象。针对 Brown(1994)之问,国内学者们强调依靠自己的力量,中国能够实现粮食基本自给。研究主要基于国家层面和宏观视角,多从粮食生产、流通、储备和消费、价格等方面展开分析。朱泽(1998)从粮食总量、自给率、储备水平、人均粮食占有量等指标来测度粮食安全。马九杰(2002)提出了粮食安全预警指标体系。姚洋(2000)、张红宇(2002)、朱晶(2003)分别讨论了土地、技术等要素投入和农业政策对农业与粮食生产的作用(陈飞,2010)。王雅鹏(2005)指出农民的收入预期直接影响粮食生产及安全。

这些文献给我们很大启发,但同时也要看到,目前,把农村劳动力转移与粮食问题相结合的专题研究并不多。有些研究涉及二者关系但其假定并不符合发展中国家的现实,如 Lewis 等假定农业部门存在"零值劳动力"拉尼斯—费景汉潜在假定是农业生产劳动力要素已和土地、资本要素充分结合了。Jorgensen 模型认为粮食消费欲望会在农业出现剩余后不再增加,而现实并非如此,粮食需求收入弹性即便在高收入发达国家也未有下降到零的情况。另外,对中国粮食问题的已有文献大多侧重于宏观层面,没有考虑农村劳动力外流与粮食生产问题的区域差异性。本书将从"一个结合"(农村劳动力转移与粮食生产结合考察)、"两个区域"(粮食主产区和主销区)出发,研究农村劳动力外流等因素对粮食生产的影响。

第二节 我国农村劳动力外流和粮食生产

我国粮食管理体制改革是典型的供给主导型制度变迁。30 年的农业改革使我国粮食供求格局发生了很大变化。目前粮食生产根据自然禀赋分为主产区、主销区和平衡区。[①] 主销区粮食产需缺口大,自给率低,包括北京、天津、上海、浙江、福建、广东、海南 7 个省(市)。粮食主产区在地理、土壤、气候等方面具有种粮的优势,包括吉林、黑龙江、辽宁、内蒙古、山东、四川、湖北、湖南、河北、河南、安徽、江西、江苏 13 个省。其他省(区)为平衡区。

1. 农村劳动力外流增加,粮食生产总体却呈上升趋势

改革开放以来,我国粮食主产区、主销区和平衡区的农村劳动力外流都呈上升趋势(见图 6.1)。[②] 1978 年到 2008 年农村劳动力外流由 0.77 亿人增加到 3.81 亿人,其中主产区由 0.47 亿人增加到 2.35 亿人,占劳动力比由 60.98% 升为 61.63%;主销区由 0.15 亿人增加到 0.66 亿人,占总外流劳动力比由 19.14% 降为 17.35%。目前,我国农户总兼业率已经超过 70%,种

---

① 我国粮食生产带有明显的区域性特点,根据各地区资源禀赋差异,发挥区域比较优势,以及考虑粮食生产的传统等因素,我国划分了粮食主产区、产销平衡区和主销区三大功能区。这些区域近年来也在进行动态的调整,尤其是原本为鱼米之乡的主产区有些已经成为主销区。也有认为应把主销区称为非主产区更妥。

② 图 6.1—图 6.6 数据均来自《中国农村统计年鉴 2009》、《新中国 60 年农业统计年鉴》的计算整理。本书把劳动力外流的口径界定为:"到乡外就业达 6 个月以上的劳动力;或者虽然未发生地域性转移,但在本乡内的非粮食产业就业已达 6 个月以上的劳动力"。由于统计年鉴等数据中没有直接的农村劳动力外流数据,因此用反向指标"种粮劳动力"来计算。具体见附件。

粮等农业生产已经被边缘化和副业化,留下维持承包田劳作的主力军是农村家庭中年龄、教育和性别等方面处于弱势的群体。但考察我国粮食30年来生产轨迹,总体上却呈上升趋势,并没有发生如Brown所担忧的"谁来养活中国人"的问题。2000年至2008年,我国的谷物出口虽然有波动,但波动比较平缓,净进口呈现下降趋势。2004年后谷物进出口基本持平(见图6.2),也没有发生速水佑次郎和神门善久(2003)所说的许多发展中国家"对来自国际社会的粮食援助的依赖性越来越大"的现象。现阶段我国粮食产量上升主要来自主产区的粮食产量大幅度增长,而主产区粮食增长一方面得益于2003年后农业税费减免和惠农政策等对种粮农民的激励作用,另一方面得益于农村劳动力外流对原有粮食生产方式的内卷化和过密化的缓解,并通过利用机械化生产方式提高了粮食生产效率。

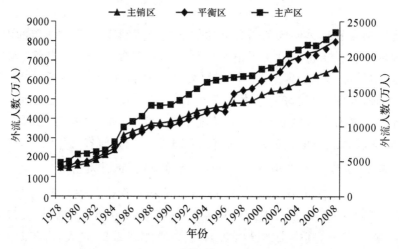

图 6.1　1978—2008 年我国农村劳动力的外流情况

2. 农村劳动力外流缓解了粮食生产的"过密增长"趋势

改革开放以来,家庭联产承包责任制加上产品和要素市场的开放,使得我国粮食生产奇迹般地从1978年的30477万吨上升到2008年的52871万吨(见图6.3)。事实上,这期间还伴随着大量农村劳动力外流,但粮食产量增长却并未受到显著影响,究其原因主要有二:一是农村劳动力转移数量还未达到临界点,农村还存在部分剩余劳动力;二是我国粮食生产长期存在"内卷化""过密增长"现象,尤其是主产区的农村劳动力基数大,劳均粮食生产效率低,边际劳动生产率大有提升空间。因此,农村劳动力外流缓解了劳动力的过密投入,提高了粮食产出效率,粮食供给曲线也会产生上移。

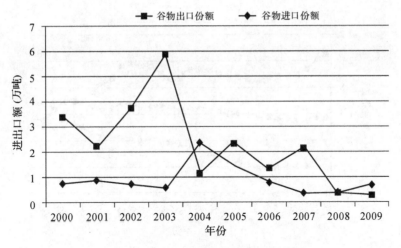

图 6.2　2000—2008 年中国谷物进出口变化

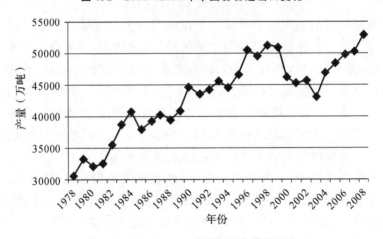

图 6.3　1978—2008 年我国粮食产量变化

　　然而,一方面,农村劳动力外流到出现 Lewis 提出的"拐点",并且在未提高劳动生产率的情况下,农村劳动力继续外流就会出现和拉尼斯和费景汉(1963)提出的"粮食短缺点"。另一方面,从局部来看,农村劳动力外流过程也不可避免地导致部分地区粮食生产播种面积减少,甚至出现摞荒现象,其突出表现为主销区粮食复种指数呈明显下降趋势。从图 6.4 中可以看到,主销区的复种指数曾长期高于主产区和平衡区,但在 2001 年粮食购销市场化后明显下降,目前甚至已经低于粮食主产区。但主产区和平衡区粮食生产效率的提高和复种指数的上升弥补了少数地区弃耕和主销区复种指数下降的不利影响,从而保证了我国粮食总体上的平稳增长。

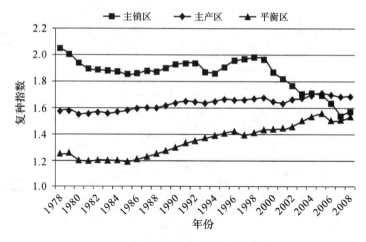

图 6.4　1978—2008 年我国粮食复种指数情况

复种指数变动的地区差异体现了我国粮食生产区域的自然禀赋和经济发展存在不同。首先是主产区和主销区的复种指数起点不同。改革开放初期,主销区复种指数大约在 2.05,即普遍实行采用精耕细作的"双熟制"生产。而同期主产区的复种指数只有 1.57 左右,相对主销区的复种指数要低 0.48 个点。其次,非农就业机会和成本不同导致复种指数的变化不同。主销区经济发达、当地非农就业容易且增收快,"多熟制"粮食生产渐渐被放弃;相反,经济发展落后的主产区本地非农就业相对困难,机会少,反而普遍维持了原有粮食生产耕作方式。第三,惠农政策的激励效应也不尽相同。2003 年后政府实施的一系列惠农政策以及近年来粮食价格的上涨,提高了主产区农民种粮的积极性,主产区的复种指数没有下降反而略微上升,但对非农收入相对较高的主销区农民却吸引力相对较小。

3. 不同区域深化分工对粮食产出的贡献和代价

分区域考察,主产区和主销区的要素禀赋差异较大。主产区的自然资源和劳动力都比较丰富,适合发展农业产业。13 个主产区粮食产量从 1978 年起一路上升,年涨幅达 6.23%(见图 6.5),目前已占全国粮食总产量的 3/4 以上。期间有两次回落都伴随着农村劳动力的大量外流。第一次在 1994 年前后,由于取消了商品粮,改变了户口划分标准①,约束农村劳动力外流的"冻土"松动,引起粮食生产回落,但幅度不大。第二次回落发生在 2001 年后,随着对农民进城就业不合理限制的取消,加速了农村劳动力的外流。2003 年主产区粮食产量比上一年度下降达 7.10%,但农村税费改革等一系列惠农政策的实施,又出现了一个拉升期,于是在 2003 年至 2005 年前后形成了一个明显的"V"形变化轨迹。目前,13 个粮食主产省提供了全国近 80% 的商品粮。

而粮食主销区耕地面积很少,减产比例较高,情况如同日本、韩国和中国台湾等亚太地区早期所经历的粮食自给率下降过程②。由于非农产业发达,粮食生产比较优势下降,主销区各省份粮食生产的规模优势、生产优势和效率优势指数均小于 1,主销区缺乏综合优势(王跃梅,2011)。2001 年粮食实行购销市场化后,主销区粮食产量一直呈现持续下降的过程(见图 6.6)。即使有惠农政策的实施,但至今未出现如主产区一样的拉升拐点。目前,主销区占全国粮食总产量的份额只有 6% 左右,广东、浙江等主销区粮食产需缺口逐年扩大,已由过去的"南粮北运"完全转变为"北粮南运"。

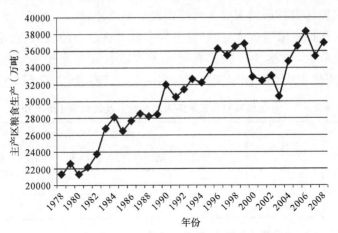

图 6.5　1978—2008 年主产区粮食生产情况

---

① 1994 年取消了按商品粮划分为户口的标准,而以居住地和职业区域划分农业和非农业人口,建立以常住户口、暂住户口、寄住户口三种管理形式为基础的登记制度,并逐步实现证件化管理。

② 20 世纪 60 年代到 80 年代间,日本粮食自给率下降了 13% 只有 67%;韩国粮食自给率下降了 22%,也只有 69%,;而我国的台湾粮食自给率由自给有余的 127% 下降到 85%,下降了 42%。

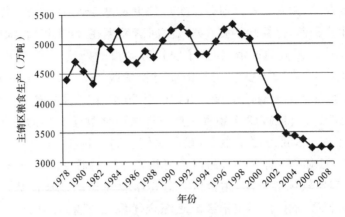

图 6.6　1978—2008 年主销区粮食生产情况

　　我国粮食稳定增长的贡献主要来自主产区,但是 2010 年主产区 13 个省区中有 7 个省区的农民居民家庭纯收入低于全国平均水平,形成了"越种粮越穷"的现象;而主销区农民居民家庭纯收入除海南省外,排名均居全国前七位。长期以来主销区农村居民家庭人均纯收入是主产区的 1.6 倍以上。2010 年按来源分农民居民家庭纯收入,主产区主要来自家庭经营纯收入,而主销区主要来自工资性收入,虽然主产区家庭经营人均纯收入略高于主销区,高了 251 元,但其工资性人均收入却不到主销区的一半,差别高达 2759 元(见表 6.1)。

表 6.1　分区域农村居民家庭人均纯收入及其来源 (2010 年)　　　　单位:元

区域	纯收入	纯收入按来源分			
		工资性收入	家庭经营纯收入	财产性收入	转移性收入
主销区	9391	5063	2846	520	962
主产区	6059	2304	3097	201	458

资料来源:根据《中国统计年鉴 2011》计算整理

　　全国粮食稳定是以主产区农民收入低,主产区与主销区收入差别扩大为代价的。因此,需要建立适当的补偿机制和协调机制,既保证粮食生产,又保证区域间和谐发展,城乡居民共同富裕。下面我们将从不同区域的自然禀赋和比较利益视角,分区域重点考察相关要素对粮食生产的影响。

第三节　模型、变量与数据描述

中国的经济改革起始于 1978 年的农村改革。家庭联产承包责任制等一系列制度变革改变了农村的经济关系和生产者行为,从而影响了农业生产效率和农产品供给。本书以农村劳动力外流对粮食产出增长的贡献为主要考察对象,同时对其他投入要素和改革措施的贡献进行分解。模型的选择沿用 Lin(1992)分析中国农村改革与农业增长问题时所采用的 Griliches(1963)生产函数法:

$$\ln Y_{it} = \alpha_1 + \alpha_2 \ln Land_{it} + \alpha_3 \ln Labor_{it} + \alpha_4 \ln Capital_{it} + \alpha_5 \ln Fert_{it}$$
$$+ \alpha_6 MCI_{it} + \alpha_7 NGA + \alpha_8 MP_{i,t-1} + \alpha_9 ADA + \alpha_{10} HRS_{it} + \alpha_{11} GP + \alpha_{12} TR$$
$$+ \alpha_{13} Trend + \sum_{i=14}^{43} \alpha_i D_i + \varepsilon_{it}$$

假设粮食生产符合柯布—道格拉斯函数形式,其中,产出是粮食产量,常规的投入变量主要是土地、劳动和资本。除了基本投入要素,我们还加入了 8 个影响粮食产量的因素,包括复种指数(MCI)、非粮种植面积(NGA)、粮食相对价格(MP)、抗灾能力(ADA)、家庭联产承包责任制(HRS)、政府采购(GP)以及农业税改革(TR)(各变量更具体的说明,参见附录)。这些因素主要考察农业技术进步、价格波动、市场改革和制度变迁对粮食生产的影响,我们将其称为生产率因素。除此之外,还利用 29 个省区的虚拟变量捕捉那些不随时间变化的地区固定效应(比如土壤质量、降雨量、灌溉、温度等)。因此,该生产函数的估计方程为:

$$\ln Y_{it} = \alpha_1 - \alpha_2 \ln Land_{it} - \alpha_3 \ln Labor_i + \alpha_4 \ln Capital_{it} + \alpha_5 \ln Fert_{it} +$$
$$\alpha_{it} CMI_{it} + \alpha_i NGA + \alpha_3 MP_{t,t-1} + \alpha ADA + \alpha_{10} HRS_{it} + \alpha_{11} GP + \alpha_{12} TR +$$
$$\alpha_{13} Trend + \sum_{t-14}^{43} \alpha_t D_t + \varepsilon_{it} \tag{1}$$

其中,α 是所估参数,ε 是误差项,产出和常规投入要素为自然对数形式。由于各省份粮食生产规模差异较大,我们利用村委会数对粮食产出和常规投入要素进行了标准化处理①,从而减少方程的异方差问题。相比 Lin (1992)的模型,我们增添了政府采购和农业税改革变量控制农业政策的新变化。同时,还加入了陈飞等(2010)的农业生产模型中具有重要作用的抗灾能力变量,但与他们考察的侧重点有所不同,我们更关注农村劳动力外流等因素的影响。

在模型(1)中,影响粮食生产效率的因素也可以分为两类:一类是外生的技术进步和制度变迁,如粮食相对价格、家庭联产承包责任制、政府采购行为和农业税改革等;另一类是粮食生产行为的变化,如复种指数、非粮种植面积和抗灾能力,这些因素内生于农业政策和制度的改变。为了准确地评价其对粮食生产的总体影响,我们还要建立一个供给反应函数(supply response function):

$$\ln Y_{it} = \beta_1 + \beta_2 MP_{i,t-1} + \beta_3 HRS_{it} + \beta_4 GP + \beta_5 TR + \beta_6 Trend + \sum_{i=7}^{36}\beta_i D_i + \mu_{it} \tag{2}$$

其中,β 是需要估计的参数,μ 是误差项。时间趋势(Trend)不仅包含了技术进步的趋势,也包含了要素投入的变化趋势。

本研究的时间跨度为 1978—2008 年,所使用的数据资料均来自公开的统计资料,主要有《新中国农业 60 年统计资料》、《中国统计年鉴》、《中国农村统计年鉴》和《全国农产品成本收益资料汇编》等,某些政策变量如农业税改革和政府采购,参考了新中国成立以来与农业生产相关的政策文件。

第四节 实证研究结果

1. 从全国层面来分析劳动力等投入要素对粮食产出的影响

首先用由 Aigner 等(1977)发展的随机边界法估计方程(1)。结果在表 6.2 第(1)列报告中。研究发现劳动力(Labor)等投入要素以及复种指数(MCI)、家庭联产承包责任制(HRS)等生产率因素对粮食产出具有显著的

---

① Lin(1992)采用生产队数进行标准化,并以 1980 年为基期。我们以村委会数据替代生产队,因为目前我国农村现行的组织结构形式是村委会。另外,本书分别用 1978—2008 年数据进行标准化。此间,城市化浪潮使得我国的村委会数从 690388 个减少到了 603589 个,一些郊区农村的村委会转变成了城市居委会。

正向影响,且回归符合预期,说明在劳动投入给定时,生产集约度等因素会影响粮食产出。同时,除了粮食相对价格(MP)、政府采购(GP)以及农业税改革(TR)外,所有其他估计都非常显著。

其次,用地区虚拟变量的固定效应和一阶差分的回归结果分别见表6.2第(2)和(3)列,比较可见,前者更接近于随机边界法。两列估计结果差异主要在于资本变量(Capital)和粮食相对价格在第(2)列显著,而在第(3)列不显著。表6.2中第(2)和(3)列的最后一行报告了固定效应和差分效应误差项的跨期关联度分别为0.69和−0.31,意味着由于两者的误差项均存在较大的跨期关联,因此,估计值尽管是无偏的但并不是一致的。

第三,假定误差项的跨期关联为一阶自回归,估计结果见表6.2,第(4)列是调整一阶自回归的固定效应模型,与第(3)列一阶差分模型较为接近,且与Lin(1992)的实证结果一致。为了验证回归结果的稳健性,将模型(1)中的时间趋势变量改为虚拟变量再估计,就得到了包含地区和时间两大维度的双向固定效应,见表6.2第(5)列。我们发现单向固定效应与双向的结果相当一致。从表6.2第(3)、(4)、(5)列给出的结果得出,除了资本和非粮种植面积(NGA)不显著以外,其他劳动力等投入要素、复种指数、家庭联产承包制等生产率因素对粮食产出影响都是显著的。后续研究将以单向回归模型作为分析的基础(我们也利用随机效应模型做了类似的估计,Hausman检验结果使我们选择了固定效应模型)。

表 6.2　我国粮食生产与供给反应函数的估计

变量	(6) 随机边界	(1) 单向固定效应	(2) 一阶差分	(3) 单向固定效应 AR(1)	(4) 双向固定效应 AR(1)	(5) 反应方程
Land	0.376*** (0.0588)	0.627*** (0.0543)	0.556*** (0.0904)	0.524*** (0.0836)	0.596*** (0.0592)	
Labor	0.310*** (0.0307)	0.238*** (0.0316)	0.446*** (0.0539)	0.422*** (0.0512)	0.276*** (0.0459)	
Capital	0.0910*** (0.0284)	0.0830*** (0.0315)	−0.0101 (0.0639)	0.0429 (0.0558)	0.0530 (0.0392)	
Fertilizer	0.0899*** (0.0156)	0.114*** (0.0144)	0.0858*** (0.0238)	0.101*** (0.0232)	0.0958*** (0.0202)	
MCI	0.376*** (0.0398)	0.308*** (0.0332)	0.494*** (0.0644)	0.384*** (0.0559)	0.403*** (0.0489)	

续　表

	(1)	(2)	(3)	(4)	(5)	(6)
NGA	0.595*** (0.160)	−0.200 (0.146)	0.342 (0.212)	0.114 (0.192)	0.244 (0.177)	
MP	−0.0515 (0.0388)	−0.0926*** (0.0345)	−0.0241 (0.0318)	−0.0403 (0.0336)	0.0192 (0.0366)	−0.0569 (0.0418)
ADA	0.186*** (0.0345)	0.166*** (0.0343)	0.130*** (0.0191)	0.131*** (0.0212)	0.132*** (0.0225)	
HRS	0.104*** (0.0232)	0.138*** (0.0216)	0.0724** (0.0298)	0.110*** (0.0311)	0.135*** (0.0478)	0.130*** (0.0391)
变量	随机边界	单向固定效应	一阶差分	单向固定效应 AR(1)	双向固定效应 AR(1)	反应方程
GP	0.0109 (0.0223)	0.0343 (0.0216)	−0.0103 (0.0187)	0.00643 (0.0191)	−0.338*** (0.110)	0.00534 (0.0242)
TR	0.215 (0.143)	0.318** (0.145)	−0.0571 (0.168)	0.0866 (0.156)	0.173 (0.232)	−0.463** (0.210)
Trend	0.0235*** (0.00296)	0.0143*** (0.00216)	−0.000410 (0.000457)	0.0164*** (0.00375)		0.0144*** (0.00397)
Constant	1.668*** (0.261)	0.448* (0.239)	0.0255*** (0.00982)	0.0509 (0.0871)	1.451*** (0.315)	6.162*** (0.0194)
Reg_dum	Y	Y	Y	Y	Y	Y
Year_dum	N	N	Y	N	Y	N
Observations	840	840	809	840	840	840
R-squared		0.7296	0.531	0.7167	0.7551	0.0496
log likelihood	543.8					
Rit,it−1		0.69	−0.13			

注:括号中为标准误;*表示在10%水平下显著,**表示在5%水平下显著,***表示在1%水平下显著。

由于部分生产率因素,如复种指数、非粮种植面积和抗灾能力,存在内生性问题,表现在不同的模型设定中的估计显著性和大小并不十分稳定。因而可能影响外生政策变量估计结果的无偏性。为此,我们利用固定效应模型估计方程(2),见表6.2第(6)列报告。结果符合理论预期,与第(4)列基本相同,差别在于农业税(TR)在第(6)列中5%水平下显著,并且是负向影响,HRS的估计系数要大于第(4)列的估计。从全国层面回归结果来看,粮食生产的增长主要依靠常规投入要素增加,制度等生产率因素也具有重要影响,政策因素也在短期内具有正向冲击效应。

2. 分区域比较劳动力等投入要素和生产率要素对粮食产出的影响

参照全国回归分析结果,我们进一步用单向固定效应分别考察改革开放后 30 年粮食主产区、主销区和平衡区情况,发现回归结果分区域与全国层面情况存在着明显的差异,一些影响我国整体粮食生产的显著性因素,分区域看却并不显著,或是影响强度和方向存在明显差异。

3. 劳动力等投入变量对粮食产出的影响

我们先考察和比较劳动力等四种常规投入要素对粮食主产区、主销区粮食产出的影响。结果表明:劳动力、化肥和土地等投入要素对主产区与平衡区粮食生产具有显著的正向效应,见表 6.3 第(2)和(3)列。然而在粮食主销区,除了土地因素以外,劳动力和化肥不再对粮食产出有重要影响,见表 6.3 第(1)列。

同时,以农业机械为总动力农业资本对三大区域粮食生产均没有显著影响,表明我国农业生产机械化投入程度低、长期依靠过密的劳动投入已是不争的现实。因此,今后此类要素的投入增加将会对粮食生产率的提高带来巨大的空间。

表 6.3 粮食生产的区域差异

变量	单向固定效应		
	(1)	(2)	(3)
	主销区	主产区	平衡区
Land	0.753***	0.361***	0.409***
	(0.235)	(0.134)	(0.130)
Labor	0.0762	0.612***	0.518***
	(0.113)	(0.0861)	(0.0919)
Capital	0.0378	0.0803	−0.0118
	(0.131)	(0.0929)	(0.0854)
Fertilizer	0.0820	0.0903**	0.117***
	(0.120)	(0.0421)	(0.0256)
MCI	0.391***	0.211	0.311***
	(0.0884)	(0.128)	(0.0717)
NGA	0.242	0.387	0.485
	(0.565)	(0.327)	(0.345)

续　表

变量	单向固定效应		
	（1）	（2）	（3）
	主销区	主产区	平衡区
MP	−0.0747 ∗ （0.0432）	−0.0699 （0.0574）	−0.0163 （0.0573）
ADA	0.0123 （0.0405）	0.181*** （0.0379）	0.128*** （0.0316）
HRS	0.0395 （0.0530）	0.162*** （0.0520）	0.0123 （0.0414）
GP	0.0228 （0.0313）	0.0269 （0.0339）	0.00518 （0.0266）
TR	0.00719 （0.236）	−0.0256 （0.276）	0.0670 （0.234）
Trend	0.00117 （0.00717）	0.0201*** （0.00632）	0.0160*** （0.00548）
Constant	1.466*** （0.239）	−0.135 （0.221）	0.199 （0.223）
Reg_dum	Y	Y	Y
Year_dum	N	N	N
Observations	110	386	287
R—squared	0.8596	0.7347	0.9036

注：括号中为标准误；∗ 表示在10％水平下显著，** 表示在5％水平下显著，*** 表示在1％水平下显著。

4. 劳动力外流引起的生产率要素变化对粮食产出的影响

影响粮食产出的生产率因素如复种指数、家庭联产承包责任制和抗灾能力等，分区域情况也有不同表现。复种指数对粮食主销区和平衡区的粮食生产影响如全国层面估计一样显著，但在主产区的影响却不再显著。在原本"多熟制"的主销区，复种指数连续下降，尤其在2004年后粮食复种指数低于主产区。家庭联产承包责任制对粮食生产影响在主产区中显著为正，意味其对提高粮食生产有长期效应，与全国回归的结果类似。而抗灾能力在粮食主产区和平衡区对粮食生产有正向的显著影响，这一方面说明抗灾能力的提高有助于粮食生产，另一方面表明粮食生产中的"靠天吃饭"现象依然十分明显。在主销区中，抗灾能力变量并不显著，表明由于农村劳动力外流导致抗灾能力等因素重要性下降。农业税改革有助于降低农民负担,提高农民生产积极性,在供给反应函数方程估计中也显著,但由于实施时间不长,从本书 30 年较长跨期的考察来看并不显著[①]。

5. 劳动力等投入要素和生产率要素对粮食生产的贡献

在表 6.4 中,我们把粮食产出增长的来源分成三类:第一类是劳动力等常规投入的变化,第二类是生产率要素的变化,第三类是无法解释的一些残差项。与 Lin(1992)研究不同,我们将分区域对 1978—2008 年来劳动力等因素对农业生产的贡献进行比较。基于表 6.2 第(4)列和表 6.3 第(1)~(3)列的回归结果并结合各变量的变动情况,表 6.4 报告了粮食生产增长源泉的分解情况。

表 6.4 粮食产值增长测算—生产函数法 单位%

变量/地区	全国		主产区		主销区		平衡区	
	变动	贡献	变动	贡献	变动	贡献	变动	贡献
产出								
Food Production	57.3	100.0	72.4	100.0	−25.6	100.0	63.8	100.0
投入								
Land	0.5	0.9	1.0	1.4	−0.2	0.9	−0.9	−1.4
Labor	−4.0	−6.9	−5.9	−8.2			1.7	2.6
Fertilizer	21.5	37.6	18.9	26.2			30.7	48.2
生产率								
MCI	1.3	2.3			−22.8	88.9	8.6	13.6
ADA	−0.6	−1.0	0.1	0.1			−0.9	−1.4
HRS	11.0	19.2	16.2	22.4				
Trend	49.2	85.9	60.3	83.3			48.0	75.3
残差	−21.8	−38.0	−18.2	−25.2	−2.6	10.2	−23.5	−36.8

从全国层面来看,粮食生产从 1978 年到 2008 年增长了 57.3%。其中

[①] 1958 年制定的《中华人民共和国农业税条例》,基本适应了我国当时农业劳动生产率和商品率低的自给自足的农业经济状况,于 2005 年起我国用五年时间取消农业税。其他惠农政策如农业税(TR)对三种粮食作物均有显著的影响(陈飞等,2010)。

在常规的投入要素中,劳动力外流导致粮食产出下降了 4.0%,同时化肥的应用对粮食产量增加的贡献占 37.6%,复种指数对粮食增长影响较小,这些与 Lin(1992)的研究结果十分一致。在生产率因素中,家庭联产承包责任制对粮食产量增长的贡献度为 19.2%。相比 Lin(1992)研究时期的家庭联产承包责任制对农业增长贡献度(46.9%)下降了一半以上①。

从区域层面考察,1978—2008 年主产区粮食产量增长了 72.4%,其中农村劳动力外流导致产出水平下降了 5.9%。化肥对产出增长的贡献为 26.2%,家庭联产承包责任制贡献了 22.4%,复种指数对主产区粮食产出的增长无明显贡献。但在同期,主销区粮食产量下降了 25.6%,其中因复种指数下降一项就解释了 88.9%。值得注意的是,虽然劳动力变动对主销区粮食产出没有直接的贡献,而复种指数的下降恰恰是劳动力外流这一背后因素决定的。家庭联产承包责任制等因素对主销区的粮食产出率的下降无明显影响。需要说明的是我们研究的时间跨度(1978—2008 年)比 Lin(1992)的研究期(1978—1987 年)要长,加上本书重点关注农村劳动力外流等因素对粮食产出的影响,产业结构和一些没能解释的因素也归结为时间趋势(Trend),因此结果报告中时间维度的贡献度较大。

第五节　结论与政策建议

本书评估和验证了改革开放以来农村劳动力外流对粮食生产的影响,研究结果表明,第一,中国粮食生产的区域分工正在深化,主产区在全国粮食生产中处于举足轻重的地位,粮食生产的商品化、市场化程度持续提高。第二,农村劳动力外流对中国粮食的总体产出的影响是显著的,但分区域考察却情况不同,农村劳动力外流缓解了主产区粮食生产内卷化、过密增长现象,化肥的使用和家庭联产承包责任制继续对粮食生产产生贡献并使得主产区粮食产出持续上升。但在主销区由于比较利益驱使农村劳动力过度外

---

① Lin(1992)评价了 1978—1984 年及 1984—1987 年间农业产出增长的源泉,认为联产承包责任制(HRS)和化肥投入的显著增加是 1978—1984 年间农业的增长主要原因,“化肥使用增加最重要,单此一项就贡献了 1978—1984 年产出增长的约 1/3(32.2%)”。在各项改革中,从生产队体制向 HRS 的转变显然是最重要的,仅制度改革一项就使产出增长了约 48.6%。

流,留守的相对人力资本水平较低的农村劳动力对粮食产出贡献不明显。第三,务农的比较利益低下驱使劳动力外流,而且开始改变农户耕作习惯和生产决策行为,曾经是"多熟制"主销区的复种指数已经明显下降,精耕细作的传统正在被放弃,粗放经营甚至撂荒现象日趋严重。粮食生产弱质化、兼业化、粗放化使得家庭联产承包责任制的边际效用已经递减。

中国农村劳动力大量外流目前尚未对粮食安全构成威胁,但从发展趋势看却潜伏着风险。一方面,工业化加速促使农村劳动力进一步外流,务农劳动力会随之进一步减少;另一方面,新型城市化与基本公共服务均等化将使更多农民工举家迁移,劳动力与人口同步流动将成为现实,这对农民工无疑是好事,但却将进一步影响务农劳动力队伍的稳定。中国是世界粮食第一大国,粮食安全始终非常重要。但在新形势下,保证粮食安全不能依靠行政命令,也不能仅靠土地保护,而必须以消除城乡二元结构、基本实现现代化为目标。以城乡一体化为抓手,以富裕农民为基准,推进粮食生产的技术创新与制度变革,构建粮食生产的内生激励机制,从根本上解决粮食生产弱质化、兼业化和粗放化问题,确保粮食安全。为此需要采取以下措施。

1. 深化区域分工,实现区域互补

基于自然禀赋优势,建立粮食生产基地,稳定粮食生产能力,着力加大对主产区粮食生产的扶持,加大科技等投入,提高粮食生产效率,使粮食生产成为主产区的优势产业,并承担起稳定粮食生产的重任,成为保证粮食安全的基本屏障。应充分挖掘主销区和平衡区粮食生产潜力,通过土地托管、流转等改革措施,促进土地资源的有效整合和充分利用。在形成区域分工与补偿合作的统一粮食市场同时,构建粮食主产区与主销区的利益协调与补偿机制。

2. 促进要素对流,培育新型农民

农村劳动力转移是大势所趋,中西部一些城市已经开始出现用工荒,新生代农民更是缺乏种粮意愿和能力。只有"减少农民才能富裕农民"已成为共识。关键在于农村劳动力大量减少的同时,深化职业分工,培育和保留一支与农业现代化相适应的高素质农业生产者,促进物质资本、科技人才和企业家新要素流入,实现"要素替代"。尤其要引入新的经营主体,加强人力资本投资,改变目前农村劳动力弱质化的现象。培养专业化的新型职业农民,实现农业生产的专业化、职业化,提高农业生产有机构成和产出效率,稳定粮食生产。

3.优化内在激励,强化内生动力

让种粮成为农民基于自身利益最大化的自觉选择,粮食安全才有坚实的微观基础。为此需要把现有惠农政策加以整合,在土地转让、粮食价格风险补偿等方面加大对粮食生产的支持力度。政府应在推动技术创新和农村产业组织创新的同时,按照基本公共服务均等化的要求加强农村的基础设施建设,加大教育、医疗、卫生、文化、社保等方面的投入,让农户在提高劳动生产率、土地产出率和粮食边际生产率的同时不断提高收入水平和生活福利水平。以城乡统筹发展、共同富裕确保粮食生产积极性,以利益协调机制实现粮食安全。

附录:

附录说明了正文中的资料来源,并描述了各种计算与调整,以使收集的资料更适用于计量分析。

1.数据说明

书中农作物播种面积、粮食播种面积、农村生产资料价格指数、农业机械总动力、化肥施用量数据来自《新中国六十年统计资料汇编》。农村生产价格指数由农产品收购价格指数和农产品生产价格指数构成,其中1978—2000年为全国农产品收购价格指数,来自2001年《中国统计年鉴》,2001—2008年数据为农产品生产价格指数,来自2001—2010年的《中国统计年鉴》。类似的,农村消费者价格指数相应数据来源同上。农业支出比重是由农业支出除以一般预算支出而得,数据来自各省统计年鉴。1978—2008年关于抵御自然灾害能力数据来自《新中国六十年农村统计资料汇编》。家庭联产承包责任制数据由1978—1987年来自Lin(1992)的文章,1988—2009年后数据全部设定为1。农业税税率数据由1978—2008年根据农业税费改革相应的政府文件计算而得。

2.变量说明

模型(1)中,Lin(1992)对投入变量和产出进行标准化时采用1980年为基期的生产队数字,目前我国农村现行组织结构形式是村委会而非生产队,因此,本书将1978—2008年村委会数据进行标准化,剔除行政规模对粮食产量的影响。

(1)投入变量

我们把农村外流劳动力界定为:"外流就业达6个月以上;或在本乡虽未地域性转移,但非粮食产业就业达6个月以上的劳动力"。因此,劳动力变量(Labor)为从事粮食生产的就业人数,其计算公式是:劳动力变量=农业就业人员×

农业产值/农林牧渔业产值×粮食播种面积/农作物播种面积/村委会个数。

　　资本分为两类：一类为固定资本，主要为农用机械设备（Power），我们用农业机械总动力来考察其对粮食产出的影响程度；另一类为可变资本，我们用化肥施用量（Fertilizer）来表示。

　　土地变量（Land）沿用 Lin（1992）用耕地面积来表示，其中1992—2008 年数据来自《各省统计年鉴》，1988—1991 年数据来自相应年份《中国统计年鉴》，1978—1987 年数据来自 Lin(1992)的文章。

　　(2)生产率变量

　　复种指数（MCI）用于衡量粮食种植的密集程度，可以考察土地利用情况，即单位土地上每年种粮的次数。在此，用播种面积除以耕地面积的值表示复种指数，即复种指数（MCI）＝农作物播种面积/耕地面积。

　　非粮种植面积（NGA）越大意味着用于种粮的耕地面积越小，从而降低粮食产出。土地出产物价值的不同意味着农民将在播种粮食还是经济作物中进行选择。我们首先将农作物播种与粮食播种面积之差作为非粮种植面积，再将其除以农作物播种面积得到非粮种植面积的比例。即非粮作物比例＝（农作物播种面积—粮食播种面积）/农作物播种面积。

　　粮食相对价格对于粮食生产也起着重要的作用，当粮食价格相对工业品价格下降时，粮食生产的积极性将受到冲击并导致产出下降。农村居民消费者价格指数的面板数据不可得。由于 CPI 与 GDP 紧缩指数基本一致。我们用农业产值紧缩指数代替粮食价格指数，农业产值紧缩指数的计算公式为：名义农业产值指数/实际农业产值指数（1978＝100）。我们用农村生产资料价格指数替代工业品价格指数，将紧缩指数与生产资料价格指数相除，得到相对价格指数（MP）。

　　抵御自然灾害能力（ADA）大小对粮食产出也具有重要的影响。我们将受灾面积和成灾面积进行四则运算得到抗灾能力的代理变量，其公式为：抑制自然灾害能力（CADA）＝（受灾面积—成灾面积）/受灾面积。

　　家庭联产承包责任制（HRS）的产出效应同样不容忽视，我们借用 Lin（1992,2001）的数据进行考察。

　　政府采购行为（GP）是一个变化行为，政府在 2002 年 6 月通过了《中华人民共和国政府采购法》，我们用虚拟变量来加以描述，将 2002 年以前的政府采购行为设为 1，2002 年以后的政府采购行为设为 0。

　　农村税费改革（TR）也如此，我国在 2003 年开始进行农村税费改革，全面取消农业税。

第七章　新型城镇化、主销区粮食自给底线与能力安全[①]

在新型城镇化和工业化的背景下,大量农村劳动力持续外流,放弃粮食生产转向收益比较高的非粮产业。新型城镇化不是非粮化、非农化,而是农业和粮食、生态和环境等城乡一体化的统筹发展,也是供给侧结构性改革的重要部分。近年来,由于高度重视粮食生产、加大了强农惠农支持力度,我国粮食产量实现了"十二连增"。据国家统计局公布的数据显示,2015年全国粮食总产量62143.5万吨,增长2.4%。但与此同时,我国谷物已连续几年净进口,2014年达1951.0万吨,国际粮价低于国内粮价,差价倒挂。粮食产量连增,粮食高库存与高成本下的进口替代并存,难以明确粮食是多了还是少了;如何适度增加进口与确保粮食自给底线,尤其是主销区口粮绝对安全,是目前受到关注的粮食安全问题。

我国粮食政策及制度变迁一直是供给主导型。由于自然禀赋和比较优势差异,粮食生产分工格局随着2001年后的粮食流通制度改革而改变,划分为13个粮食主产区、7个主销区和11个基本平衡区。目前,粮食安全的重任主要由主产区承担。粮食主销区包括北京、天津、上海、浙江、福建、广东和海南,经济发达、劳动力丰富但耕地稀少,粮食种植机会成本高,粮食生产的比较优势从20世纪80年代开始逐步弱化,在全国粮食产量的占比份额下降。粮食购销市场化后,随着农村劳动力大量外流,主销区粮食作物播

① 本文发表在《财经论丛》,2016年12月,王跃梅,为教育部人文社会科学研究基金资助项目(10YJA630158)、国家社会科学基金资助项目(11BGL066)研究成果。

种面积减少，甚至出现弃耕现象，粮食产量由 2000 年的 4548.5 万吨减少到 2015 年的 3311.8 万吨，所占全国的份额由 1998 年的 10.01％下降到 2015 年的 5.32％，下降了 4.69％。目前主销区年粮食缺口在 7000.0 万吨以上，无疑加大了粮食主产区的负担，2014 年的"中央一号文件"首次提出了主销区种粮任务，明确一定的口粮自给率，即确保主销区口粮绝对安全。

第一节　相关文献综述

城镇化和工业化必然使得大量农村劳动力放弃粮食生产而选择收益较高的非农产业，保持粮食产量稳定的前提是需要提高生产率，农村劳动力外流到城市和工业的同时需要新的人力资本（种粮主体）、科学技术与管理创新等要素流入农村，即要素的双向对流，否则将出现"粮食短缺点"。只有当农业现代化，即商业化阶段到来，并形成"商业化点"，最终与"粮食短缺点"重合成转折点。蔡昉（2010）总结了刘易斯转折点、库兹涅茨转折点和商业化点特点和历程，商业化点的转折到来的特点是农业和非农业的边际生产力相等。都阳（2010）认为近年来农村劳动力无限供给的特征几近消失，劳动力短缺持续出现。实证研究证明 1997—2008 年中国农业剩余劳动力转移对劳动生产率提高和 GDP 增长的贡献分别为 16.33％和 1.72％。

粮食能力安全一方面是指"获得能力"，联合国粮农组织（FAO）在不同时期（1947 年、1974 和 1983 年）先后对粮食安全的概念进行调整，界定粮食安全是确保在任何时候，所有的人都能"买得到又能买得起"粮食和食物。关于粮食安全的侧重点更多是关注其获得能力。世界银行于 1986 年指出，在长期中，通过提高家庭实际收入提高购买力，家庭有能力获得足够的粮食，即获得能力。阿马蒂亚·森（2002）强调了食物获取能力的重要性。农村劳动力外流对粮食获得能力的增加做出了贡献。

粮食能力安全的另一个表现是产能安全，即"生产能力"。Godfray（2010）论述了面向 2050 年的粮食安全挑战。粮食安全表现为供应充足、可获得性和利用有效性，并以最低的成本达成目标。Rozelle（2002）分析了中国谷物市场的套利、交易成本和自给自足问题。目前，主销区粮食安全更多地体现在口粮方面，也即粮食的自给底线。陈锡文（2014）强调了小麦和大米的有效保障，从粮食供给品种角度说明了粮食生产重点。于德运等（2016）认为"粮食产能安全是国家粮食安全的核心"，提出了"建构新常态下我国粮食产能安全复合系统的政策取向"。国内粮食生产安全不能仅仅看当年的粮食产量,更需要看国家的生产能力。工业化和城市化的兴起改变了农村要素资源的原有配置状态,因此,应充分挖掘主销区粮食生产潜力,促进土地资源的有效整合和充分利用。

第二节　主销区农村劳动力外流与粮食获得能力

主销区农村劳动力外流一方面减少了对粮食生产的劳动投入,如果没有其他要素流入替代,主销区将不可避免地会出现"粮食短缺点"。从劳动力投入等因素与粮食生产的灰色关联分析看,农村劳动力投入与粮食产量的关联度较低。但另一方面,主销区劳动力外流提高了农户粮食获得能力。

1. 主销区农村劳动力外流与"粮食短缺点"

新型城镇化和工业化进程中,主销区要素禀赋决定粮食生产投资回报率相对较低,比较利益促使农村劳动力更多地选择放弃粮食生产,转移到城镇务工。主销区在2001年率先实行粮食市场化后,其粮食产量经历了一个急剧的下降过程。目前,粮食主销区广东是第一大粮食调入省,2014年粮食产量1357万吨,缺口粮食约2800万吨,粮食自给率仅为32%;主销区浙江是第二大粮食调入省,每年消费粮食1900万吨左右,粮食年产需缺口达到1040万吨左右,2014年粮食自给率仅为36.2%,粮食进口总量达到552万吨,创历史新高,原本的"鱼米之乡"早已成为缺粮之省。主销区浙江、广东等经济普遍发达,农村劳动力持续外流,粮食生产逐渐弱化,以非农产业为主体的现代工业和服务业经济日益增强,粮食自给率不断下降。与此同时,由于主销区经济发达还吸引了大量外来农村劳动力和务工经商者,粮食需求上升,"粮食短缺点"已经显现。

主销区农户平均耕种面积并不具备优势,主销区浙江目前农村劳动力的承包耕地平均不到0.08公顷,投入和劳动效率很难再有提高空间。主销区粮食需要大量从主产区和其他外部调入,从而使主销区粮食市场和区域风险加大,主销区粮食问题更多体现在供需矛盾上。因此,农村劳动力外流的同时,需要有新的人力资本、科技和管理创新等其他要素流入来替代,从而提高粮食产出率,使"粮食短缺点"向农业和非农产业边际生产力等的"商业化点"过渡与转化。主销区的"粮食短缺点"说明主销区不再有刘易斯所论的边际生产率等于零的农村劳动力,已经进入拉—费(Ranis & Fei)所论的第三阶段。因此,使农业和非农业的边际生产力相等,是主销区的发展方向,也是新型城镇化进程中实现城乡一体化统筹发展的方向所在。

2.要素投入与粮食生产的灰色关联分析

考察农村劳动力外流对粮食生产的影响可以运用灰色关联分析,通过计算城镇化、工业化进程中主销区农村劳动力(用工数量)、物质费用的投入(化肥和机械费用)与粮食单产的关联系数,测算其对粮食生产能力(单产)的贡献。假定粮食由 3 个品种:稻谷、小麦、玉米均衡组成,在确定主行为因子和相关行为因子的基础上,计算关联系数: $\varepsilon_i(t) = \dfrac{\Delta\min + \rho \times \Delta\max}{\Delta_i(t) + \rho \times \Delta\max}$, $0 < \rho < 1$,求关联度: $r_i = \dfrac{1}{n}\sum\limits_{t=1}^{n}\varepsilon_i(t)$,据此,对物质费用、劳动力以及粮食单产进行关联分析。通过对粮食的三大类主要品种(稻谷、玉米、小麦)分别计算,得出三大类品种的农村劳动力和物质费用投入,以及与粮食单产的关联系数,即投入要素与粮食单产的关联关系。结果表明:农村劳动力投入在 1980—1990 年期间力度最大,家庭联产承包责任制极大地激发了农村劳动力投入粮食生产的积极性,粮食产出和效率提高,因此,农村劳动力投入和物质费用与粮食单产的关联关系均较大。2001 年主销区率先实行市场化后,农村劳动力投入明显下降,2004—2008 年期间已经下降为 0.3669(王跃梅,2011),机械作业投入费用也下降近一半,而同期物质费用如化肥等投入有所增加,农村劳动力投入和物质费用与粮食产量的关联度较低。灰色关联分析能够清晰呈现农村劳动力等要素投入与粮食生产的关联程度。

主销区城镇化进程和农村劳动力的外流过程中,一方面的表现是粮食生产的劳动投入减少,另一方面表现是固定性资本投入下降幅度比较大。近几年主销区逐年加大对粮食生产的财政投入,到 2014 年年底,主销区浙江累计投入资金 68.68 亿元,建了近 600 万亩的粮食生产功能区,对提高粮食生产能力起了作用。

3.主销区劳动力外流对提高非农收入和粮食获得能力的贡献

主销区实行粮食市场化后,由于非农产业经济相对发达,种粮比较利益下降,农村劳动力纷纷外流从事非农生产活动。随着城镇化和工业化推进,农业与非农产业边际生产力的差别导致劳动生产率和回报率的差别,主销区农户更多地选择转移到非农部门,农村家庭劳动力重新配置,更多青壮年农村劳动力流向非农部门,提高了农户家庭整体生产效率和收入,从而提高整个社会的生产效率。

从全国层面来看,农村居民可支配收入主要来自工资性收入和经营净收入,其中经营净收入仍然高于工资性收入。由于自然和要素禀赋差异,粮食主销区农村居民可支配收入主要是来自非农收入,工资性收入已成为收入增长的主要源泉。2014年主销区广东和浙江的农村居民人均可支配收入的一半以上主要来源于工资性收入,分别高达 50.80% 和 60.77%,同期全国平均水平只有 39.59%,而经营净收入分别只占可支配收入的 27.03% 和 26.72%(产粮小省海南例外,其经营净收入虽高于工资性收入占可支配收入比,但不是因为粮食生产贡献),广东、浙江、福建等主销区农村居民可支配收入中的经营净收入占可支配收入均低于全国 40.40% 水平,工资性收入占收入比均接近或超过 50%(见表 7.1 所示)。

表 7.1　主销区农村居民人均可支配收入来源(2014 年)

主销区	可支配收入(元)	收入结构				工资性收入/可支配收入(%)	经营净收入/可支配收入(%)
		工资性收入(元)	经营净收入(元)	财产净收入(元)	转移净收入(元)		
全国	10488.9	4152.2	4237.4	222.1	1877.2	39.59	40.40
北京	18867.3	14260.2	1854.3	817.8	1935.0	75.58	9.83
天津	17014.2	9941.1	4791.4	799.1	1482.6	58.43	28.16
上海	21191.6	16177.0	1440.6	686.1	2887.9	76.33	6.80
浙江	19373.3	11772.5	5236.7	542.8	1821.2	60.77	27.03
福建	12650.2	5655.2	5093.6	201.3	1700.1	44.70	26.29
广东	12245.6	6220.1	3272.4	295.5	2457.3	50.80	26.72
海南	9912.6	3596.0	4753.5	176.7	1386.4	36.28	47.95

数据来源:根据《中国统计年鉴 2015》,计算而得

联合国粮农组织(FAO)提出粮食安全的目标关键词是"能买得到又能买得起"。主销区农村劳动力外流使得农村居民人均收入提高。2014 年,7 个粮食主销区农村居民平均年可支配收入为 15893.5 元,高出全国水平 5404.6 元;2015 年,浙江省农村常住居民人均可支配收入为 21125.0 元。主销区农村居民人均可支配收入中的工资性收入占比均高于全国水平,一定程度上提高了农村家庭收入,对家庭和个人粮食获得能力的提高做出了贡献。

第三节　主销区农户选择、自给底线与粮食产能安全

1. 主销区粮食比较利益与安全目标

粮食主产区具有明显的要素资源禀赋外生性比较优势,又具有粮食生产规模化、专业分工的内生性比较优势。比较优势指数是规模优势指数、生产优势指数和效率优势指数三项的几何平均数,据此可测算出三大粮食作物(稻谷、小麦和玉米)在主销区生产是否具有比较优势。首先,分列粮食主产区和主销区各个省、区、市,计算出稻谷、小麦和玉米各自的规模优势指数。然后,测算出稻谷、小麦和玉米三大粮食总的规模优势指数。结果显示:"粮食主产区 13 个省市其粮食三大类作物比较优势指数平均值是 1.32,即大于 1,而 7 个粮食主销区三大类粮食作物的平均比较优势指数只有 0.60,即小于 1。说明稻谷、小麦和玉米三大类粮食生产在粮食主销区不具备规模优势、生产优势和效率优势。"

粮食是社会效益高而经济效益相对较低的特殊商品,具有非竞争性公共物品特性、社会保障等特殊属性。充分发挥主产区和主销区各自的比较优势,通过利用主产区粮食生产相对优势实现区域间粮食生产合理分工和资源互补。主销区要完全实现粮食自给不符合比较优势原则,也会最终阻碍粮食生产的有效资源配置。我国长期以来曾经强调粮食的区域自给自足,其结果是粮食生产效率低下并制约了农业区域比较优势的发挥。主销区耕地稀少,农村劳动力外流使粮食不可避免地部分"进口替代",粮食安全重点防范的是市场粮食供给波动和供给品种问题等。因此,主销区粮食安全目标是充分发挥比较优势,实现农户收益最大化,提高粮食获得能力,并有一定的粮食自给底线。

2. 主销区农户的选择——一个调查分析

主销区浙江和广东等地普遍经济发达,耕地稀少、农业资源贫乏。尤其是浙江民营经济发达,就业机会多,农村劳动力大量外流,缩减甚至放弃粮食生产而选择非农生产。主销区浙江由于吸引了不少外来务工者,曾经的"鱼米之乡"已经成为目前除了广东省以外的第二大粮食调入省。为了考察农村劳动力外流对粮食生产与安全的影响情况,我们在 2008—2013 年期间先后组织浙江财经大学学生利用实习和放假机会进行多次调查,主要调查对象是在浙江的外来务工者、浙江本地农村劳动力外流到城镇的外出务工者。调查分三类:一类是在浙江务工外来个体农村劳动力;第二类是调研学生

（浙江财经大学浙江籍学生）所在地的浙江各地农户,约调查了 450 户;第三类是在浙江民营企业打工的外出农村劳动力。回收的 417 户入户资料包括劳动力 1582 人,回收率 92.67％,有效率 88.22％。主要考察农村劳动力外流对粮食生产、家庭收入等的影响。问卷涉及浙江杭州、绍兴和嘉兴地区等 27 个地、市、县。调查内容主要分为农村劳动力务农、外出打工和已迁移三类人群的外流情况,包括农村劳动力外流、粮食生产和家庭内外经营等情况分析调查。

　　调查结果显示:第一,从年龄分布看,主销区粮食生产主力是年龄偏大的"在家务农"劳动力加上部分外出中年兼业劳动力,60 岁以上和 50～59 岁的分别占 17.20％和 17.65％;同样考察"已迁移劳动力"和"在外打工"的劳动力的年龄构成情况,60 岁以上和 50～59 岁的分别只占 0.67％和 5.67％,"已迁移人口"更是分别为 0 和 0.45％。同时,因为求学、工作等原因,"已迁移劳动力"和"在外打工"的劳动力一半以上已离开农村原住地。29 岁以下的农村劳动力"在外打工"和"已迁移人口"的比例分别是 25.36％和 35.53％,两项合计达 60.89％,而这个年龄段"在家务农"的比例只有 6.78％。第二,从文化程度看,小学教育及以下的在"在家务农"者中占 20.13％,而在外打工和迁移的农村劳动力中,这个比例分别只有 4.13％和 3.26％,"已迁移人口"的农村劳动力中,高中及以上较高学历者占比达 51.70％,"在家务农"即留守在农村的劳动力文化程度普遍不高,初中及以下学历占比高达 88.16％。主销区留守在农村的劳动力人力资本水平较低,影响农业生产新技术的使用推广和生产效率的提高。第三,从收入情况来看,根据图 7.1 和图 7.2 收入构成,"打工收入"集中的收入报酬区段明显高于"务农收入"集中的收入报酬区。调查农户中认为"种粮收益不高"的占 39.88％,"农村劳动力明显不足"的占 29.31％,认为"种粮成本上涨和粮食价格偏低"的占 20.18％。

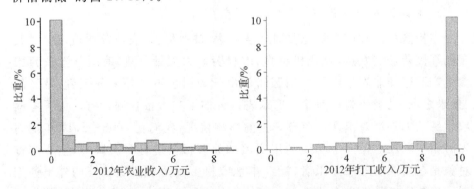

图 7.1　农业收入占总体收入比重分布　　图 7.2　打工收入占总体收入比重分布

由于种粮成本上涨使得种粮更不具备比较优势,主销区农民的理性选择是非粮生产。因此,新型城镇化下的劳动力外流,导致主销区大多地区劳动力短缺。不少农户从事种粮目的不是为了谋生获利,而是为了满足自我消费。据调查户情况看,近33.6%的农户家庭的粮食来自市场购买,农户家庭有超过4个月以上的粮食净储备的只有40.5%,并呈逐年下降趋势,将近30.6%的农户不再储备粮食,即只有1个月以下的粮食净储备。多数外流的农村劳动力打工时粮食消费完全依赖于市场的供应,回乡时粮食消费较少自产自给,也更多依赖于市场,可见主销区粮食自给缺口的压力。主销区目前除了努力确保口粮底线外,需要大量从主产区和境外调入粮食。因此,目前主销区粮食补短板方法之一是需要藏粮于民,藏粮于社会。

3. 主销区粮食自给底线与粮食产能安全

2014年中央一号文件对三大主粮(稻谷、小麦、玉米)的自给率做了调整,调低了之前95%红线,粮食总体自给率长期要保持80%以上,谷物自给率调整为90%以上,但是口粮自给率要求基本需要达到100%,即口粮的绝对安全,同时强调了主销区的粮食安全责任。由于主销区粮食缺口比较大,依赖市场供给的不可控波动因素会影响主销区粮食供给,因此,粮食安全问题已经从自然风险转为市场风险,更多地表现为市场与经济问题,即边际调节问题。主销区粮食问题完全自给或完全依赖他人都是不可取的。从总体上是主要依靠自己解决,从区域上看可以做一定的分工。因此,主销区粮食不必追求完全自给,但应有一定的自给底线即口粮绝对安全,从主产区调入口粮以外的粮食,通过区域贸易获利,这样不但可以确保主销区粮食产能安全,而且也可以利用比较优势实现区域合理分工并获益。

主销区浙江2015年粮食种植面积达1916.8万亩,粮食总产量实现超过750万吨的目标。2016年浙江生产的目标是粮食播种面积达到1950万亩、粮食总产量达到800万吨[①],并以提升产能增强保障为目标。目前,主销区粮食供给侧还存在品种供给与市场需求不匹配问题,即品种的供给与需求还存在着脱节(如早稻谷),粮食生产仍然是现代农业的软肋和短板。

主销区粮食在保障口粮自给底线的前提下,部分粮食从区域调入和适当进口替代,有利于资源有效利用,并增加社会总福利。与此同时,在保证口粮自给的基础上强调保护粮食生产能力,即产能安全,是在强调粮食自给

---

① 　浙江省农业厅、省粮食局、省财政厅联合印发《关于抓好2016年粮食产销工作的意见》。

率保证基础上的一个更有效率的补充。粮食生产能力的保护是一种长远的粮食安全保障,可以及时保障较短的生产周期内为了应急需要而增加粮食生产,从而迅速提高应急所需要的粮食安全水平,产生生产可能性边界之外的消费效应。

主销区粮食生产缺乏比较优势,通过主产区与主销区的区际粮食贸易与购销合作,可以促进区域产业结构的优化。主销区浙江 2015 年通过"北粮南调"工程,从东北调入稻米超过 30 万吨。为了有效保证浙江稻米市场供应,已经在东北建立了 300 万亩粮食生产基地,并拥有 150 万吨的收储仓容能力,这是省级储备粮异地收储的创新,一旦市场发生波动,在黑龙江的异地储备粮可以快速调回以满足和平抑浙江粮食市场需求。

借鉴国际经验,主销区可尝试提高储备粮食生产能力,尤其目前国内粮食产量、库存和进口均同时增加,短缺和进口不是由于数量原因,而是品种和价格因素导致的情况下,主销区不仅要考虑生产多少粮食的问题,更要考虑是否生产和生产什么市场需求的粮食品种问题。由此,可以在主销区尝试休耕一部分土地,休耕分为短期和中长期,短期休耕主要是为了适当控制产量,调节粮食供给品种结构,尤其是调整主销区目前供给大于需求的粮食品种。中长期休耕主要是为了保持水土,提高土地肥力的产出效率。粮食主销区出现的弃耕和撂荒现象,从长期来看会影响原有优质耕地,可将"弃耕"转换成"休耕",即尝试在特定时期放弃部分粮食生产,但不是减少耕地而是储备耕地。如果期间由于外在或内在原因,转向粮食生产只要 4 个月时间,即储备生产能力。这样既不会因弃耕和撂荒而造成土地生产能力的丧失,也不需要生产市场上已经供大于需的粮食品种,主销区存在的粮食缺口,部分可以通过区域间贸易和适当进口来解决。因此,主销区粮食安全一方面是保证口粮自给的"安全性"问题,另一方面是比较利益决定的种粮"经济性"问题,在两者之间确定一个平衡点,即在"粮食自给底线——口粮绝对安全"的前提下发挥市场效率,实现粮食生产的效率和产能安全。

第四节　结　语

新型城镇化和工业化的进程中,经济发达而耕地稀少、就业机会相对较多的粮食主销区已经不具备粮食生产比较优势,主销区农户细碎化耕作的种粮收入和其他农业实际收入均低于非农收入,农村劳动力大量从农村转向城镇务工已是事实。调查结果显示,农村劳动力外流后,主销区农村居民人均可支配收入来源主要是工资性收入,外出打工收入对农户收入增长和粮食获得能力提高做出了贡献。目前粮食主销区已经呈现拉尼斯—费景汉的"粮食短缺点"现象,需要新的人力资本、先进的农业生产技术和管理创新等要素流入。因此,目前在加大规模种粮补贴力度和基础设施投入同时,应加强新型农村劳动力主体培育和培训,加快先进技术应用和改进创新经营方式,促进土地合理流转和适度规模经营,提高粮食产出效率,逐步实现"粮食短缺点"向"商业化点"的过渡和重合。同时,主销区粮食在确保口粮绝对安全的前提下,发挥比较利益原则,通过粮食区际调入和适当进口,促进区域间粮食购销合作和农业区域结构的优化,提高资源利用效率从而提高社会总福利。

全国粮食产量虽然实现了"十二连增",但也呈现在粮食产量逐年递增的同时进口粮和库存也递增的现象,主销区粮食短缺点已经到来,粮食产需缺口逐年扩大。为了防止这种情况继续蔓延,除了在粮食产量方面考核外,还要在土地休耕和品种结构方面做调整。粮食安全问题主要是粮食主销区的问题,需要明确主销区的口粮自给底线,提高粮食获得能力,主销区一味追求过高的粮食自给率不利于其要素禀赋比较优势的发挥。在粮食库存、进口和产量三者齐升的情况下,粮食的有效供给更为重要,调整粮食产出结构,即粮食供给侧调整。粮食主销区需要在口粮绝对安全的基础上考虑品种结构,补短板,藏粮于地,藏粮于社会。一方面,需要持续提高粮食获得能力;另一方面,需要注重调整粮食产出结构,保护粮食生产能力,从而实现粮食产能安全。

第八章 功能分工、区域互补与要素对流、均衡改进的制度安排

我国的城市化和工业化发展进程,伴随着对耕地、水资源等资源的挤占,伴随着农村劳动力大量转移,地区间发展差距扩大,粮食生产从全国层面来看,产量还是呈现上升趋势,但蕴含着不稳定因素。改革开放四十年来,我国农村劳动力外流,虽然从粮食主销区看粮食产量是伴随着粮食种植面积而下降的,并且这样的下降趋势从 2008 年以后一直持续至今,但主销区的粮食获得能力提高了,从而提高了粮食的产能安全;从粮食主产区看,总体上农村劳动力外流减缓了粮食生产的过密化、内卷化增长现象,提升了粮食生产效率,虽然主产区在 2001 年后有过粮食产量急剧下降现象,但很快呈"V"字形上升,并且 2008 年后这样的上升趋势一直持续至今。由于主产区粮食是全国粮食的主要贡献者,全国粮食产量趋势线与主产区基本相似,全国粮食产量已经呈现"十二连增"现象。"粮食产量"、"进口粮食"和"库存粮食"三者同时递增,看起来是个悖论,而主销区粮食短缺点已经到来,在保证口粮安全的前提下,需要考虑主产区和主销区功能分工和区域合作问题。农村虽然已经不存在大规模的高比例剩余劳动力(蔡昉 2010),但缺乏新型的粮食生产主体,需要资本等要素替代外流农村劳动力,重视粮食供给侧问题和均衡改进问题,从而利用比较优势,提高粮食生产的资源配置效率,协调产业结构和就业结构,实现在市场化、新型城镇化过程中的粮食效率安全和能力安全。

联合国粮农组织衡量"粮食安全"指标主要有"粮食自给率"(95%)、"人均粮食产量"(400 公斤)和"粮食储备粮"(本年度消费的 18%)这三项。根

据要求,比较对照我国保障粮食安全的主要指标(2010 年和 2020 年),在保障耕地面积不减少的前提下,2020 年粮食单产水平和粮食综合生产能力均比 2010 年要增长(见表 8.1)。2014 年国务院发布了"建立健全粮食安全省长责任制"的若干意见(国发〔2014〕69 号),2016 年国家粮食局对粮食安全省长责任制的考核指标及评分标准进行了解读,其中第一项考核内容重点考核事项有两个大项:"保护耕地"和"提高粮食生产能力"。

表 8.1 **2010 年和 2020 年保障粮食安全的主要指标比较**

类别	指标	2010 年	2020 年	属性
生产水平	耕地面积(亿亩)	≥18.0	≥18.0	约束性
	其中:用于种粮的耕地面积	>11.0	>11.0	预期性
	粮食播种面积(亿亩)	15.8	15.8	约束性
	其中:谷物	12.7	12.6	预期性
	粮食单产水平(公斤/亩)	325	350	预期性
	粮食综合生产能力(亿公斤)	≥5000	>5400	约束性
	其中:谷物	≥4500	>4750	约束性
供需水平	国内粮食生产与消费比例(%)	≥95	≥95	预期性
	其中:谷物	100	100	

资料来源:"国家粮食安全中长期规划纲要"(2008—2020 年)

从粮食主产区看,农村劳动力外流对粮食的产出弹性有显著的正向贡献。农村实行家庭联产承包责任制后,随着劳动效率的提升,主产区存在农村富余劳动力,其边际粮食产量为零。因此,主产区农村劳动力外流有利于改变主产区粮食生产的内卷化现象。理论上说,假设非粮产业吸纳的最后一个劳动力,其边际粮食产量大于零,那么这个农村劳动力外流就不会影响粮食生产。但家庭生产重新配置劳动力时,选择性地把农村中文化素质较高的青壮年推向非农产业和城市,而这种选择性的劳动力重新配置导致留守劳动力相对弱势,在农村从事粮食生产的不是兼业就是多为妇女和老人,他们没有动力和能力采纳先进技术,改进劳作方式。这种自我选择性的农村劳动力外流现象不同于世界任何一个国家的劳动力迁移,影响粮食生产效率的提高。

从粮食主销区看,农村劳动力外流使粮食产出率明显下降,其下降程度之剧烈是前所未有的。主销区粮食自给率下降也十分明显,目前主销区广东和浙江分别被称为全国最大和第二大的粮食调入省份,粮食生产自给率不到需求的 1/3,缺口很大,需要大量主产区甚至国外粮源供给。

从我国粮食供给看,已经"十二连增",但与此同时,我国粮食的库存和进口也增加,出现了产量、库存和进口同增的悖论现象。从粮食需求看,不仅表现在量的需求,更表现在质的需求。随着工业化、城镇化快速推进,粮食需求一方面是刚性增长,尤其是粮食的间接消费将进一步增加。另一方面是粮食需求的品种和品质要求在提高。因此,我国粮食从供求看仍然处于"紧平衡"状态,产量的增加速度尤其是品种的改进赶不上消费升级的需求,因此出现库存和进口同时增加的矛盾现象。目前我国粮食库存超过40%(国际警戒线是 17%~18%),其背后是粮食的供给侧需要改进。我国粮食虽然库存数量上充裕,但其品种和品质与粮食需求有不匹配的现象。库存增加的是消费者不欢迎的低品质粮食和不适合粮食品种,而进口的是消费者喜爱的高品质粮食。全球谷物消费需求(年均增长 1.1%)大于供给(产量年均增长 0.5%)。我国粮食要完全依赖国际市场是不可取的。目前我国 80%左右的粮食是由 13 个粮食主产区提供的。"南粮北运"已经成为历史,如今更多的是"北粮南运"。在新型城镇化和工业化进程中,粮食比较优势不断下降,农民种粮收益提高缓慢,粮食产出效率相对较低,影响农民尤其是粮食主产区农民的种粮积极性。需要有一定的制度安排来均衡改进、支持和保护主产区粮食生产,提高粮食效率和产能安全。

由于区域发展不平衡,资源稀缺的禀赋特征越来越显突出,各区域要素的边际报酬差别较大。到 2020 年我国农村还会存在部分富余劳动力,但劳动力价格上升。经济增长越迅速的地区,如主销区由于缺乏耕地资源,粮食生产比较优势下降也就越快。城市化和工业化进程中不可避免会出现非粮产业与粮食生产争地现象,直接造成粮食播种面积和生产减少。而在消费升级背景下,人们的食物消费结构也发生了变化,居民个体直接消费粮食数量下降,但对品质的要求和间接消费量会提升,工业和饲料用粮需求进一步增加。发达国家劳动力转移经验表明:虽然有不少倾向于农业的保护支持政策,但农民还是较难从保护政策中得到足够的补偿,要成为"完全的农业保护",实现"帕累托改进",保证农民收益却又能兼顾消费者利益和政府获益,是需要探讨的问题。我国粮食生产也如此,需要探讨功能分工、区域互补与要素对流、均衡改进的制度安排,如通过增加现代农业技术投入、促进农业技术进步、新的要素投入等以吸收更多的新型农业经营主体,实现粮食效率和能力安全。

第一节　功能分工与粮食效率安全:去小农化

我国人均耕地少,约 0.093 公顷,农地经营规模很小,难以进行较大规模的基本建设和投资。主产区农户耕作的土地也同样有限,随着规模报酬的递增,土地适度规模经营,即去小农化,提高土地生产率,弥补比较优势的扭曲会导致效率的损失。粮食效率安全要更有效进行生产。2015 年,我国三大粮食作物平均价格要比国际市场价格高出35%～50%,我国粮食进口在粮食"十三连增"背景下增长,从侧面说明了我国粮食面临的国际粮食的竞争压力问题,需要推进农业科技进步,提高产出率。我国大豆进口 2015年高达 8400 万吨,居全球之首,有巨大的市场,但是生产没有效率。要推进粮食生产的供给侧改革,推动科技创新,推动土地流转,实现适度规模经营,即"去小农化"。我国农作制度在改革开放前是集体生产队体制,有一定集体规模经营现象,但生产队长集体决定这种集体出工收工,最后是集体"磨洋工"农业经营方式,既没有现今科学技术采纳的驱动也没有生产效率。改革开放后的家庭联产承包责任制,以家庭为基础的农作制度有效克服了"出工不出力"等痼习带来生产率低下的现象。因此,目前我国粮食生产微观组织是分散的家庭承包经营农户。家庭联产承包制的贡献在于解决了粮食生产的监督和激励问题。农民生产所得与个人付出直接挂钩,自我监督激励性加大。但以家庭为基础的农作沿袭"小农化"生产方式,规模小的分散作业难以形成合作组织、实现规模效应,也很难增强谈判力与大市场对接,从而难以对市场价格形成有效影响。粮食生产决策存在粮食价格和生产波动的蛛网效应现象,土地利用率和粮食产出率普遍较低,甚至出现耕种粗放现象,粮食单产水平较低。分散化的小农生产也难以实施农业现代化,农业现代化过程是农民减少过程,2010 年后,外出农民工新增数量在减少,实现粮食效率安全需要"去小农化",以市场为导向进行产业结构的调整和技术投入。实行集约经营、专业化和适度规模经营是主产区的选择。

粮食生产细碎化而生产收益率低,目前我国农户平均经营耕地面积小,以家庭为单位小规模分散的耕种方式,不利于耕种机械化。适度规模经营有利于生产效率的提高,以农业机械作业规模代替土地规模的不足。第六章的实证研究表明,农业机械总动力对主产区粮食生产率提高的影响是不显著的。农村劳动力外流减缓了主销区粮食生产内卷化现象,提高了劳动边际生产率。选择性的农村相对优势劳动力大量外流,尤其是主产区青壮年劳动力持续外流,而留守土地的相对弱势的劳动力缺乏对农作技术投入与使用驱动。事实上,粮食耕种面积不大,家庭分散型的粮食作业农户,自己购买机器耕作也不现实。改革开放以来,农村劳动力大量外流,但粮食总体上仍然呈上升趋势,是靠什么贡献的?粮食生产劳动边际效率提高是贡献,即解决农业生产劳动力剩余而提高了产出率等。解决了劳动力流动等资源配置障碍,改变了农村传统的经济发展方式,清除了制度障碍,提高了农村居民工资性收入。但是 2010 年后,人口红利已经从顶峰下降甚至为负红利,劳动力转移速度下降,对资源配置的贡献也会下降,下一步可持续劳动生产率提高的动能在哪里?粮食生产加大农业机械等投入,加快替代型技术的使用,会促使劳动生产率的提高。农业科技含量低,价格高,也是粮食国际竞争力低的原因。先进技术采用会使劳动节约的倾向明显,从而提高粮食生产比较优势。目前我国粮食生产大多沿袭传统的劳动技能,采用新技术和新工艺意愿和能力都较低。农业机械使用率只有 30% 左右,农业科技贡献率远远落后于发达国家。分散的家庭承包经营也使农户缺乏市场谈判能力和调节能力,更缺乏现代管理的意识和方式。无论是全国范围还是粮食主产区,农业科技投入增长严重滞后,粮食生产还没有达到生产可能性边界,相比非粮产业,粮食生产比较收益低。因此,提高粮食生产科技投入,"去小农户化"经营,适当规模经营,均是提高粮食生产率的途径。加大农户从事粮食生产的意愿,避免粮食生产"副业化"趋势和主销区粮食撂荒现象。关注劳动力转移达到刘易斯转折点而带来的新变化,发挥主产区主要功能分工优势,逐步改变当前传统小农化生产方式,实行适度规模经营,从而推动农业科技进步和机械化适度规模生产,"去小农化"背后是动能转换和生产效率的持续提高,是实现粮食生产的效率安全,不仅是短期的粮食问题,而且是长期农业发展问题。

第二节　区域互补与粮食能力安全:此消彼长

农村劳动力外流使得区域粮食安全此消彼长,尤其表现在粮食主销区。一方面是"消",即粮食产出下降,粮食供给量下降;另一方面是"长",即外出打工收入增加而提高了粮食获得能力。农民的就业方式并没有先验的固有偏好(伍山林,2006),主销区比较利益驱使在粮食生产的投入减少,家庭联产承包制的实施和主销区粮食购销市场化,使得农户优化家庭劳动力资源配置成为现实,大量劳动力离开粮食生产,主销区甚至一度出现农田撂荒现象。主销区农村劳动力外流与粮食安全协同发展,需要在"此消彼长"中实现均衡发展,通过区域互补,以能力安全实现粮食市场安全。

斯密分工理论认为,劳动分工和专业化是经济增长的主要源泉,并且劳动分工取决于市场的发展[①]。目前高收入国家平均每个农业劳动力占有的耕地面积(劳均耕地)是 42.50 公顷,美国劳均耕地面积更是高达 74.00 公顷,德国的劳均耕地面积是 17.00 公顷,韩国劳均耕地面积是 0.90 公顷,日本人均耕地面积和农业劳动力平均耕地面积分别是 0.03 公顷和 2.50 公顷,中国台湾劳均耕地面积是 1.00 公顷。主销区中国浙江形同韩国、日本,虽然人均耕地面积高于日本,但是每个劳动力的耕地面积却很低,甚至低于比我们收入水平还低的国家,比如印度、印度尼西亚,劳均耕地面积只有 0.40 公顷。主销区人均拥有耕地资源短缺,非农产业发达,如果主销区浙江的劳均耕地要达到日、韩、中国台湾的水平,城市化必须超过 80%,城乡收入差距也将进一步缩小。粮食是特殊商品,但价格一直偏低,导致生产者比较收益低,国家调控措施会使种粮比较利益进一步降低,即使市场出现粮食价格短暂上升,也往往最先被流通领域所吸收。耕地拥有者因回报预期低而撂荒或者粗放耕作(减少复种指数)方式。从调查主销区浙江来看,原本的鱼米之乡,"双季稻"、"二熟制"是主要的耕作方式,而现在已普遍是"一季稻"或"一熟制"耕作。因此,即使在主销区,粮食生产也没有达到其生产可能边界,粮食自给率逐年降低。

从耕地资源极其缺乏的主销区来看,自然禀赋决定粮食生产不具备比较优势,可以借鉴发达国家经验,主销区可以适当缩小粮食种植面积,或者鼓励农民短期或长期休耕一部分土地。美国早在 1956 年实行了"自愿退耕"计划,"短期休耕"主要控制产量需要,"长期休耕"主要是为了保持水土、增加土地肥力。因此,尝试主销区农民短期或长期休耕一部分土地,替代撂荒或粗放生产现象,减少粮食种植面积但不仅减少耕地,而是储备耕地保持必要的生产能力。尤其在确保粮食自给底线的基础上,产需缺口可以通过粮食储备、地区间流贸易和部分进口替代。农村劳动力的外流降低了粮食的自给底线,主销区农户也会选择从粮食生产转向经济作物生产,一般如果

---

①　Adam Smith, An Inquiry into the Nature and Cause of the Wealth of Nations, Reprint, Clarendon Press, Oxford, 1776.

再转回粮食生产只要 4 个月时间。农村劳动力从粮食生产转移到非粮产业,其本身也成为粮食需求者。粮食供给者变成粮食需求者的需求缺口也通过区域互补和进口替代,获得区际贸易生产可能性边界之外消费效应,实现生产要素报酬的均等化。

主销区经济发达的民营企业吸收了大量劳动力,以主销区浙江、广东为代表,改革开放后出现"民工潮",虽然 2010 年年初一度演化成大规模"民工荒"。由于粮食生产比较效益均要小于外出打工收入,显而易见农村劳动力的外出或转移能增加流出地农民的收入,为实现粮食的"能力安全"做贡献。据国家统计调查数据①,尤其是粮食购销市场化后,粮食主销区浙江农村居民人均工资性收入增加更快,2000 年到 2008 年,由 2001.0 元增加到 9257.9元,年均递增 907.1 元。2008 年主销区上海(70.9%)、北京(59.9%)和广东(57.6%)的农村居民家庭工资性收入占农村居民人均收入均超过一半,浙江占比接近一半(49.6%)。2008 年从主销区浙江农村居民收入来源看,人均工资性收入 4587.4 元,已经超过家庭经营性纯收入(3762.9 元)。2008年主销区农村居民的工资性收入占纯收入的 49.4%。2009 年跃上万元台阶,之后逐年增长,2011 年主销区浙江农村居民人均纯收入 13071 元,比2010 年增长 15.6%。到了 2015 年,占比已经增加到 58.1%,每年增加1.24%。主销区北京和上海农村居民可支配收入中来自工资性收入的占比更是高达 75%。主销区农村劳动力外流,从比较效益低的粮食生产,转移到比较效益高的非粮和第二、三产业,改变了农村劳动力就业结构。来自工资性收入部分寄回农村家庭,改善了农村家庭的生活水平,也为进一步农业投入提供了可能。也有部分外流的农村劳动力返乡创业,或者直接投入外部其他要素,均会促进农业产业结构的调整。

阿马蒂亚·森认为饥馑归根结底是因为农民的相对购买能力低,而非粮食的绝对短缺。而农民的购买能力取决于收入能力和一系列配套的市场体系。发达国家经济发展过程也是二元经济转向一元经济的过程,以及农村劳动力非农化转移的过程。英、美、日等国在二元经济转向一元经济进程中,农业劳动力比重不断下降。在 1800—1980 年百年以上的发展过程中,英国的农业劳动力占总劳动力的比重下降了 30 多个百分点;美国农业劳动力占比下降了近 65%,到了 1980 年只占到 3.15%;日本农业劳动力到了

---

① 此部分数据来源于国家统计局浙江调查总队和浙江省统计局对浙江 47 个市县的4700 户农村居民家庭的抽样调查。

1980 年占比也降为 11.12%，下降了近 74%，降幅最大。美国、英国和日本均已经从二元经济过渡到一元经济的发达国家。随着我国经济快速增长和就业结构演变，改革初期农业劳动力占比超过 70%，2004 年前后官方统计的农业劳动力比重降为 46.9%，2010 年下降到约 35%，学者们认为农村劳动力出现短缺现象，刘易斯拐点已经到来。估计 2030 年将接近 10%。"只有当人口转移的速率达到足够快的程度，那么，从农业中转移出来的劳动力才有可能使得农业人口和非农人口的收入差距缩小"（Johnson，2002）。劳动生产率是一个反映经济发展水平的综合指标，2016 年主销区浙江全社会劳动生产率 11.5 万元，比全国的 8.9 万元高出近 30%。但是浙江目前是"33%农村居民收入为 67%城镇居民收入的 50%"，要变为"20%农村居民收入为 80%城镇居民收入的 80%"，仍需要大量劳动力转移。刘世锦（2014）认为现在我国农业从业人员数量相对于发达国家仍然过高，农业劳动力比重控制在 10%以下。如果浙江的劳均耕地面积达到日、韩、中国台湾的水平，城市化水平必须超过 80%，城乡收入差距也将进一步缩小。理论和实践表明，降低农业劳动力比重，农村劳动力转移是缩小城乡收入差距的重要途径。

目前，主销区浙江农村劳动力转移和素质结构性下降，农村雇佣劳动力成本上升。不少农作物生产与作业仍是人工劳作、效率低下的传统作业状态，与现代农业的要求相去甚远。不同产品生产需要不同的生产要素配置，我国的农业产业结构与农村劳动力就业结构匹配不够，扭曲的产业结构违背资源比较优势。农村劳动力资本含量相对低，劳动生产效率较低；而青壮年相对优势的农村劳动力转移到城市打工，但当他们年龄和体力不支的时候，会选择离开城市，农村劳动力就业不确定和缺乏保障的现象依然存在，农村劳动力这样的农业劳动低效率和非农劳动的不确定性都会影响到他们的收入水平。森（2001）认为"未得到足够食物"与"不存在足够食物"是两个不同的概念，前者是粮食获得和分配问题，即获得能力，而后者才是粮食数量安全。森认为导致"获取能力"下降的因素可以威胁到粮食安全。按照森的观点："对于直接解决食物脆弱性来说，需要建立一个机制，即通过公共机构确保每一个人的食物权利。这一权利不仅包括灾难期间的粮食分配，而且还包括通过社会保险和就业保障来实现的较长远的权利安排。……我们要做的事情不是保证'食物供给'，而是保护'食物权利'。"

第三节　要素替代与对流的均衡改进

　　主销区粮食由于农村劳动力大量外流形成了粮食产量"L"字形的发展阶段,但在主产区粮食仍然表现出"V"字形反弹发展趋势。因此,总体上看,我国粮食产量实现了"十二连增"。但是,面临问题和挑战,"价格的天花板,成本的地板"。我国农业劳动力人口将近30％,但农业产出量只占GDP总量的10％,农业劳动生产率较低。中国的经济改革带来了农村外出务工就业的快速增长,但要素市场还是不发达(John R. Harris & Michael P. Todaro,1970)。发达国家农业劳动力占比在10％以下,有的甚至不到3％。即使在工业化的初期也并未出现大规模的富余劳动力,美国甚至还出现了劳动力短缺现象。

　　粮食生产因农村劳动力转移而提高了产出率,尤其主产区其影响是正向的。缓解了劳动投入过密现象。当粮食生产边际产出小于平均产出时,农村劳动力剩余,于是农村劳动力外流,一直到投入粮食生产劳动边际产出等于零,刘易斯拐点到来。当劳动边际产出大于零,由粮食"短缺点"到"商业化点",即刘易斯关于粮食短缺点与商业化点的重合点,此时农村劳动力持续外流会产生农业问题。于是,拉—费模型认为需要有新的要素替代来提高农业生产率和产出。如新的生产技术、更高的投入水平和规模经营管理等要素流入农村,来替代农村劳动力外流带来的要素短缺。速水—拉坦的诱致性技术变迁假说认为,农业技术选择和进步方向是因为生产要素相对稀缺,而相对价格变动诱导而产生的。[①]

　　当投入粮食生产其他要素不变时,增加劳动力投入数量达到一定程度后,根据边际报酬递减规律,边际产量会随之递减。家庭联产承包责任制后,由于原本存在劳动力投入粮食生产的过密化现象,因此,在其他要素投入不改变的情况下,农户劳动力投入的数量虽然减少,但粮食产出效率提升,产量增多。因此,家庭联产承包责任制是帕累托制度改进。第一阶段农户劳动投入从零开始,平均产量(AP)和总产量都是递增的,其边际产量(MP)始终大于平均产量;第二阶段是边际产量小于平均产量但仍大于零

---

　　① Yujiro Hayami, Vernon Ruttan , Agricultural Development: An International Peespective,The John Hopkins University Press, Baltimore and London,1980.

时,劳动力投入的边际产量开始递减,虽然粮食总产量还在继续上升,但由于劳动力过多投入导致边际报酬减低。家庭承包责任制实行到现在,主产区粮食生产随着劳动力大量外流提高了粮食生产率。第三阶段后是边际产量由起始点的零到小于零并且继续下降。即总产量已达到最大值开始,边际产量、总产量和平均产量也继续下降。分析可见,劳动合理投入量可能在第二阶段,从中可以找出最优投入量,以期实现利润最大化。

设 π 为劳动力投入的产出利润,ω 为投入劳动的价格,r 为资本投入量的价格,p 为粮食价格,$\overline{K}$ 为资本投入,在短期是固定的,有:

$$\pi = pf(L,\overline{K}) - \omega L - r\overline{K};$$

$$\frac{\mathrm{d}\pi}{\mathrm{d}L} = \frac{p\mathrm{d}f}{\mathrm{d}L}(L,\overline{K}) - \omega = 0;$$

即 $P \cdot \dfrac{\mathrm{d}f}{\mathrm{d}L}(L,\overline{K}) = \omega$ 。

$\dfrac{\mathrm{d}f}{\mathrm{d}L}(L,\overline{K})$ 即为劳动的边际产量,$MRTS_{L,K} = \omega$,因此:

短期内,粮食生产最优投入量的必要条件是:$P \cdot MP_L = \omega$,即投入粮食生产的边际产量价值与劳动价格相等。

长期中,随着农村劳动力外流,需要新要素如资本 K 和技术替代,则生产函数是:$q = f(L,K)$,K 是可以改变的。生产同一数量,粮食等产量线可以有不同要素投入组合,等产量线上某点切线斜率的负值为“边际技术替代率”。

$$MRTS_{L,K} = -\frac{\mathrm{d}K}{\mathrm{d}L},两边全微分,\mathrm{d}q = \frac{\partial f}{\partial L}\mathrm{d}L + \frac{\partial f}{\partial K}\mathrm{d}K;$$

$$MRTS_{L,K} = -\frac{\mathrm{d}K}{\mathrm{d}L} = \frac{\partial f}{\partial L}\Big/\frac{\partial f}{\partial K} = \frac{MP_L}{MP_K}。$$

劳动边际产量越高,则劳动对资本的边际技术替代率就越高。成本约束前提下,最大可能粮食产量为:

$$s \cdot t \cdot \omega L + rK \leqslant C;$$

$$\max_{L,K}\{f(L,K)\}。$$

形成函数:$V = f(L,K) + \mu(C - \omega L - rK)$,$\mu$ 是单位要素价格获得最优时的边际产量,即 $\mu = \dfrac{MP_L}{\omega} = \dfrac{MP_K}{r}$ 。

农村劳动力要素 L 外流,等产量线上某一点切线的斜率是一种替代比例,农村劳动力外出打工收入,影响农村劳动力价格 ω 随之上升,可以使用其

他要素如资本 K 投入替代 L，即均衡改进，边际技术替代率为 $MRTS_{L,K}$。

由于农村劳动力价格长期低廉，剩余劳动力外流一方面提高了农村流出地的边际生产率，增加收入；另一方面，通过资本等要素替代，提高了粮食产出率。要素替代最优安排是：不论是投在资本还是劳动上的最后一个单位货币投入，其对产出的贡献相等。通过要素替代可以重新配置资源，缩小城乡要素报酬差距。收入最大化利益会驱使地区决策者寻求能够替代土地（劳动）的技术类型，对劳动替代的要素需求就会下降。家庭联产承包责任制使劳动投入更加有效，随着该诱致性变迁制度成为农村作业的普遍制度和作业方式推行，也带动了其他要素如化肥的使用(1979—1983 年间增加了53%)[1]，然而农业机械使用数量增加不明显，更多家庭劳动是分散人力投入，甚至替代了之前生产队集体劳动对农业机械如拖拉机的使用，但有限耕地的粮食内卷化生产而使得剩余劳动力得以转移。道格拉斯·诺斯(Douglass North)认为某些制度安排会因技术进步和人口增加，从原来有效变成不是最有效。农村剩余劳动力大量外流，需要新要素的对流和替代，即均衡改进。需要有新技术、新设备的推广和使用以及资金的投入，使粮食产出率再度提高。

英国经济学家约翰·希克斯(1932)给技术进步分类，主要是根据其对资本和劳动要素的节约程度，分为节约劳动型技术进步和节约资本型技术进步。前者是在生产过程中技术进步对生产率的增长，劳动要素大于资本要素；后者是指在生产过程中的生产率的增长，资本要素快于劳动要素。希克斯中性技术进步同等地扩大了资本和劳动的投入。我国不同区域，粮食生产的资源禀赋条件差异大，技术进步对劳动和资本的节约程度也不同，如我国的粮食主产区拥有相对更大面积土地的耕种，适用在粮食生产中采用机械对劳动的替代；而粮食主销区人口密集、土地资源较少，需要通过引入新要素、新耕作方法和管理来实现对土地资源的替代和土地使用节约，即土地生产率的提升。

---

[1] Justin Yifu Lin, Rural Reform and Agriculture Productivity Growth in China, American Economic Review, 1992,(82),pp. 34—51.

第四节　农村劳动力外流与粮食安全协同的制度安排

农村劳动力外流是家庭劳动力资源的再配置过程,一方面,投入粮食生产劳动力数量与质量相对较弱,家庭新生代从事粮食生产者后继乏人,从而引发人们对粮食生产持续发展的担忧。但另一方面,由外流到城市打工的劳动力获得的收入远高于在家种粮收入,农村家庭工资性收入成为可支配收入的主要来源,提高了粮食的获得能力。主产区区域分工与粮食生产去小农化,主销区功能互补与粮食能力安全此消彼长,即粮食安全的效率安全与能力安全,在均衡改进中实现农村劳动力外流与粮食安全的协同发展,需要有科学的制度安排来实现和保证。

1. 主产区利益补偿机制和主销区市场秩序的建立

粮食生产由于效益低,较难获得社会平均利润,并具有"外部效应"。因此,粮食主产区生产粮食多,但收益仍然不多,出现了"粮食贡献大而财政贫"县的现象。农户劳动力投入回报情况也如此,劳动力投入粮食生产的农户收入低,远不如同样劳动力外出打工的收入高。即使主产区种粮大户如果没有政府对粮食生产的各种补贴和补偿,也很难有理想的回报。尤其是主销区农户,即使还在种粮的农户也是将粮食作为家庭消费,基本不把其作为收入来源渠道产业。因此,农户理性的选择是不愿生产粮食。粮食是特殊产品,其纯公共性决定需要由政府来提供相关的支持政策。粮食生产的弱质性、公益性和风险性需要政府的宏观调控,利益补偿和市场秩序需要有规范的分配和激励制度等设计,担当起粮食安全管理责任,改革开放后,虽然在 1982—1987 年间,机械化速度(用总马力来衡量)年均增长率有18.6%,化肥投入也以每年 17.9%的速度增长。但缺乏内在激励,尤其是主产区粮食生产的利益补偿和主销区粮食市场建设,以及劳动力市场一体化尚需构建(Lin,1988;McMillan,Whalley and Zhu,1989)。

主产区提高粮食生产的途径有两个:增加农业投入和技术进步。技术进步可以提高要素投入的边际生产率。政府作用的边界是制定一些惠农扶农的优惠政策,给予种粮大户一定的利益补贴,减少税费等,这需要政府保证主产区的利益补偿。主销区种植粮食机会成本比较大,不具备比较优势,通过统一的大市场购买,政府作用的边界是畅通主销区粮食流通市场,维持市场秩序,适当引入竞争,并规范交易行为,包括完善市场交易硬件和信息发布制度。指导粮食大宗商品市场的正常交易,完善粮食流通和储备体系,降低交易成本,避免市场风险。总之,应明晰和界定各种生产要素属性,建立科学的主产区利益补偿机制,并规范主销区市场秩序。维护市场秩序,根据比较优势原则,提高主产区粮食生产的规模效益,优化区域分工和布局,保障主销区的粮食市场流通顺畅,实现区域间的供需平衡和利益互补。

2.粮食生产能力和效率安全的支持保障

为保护农业和提高农民种粮积极性,美国在1933年就开始实施对粮食生产的直接补贴,再外加提供"最低保证价格"政策。1996又补充通过了"无追索权贷款",当粮食市场价格低于贷款率时,此政策保证农民贷款到期不必归还。或者由专门的联邦政府农产品信贷公司(Commodity Credit Coop-eration)负责执行,可以市场出售补贴差价。针对粮食生产中难免出现的自然灾害,美国于1938年成立了联邦农作物保险公司(FCIC),对投保的农场主给予相当于保费50%~80%的补贴,鼓励农场主对作物产量和收入自愿投保。为了保障灾害农户的收入稳定及恢复生产能力,有"特别援助计划"给予直接灾害补贴。近年来,我国由于极端天气因素的影响,粮食生产风险大,靠天吃饭的种粮农民收入得不到应有的保障,借鉴以上先进经验,可以实施一些保障措施,减少种粮农户受灾程度,减缓不可抗拒因素等造成的农作物风险,保障农民利益,稳定和提高种粮收入,同时改进和创新粮食生产方式和组织方式,实现粮食生产能力和效率安全。

3.稀缺要素替代节约和生产率提高

"速水—拉坦模型"又被称为"希克斯—速水—拉坦—宾斯旺格假说",建立在希克斯和汉斯·宾斯旺格等人的研究基础上。该理论认为,要素禀赋相对丰度不同,农民受要素价格变化的影响和诱导,会导致技术变迁有效路径的差异,农民会寻求能够替代稀缺要素的技术选择,对经济中变得日益稀缺要素的反应即是诱致性技术创新。我国的要素赋予绝对与相对水平区域差异大。农业生产率增长所依赖的重要因素是技术变迁。集体体制在推进新技术方面也常被认为是有效的(Pekins & Yusuf,1984),因为集体体制在获取信息、信贷和投入等方面具有规模经济。随着时间推移,一种要素(劳动力)比另一要素变得更加稀缺,假定农户可以在给定价格下得到技术投入,农户决策将朝着替代变得更加稀缺要素(如劳动力要素)的技术投入转变。要素日益稀缺而价格上升的劳动力,收入最大化动机诱使农户寻找能节约要素的技术。虽然一些初级要素市场交易未开放,相对价格也难以预估,但同类市场经济中一种要素价格提高可以通过一种要素边际产品的增加来显现,通过加大对农业科技等要素投入提高农业生产率,提高农业全要素的增长和农业综合生产能力。

4. 农村新生代人力资本与新型主体的培育与投入

诱致性技术变迁理论认为,一个市场经济中市场主体受要素相对稀缺性要素和价格变化诱导,寻求能替代日益稀缺的生产要素,使用相对丰裕的生产要素的技术,"希克斯—速水—拉坦—宾斯旺格假说"(Hicks,1932;Hayami,1970;Binswanger & Ruttan,1978)寓意着一个经济中要素赋予丰裕不同,技术变迁的有效路径也就不同,适应区域不同要素相对稀缺程度而产生的技术创新是"诱发性技术创新"。我国农村劳动力外流不同于世界上任何一个国家的劳动力迁移,是家庭重新配置劳动力的过程,也是农村优质人力资本的流失过程。留守在农村的相对弱势劳动力从事粮食生产,无论从效率还是可持续发展性来说都不是长远选择。尤其是新生代农民,没有意愿也没有能力跟其上一代一样来完成或兼业自家的承包地劳作。因此,应该尽快引入新型经营主体,以新要素流入来替代农村劳动力流出。提高新型经营主体的人力资本水平,推进生产要素向新型农业经营主体优化配置,形成以农户家庭经营为基础、社会化服务为支撑的现代农业经营体系,撬动更多社会资本投向农业,创设扶持政策措施和新型职业农民培育工程和职业培训。同时,完善城乡一体化的公共管理体制和服务体系。

5. 农村劳动力外流、农地流转与适度规模经营

我国农村劳动力人均承包耕地很少,很难进行适度规模经营,提高规模效益。主销区浙江尤其表现明显。我国的家庭联产承包责任制极大地提高了粮食生产的积极性和产出效率,是一种回归到农民原有的传统家庭作业方式,复制和固化着小生产方式。中国小农家庭是一个完整的生产单位,小农经济催生了大量经验小农,是"无剥夺的积累"(姚洋,2007)。家庭联产承包责任制大大释放了由于人民公社体制下严重压抑的劳动积极性,但是并没有资本和机器设备等新要素建构与投入,也没有创造新生产力和新组织方式。农户多把土地作为保障因素,尤其是非农就业较少、收入水平较低的农户转让其土地的可能性较小。农户转让其土地的可能性较大的,往往是家庭非农劳动较多,收入和保障水平高,土地流转和规模经营发展已成为必然的趋势。近几年,全国土地承包经营权流转面积快速增长,2007 年约为

0.64 亿亩,仅占家庭承包耕地总面积的 5.2%;之后逐年上升,2014 年全国家庭承包耕地流转面积增加到 4.03 亿亩,流转出承包耕地的农户占家庭承包农户数的 25.3%;2015 年全国家庭承包耕地流转面积达到 4.47 亿亩,占家庭承包经营耕地总面积的 33.3%;2016 年 6 月达到 4.60 亿亩(见图 8.1)。

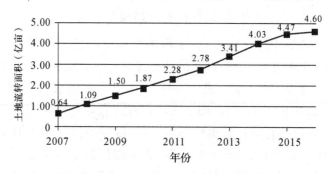

图 8.1　2007—2016 年中国土地流转面积趋势

资料来源:农业部

全国家庭承包耕地流转面积已经超过承包耕地总面积的 1/3,在主销区上海(71.5%)和北京(52.0%)流转比例已经超过 1/2,主产区粮食生产重地黑龙江(50.3%)的家庭承包耕地流转比重也超过了 1/2。超过 350 万户农户单位经营面积在 50 亩以上。随着工业化、城镇化和农业现代化深入推进,农村劳动力的大量转移,新型农业经营主体不断涌现,农地流转面积不断增长,2016 年土地流转面积超过 2008 年的 4 倍以上。家庭联产承包制下的分散小块土地经营方式,被适度规模化、机械化的生产方式所替代,是农业转型升级和现代化发展的需要,可以突破马克思、恩格斯讨论的"小块土地所有制"的局限性。黄宗智(2015)认为,以农户为主体的小规模经营可以使土地和人力资源得到优化配置,增加农民收入,保障农户粮食能力安全。另外,在农村劳动力外流、农业现代化进程中推动农地流转,发展适度规模经营和培育新型农业经营主体,小规模经营的发展空间问题也是需要考虑的重要问题。

6.农村劳动力外流与粮食安全的协同发展

长期以来我国的户籍制度和劳动力市场分割,经济结构存在刘易斯揭示的发展中国家的二元性。工农业剪刀差造成城乡收入差距;户籍制度造成农村外流到城市的务工劳动力不能平等地享受应有待遇,分享城市化和工业化成果。我国农业和农村面临艰难的大调整,必须将劳动力有效地替代出来,使农业产出增长与务农收入水平赶上城市务工收入水平。农村劳动力转移,降低农业从业人数是减小农业和非农收入差距的必要措施(D. Gale Johnson,1999)。农村劳动力外流与粮食安全应该是达到"1+1≥2"的协同发展。具体表现在粮食主产区,农村劳动力外流能使家庭剩余劳动力转移,提高农村劳动产出率,实现粮食效率安全;表现在粮食主销区,通过在城市就业可以提高农户收入,实现粮食能力安全。因此,农村劳动力外流可以实现粮食的效率安全和能力安全的统一和协同。长远来看,农村劳动力持续外流,需要深入推进粮食供给侧结构性改革,需要有新的要素流入和要素替代,才能使替代农村原有相对较高人力资本的流失,即有技术、管理和资金等其他要素流入农村替代相对高质量劳动力外流,实现农村劳动力外流与粮食安全协同发展。

第五节　本章小结

本章研究主要有以下几个方面。首先,从粮食主产区的视角出发,研究功能分工与粮食效率安全——去小农化;从粮食主销区视角,重点研究区域互补与粮食能力安全——此消彼长。在以上研究基础上阐明要素替代与对流的均衡改进,以及农村劳动力外流与粮食安全协同发展。其次,提出了制度安排的具体措施:主产区利益补偿机制和主销区市场秩序的建立、粮食生产能力和效率安全的支持保障、稀缺要素替代节约和生产率提高、农村新生代人力资本与新型主体的培育与投入,最后是农村劳动力外流与粮食安全的协同发展。主要解决区域互补与粮食市场安全问题。

农村劳动力外流使得粮食产出下降的同时非粮收入上升,提高了粮食获得能力。C-D生产函数的四大常规投入要素:劳动力、土地、资本和化肥。农村劳动力外流,投入粮食生产劳动力要素减少,减缓粮食生产尤其是主产区原本存在"内卷化"的过密增长。从劳动力数量来看,农村劳动力的外流在一定时期内提高对粮食产出率的贡献,如果超过其原有粮食生产、技术水平路径依赖所需投入量时,会出现"粮食短缺点",需要有其他要素的投入并替代劳动力要素的流失;从劳动力质量来看,农村外流的劳动力均是家庭资源重新配置后的优质劳动力,导致粮食即使在等生产线上的产出也不具有持续性,需要有相应要素流入来保障和实现,有高技术含量劳动力投入,或增加机械设备等资本投入。因此,要提高粮食产出率,需要在农村劳动力外流的同时进行要素替代、要素对流的均衡改进。

中央一号文件从 2004 年起连续十二年"锁定""三农",主题围绕提高农业综合生产能力、切实加强农业基础建设、加大统筹城乡发展、加快推进农业科技创新、持续增强农产品供给保障能力、加快推进农业现代化等方面。2016 年在经济发展新常态、资源环境约束趋紧背景下,强调加快转变农业发展方式,确保粮食等重要农产品有效供给问题。每年的中央一号文件都彰显了中央在经济发展新常态背景下,促进农民收入稳定较快增长,加快缩小城乡差距的决心。2017 年中央一号文件提出农业供给侧结构性改革,强调在粮食生产效率安全的基础上更关注粮食能力安全。

主产区是粮食主要提供者和粮食安全的保障者,近年来,虽然有取消农业税等不少惠农政策的扶持,但因化肥等生产资料价格上涨而抵消了粮食生产的收益,而粮食生产本身的弱质性和公共产品性,决定了粮食种植不可能有丰厚的商业利润,生产粮食的农户往往得不到诸如价格带来的利益空间(一般被粮食流通环节吸收),存在激励不足问题。有些经营户的收入来源主要是政府的补贴部分,西方很多大农场也主要依赖财政补贴。主产区种植粮食比较效益始终很低,主产区农民很难通过粮食生产而增加收入。而粮食主销区农户靠从事非粮产业反而获得了更高收入,从而提高了粮食获得能力,因为非粮的收入和外出打工收入均高于种粮的收入。主产区自然禀赋决定其生产可能性和使命性,考虑到粮食主产区农户由于粮食生产的弱质性导致的低收益性,因此,需要有相关的制度安排,建立粮食生产区域间的利益补偿机制,实现分工合作和利益共享,让农民种粮选择不是出于道义的无奈,也是利益驱使。在互相合作分工中获得各自的比较利益,提高粮食生产的支持保障能力;探索稀缺要素替代节约的类型与路径,培育高知识科技含量的劳动力,加大农村新生代人力资本投资;探索农业集约化专业化与与农村土地使用流转制度。同时,在农业生产成本攀升、资源短缺背景下,科学确定主销区粮食自给水平,不断增强主产区粮食生产能力。以科技创新与投入驱动提升劳动生产率和竞争力,因地制宜发展规模经营,促进种粮收入持续较快增长。有机结合国内和国际的供给能力和资源,长期保证我们的粮食安全(刘世锦,2015),探索农村劳动力外流与粮食安全协同发展的机制与制度安排。

第九章 结论与展望

克拉克(Clark,1940)在配第(Petty)研究基础上,对 40 多个国家和地区,三次产业不同时期的劳动投入产出资料进行了整理和归纳,得出劳动力首先由第一产业向第二产业转移,再向第三产业转移的演进趋势,即配第—克拉克定理。中华人民共和国成立初期经济重点是发展重工业,是赶超战略的资本密集型重工业吸纳劳动力。农村实行严格的户籍制度,限制农村劳动力外流,保证城市居民优先就业。我国户籍制度在新中国成立初期曾起到过积极作用,保障农村有充足的劳动力粮食生产。但这种城乡二元户籍制度在城市和农村之间竖起了一道高墙,并带有一定的歧视性。从 1950 年对重点人口的管理工作是新中国户籍制度的起点,1951 年颁布了最早的户籍法规,1955 年开始统一全国城乡的户口登记工作。1956 年、1957 年连续颁发 4 个限制和控制农民盲目流入城市的政策。大量劳动力被人为地束缚在农业这第一产业,劳动效率低下导致粮食产出效率也低下,使内卷化效应增长。农村和城市经济与社会发展分割,身份和待遇不一致,劳动力市场歧视严重,户籍、就业和社会保障等城乡差别大,形成了难以融合的不平等城乡二元经济结构。改革开放后实施家庭联产承包责任制,极大释放了集体生产队制度下的低效率农业劳动,以家庭为单位的农村劳动力投入出现剩余。随着工业化、城市化的进程加快,数以亿计的农村劳动力外流。根据比较优势和自然禀赋,粮食主产区和主销区功能互补事项区域分工,对粮食生产效率和农民收入的提高做出了巨大的贡献。但我们的研究也发现,制度变迁的边际效益在递减,对粮食产出的贡献在下降。

1996 年的《中国粮食白皮书》称我国粮食已是"供给总量平衡、丰年有余",2004 年以来的我国粮食连年增长,但需求也增加迅速,到 2010 年缺口为 352.3 万吨。2012 年数据显示,我国粮食自给率已低于 95% 的粮食供给自给率目标,不足 86%。随着农村劳动力的外流和国内粮食市场逐步全面放开,追求更高收入的理性农村劳动力放弃种粮,区域一体化和国际化程度明显提高(聂正邦等,2007)。粮食生产区域格局发生着重大的变化,粮食产量减少,由"南粮北运"转变为"北粮南运";以前如浙江杭嘉湖地区的"鱼米之乡"已变为了"缺粮大省",自给率下降,甚至出现弃粮撂荒现象,农村相对弱势的劳动力成了粮食生产主力,新生代农民没有种粮意愿和能力。目前,我国主要粮食产量是由 13 个粮食主产区贡献的,其提供了全国 80% 以上的商品粮。但是由于种粮比较利益低,即使是在粮食丰收情况下,主产区粮食也要承受收入增长甚微的现实,缺乏粮食生产的内在激励。况且水资源、生态气候不稳定带来粮食生产歉收的风险。随着经济发展和消费水平提升,对粮食的直接需求下降,而对粮食等间接制品需求将增加。新的需求结构变化需要粮食供给侧做出相应变化。

本研究在梳理改革开放以来的劳动力市场与粮食市场化进程情况为基础,从自然禀赋与比较利益原则出发,对"一个结合"和"两个区域"展开分析,即把农村劳动力外流与粮食安全问题结合;粮食主产区和主销区两个区域,分别考察农村劳动力外流与粮食安全协同发展问题。

第一节 研究的主要结论

改革开放以来,一些禁锢农村劳动力外流的制度开始松动,粮食生产效率提高,使农村劳动力外流成为可能甚至是必然,减少农村劳动力就是富裕农村,但由此也带来农业经营主体的变迁、农村劳动力外流与粮食安全问题。一致抑或分歧?对粮食主产不同区域有何不同影响?关于此类问题的回答,我们运用实证分析和调查研究,关注到了农村转移的是相对优质的劳动力,留下相对弱势的劳动力不利于未来粮食生产的可持续发展和选择,需要有政府作用边界,在农村劳动力外流的同时,鼓励相应的技术、资金、管理等其他要素流入;同时解决农村劳动力结构失衡问题,实现"要素替代"与"要素对流";注重粮食主产区的效率安全和主销区的能力安全,实现功能分工、利益互补。

本研究首先梳理了劳动力流动与粮食安全的相关理论和实证研究状

况,重点考察了改革开放以来农村劳动力外流情况,厘清了市场化进程中粮食管理体制演变过程,分析了其对粮食安全的影响。研究分为粮食主产区和主销区两个区域的视角,从劳动经济学和公共管理学科的交叉角度出发,研究两个区域在粮食市场化改革进程中农村劳动力演变情况;从"生产"和"获得"两个角度看粮食效率安全和能力安全;从粮食主产区和主销区两个区域比较探索农村劳动力外流与粮食安全协同发展的不同目标与举措;从"要素对流和要素替代"双要素出发研究政府作用边界和相应制度安排。研究结论和观点主要归纳为以下几个方面。

1. 区域禀赋差异与粮食安全目标实现

对粮食安全的界定除了强调粮食数量安全,还有能力安全,比较利益和自然禀赋决定不同区域粮食安全的目标不同。农村劳动力外流缓解了主产区的内卷化问题,实现了粮食效率安全;农村劳动力外流降低了主销区粮食生产自给底线,但增加了农户收入,提高了粮食获得能力,实现了粮食能力安全。粮食主销区缺乏比较优势的福利损失,可以通过与主产区利益互补,从而提高社会总福利。因此,协调与深化粮食主产区与主销区功能分工,通过区域互补,可以实现粮食效率与能力安全。

2. 农村劳动力外流对粮食主产区和主销区的影响

研究重点聚焦改革开放以来,以 1978 年以来各年统计年鉴、新中国 60 年统计资料以及对主销区为例的入户调查为基础,分主产区主销区和平衡区进行回归分析,粮食主产区分 13 个省级面板数据,粮食主产区分 6 个(海南由于特殊情况没考虑)省级面板数据,发现农村劳动力外流对粮食产出均有正向影响,但对不同区域的影响程度表现不同,粮食主销区影响要大些。归纳影响粮食产出率的要素,主要划分常规要素和非常规要素,具体包括劳动力、土地、农业机械总动力、化肥和家庭联产承包制、复种指数、第二产业与第三产业增加率、抗灾能力、生产资料价格指数、非粮作物比率和时间趋势等因素。扩展 C-D 生产函数模型,应用最小二乘回归分析法(OLS)的固定效应模型估计,分别考察改革开放以来对两个不同区域的影响。家庭联产承包制对主产区粮食贡献较 1992 年以前(Lin,2009)有下降,对主销区粮食产出的贡献已经不显著,同样,复种指数对两个不同区域影响也差别很大。

3. 主产区粮食的效率安全与主销区粮食的能力安全

粮食主产区存在的剩余劳动力在一部分外流后,减少了劳动投入,提高了粮食生产边际劳动生产率,从而缓解了粮食生产的内卷化和过密化现象,实现主产区粮食的效率安全。主产区农村劳动力以家庭为单位重新进行了资源配置,一部分从比较利益低的粮食弱势产业转移到非粮生产。粮食主销区耕地稀缺,自然禀赋决定耕地密集型生产不是其比较利益所在。粮食主销区经济相对发达,比较利益驱使主销区农户弃粮撂荒选择非粮生产,影响粮食产出率。由于非粮收入相对较高,成为粮食主销区农村居民可支配收入主要来源,提高了粮食获得能力,实现主销区粮食能力安全。以主销区浙江为例的调查研究显示,农户家庭来自非粮工资性收入高低,取决于其年龄、性别和文化程度,尤以年轻男性劳动力为提高获得能力的主要贡献。

4.“要素替代”和“要素对流”的制度安排

农村劳动力转移如果是在农业停滞不前情况下进行会引发粮食问题。农村劳动力转移应是与第二、三产业协调发展。由于粮食比较利益低,粮食生产兼业化、细碎化和老龄化现象严重,城乡劳动力市场分割,有效劳动力和资金投入不足。因此,应在农村劳动力“要素流出”的同时,实现新型劳动力、资金、技术与管理等要素流入,即实现要素对流,改变提高要素投入结构;通过要素替代组合新的生产函数,或者原有要素如经营主体新型化,管理与经营方式创新,如适当规模经营等,提高粮食产出的边际生产率,使种粮收入稳定增长。探索粮食安全的长效机制,达到化解“二元”结构目的。

粮食安全问题从不同层面考察重点都不同。目前我国农村剩余劳动力有不同的测度方法,目前虽然大规模的农村劳动力外流高潮已经过去,但2015 年外出农村劳动力数量还是达到 1.69 亿人,较上年增长 0.4%,农业劳动力比重下降到 19.1%(Cai F.,2016)。与此同时,我国粮食生产自 2004 年后持续“十二连增”,2015 年粮食总量达 62144.0 万吨,但同期进口突破 1.2亿吨。2016 年粮食总产量 61623.9 万吨,虽然比 2015 年下降 0.8%,但仍处于 2004 年以来增产周期中的次高水平。

2016 年,我国粮食进口谷物进口呈现大幅下降,但进口量仍是近年来仅次于 2015 年的第二高位。稻米进口量同比增加 5.51%。“高库存、高进口、高成本”现象持续,结构性矛盾仍十分突出,尤其是粮食消费需求升级与优质粮食供给不足,存在供需错配矛盾,需要重视粮食品种与数量的供给侧改革。中央自 2004 年以来连续出台 13 个涉农的中央一号文件,2015 年中央一号文件聚焦改革和农业现代化,2016 年中央一号文件首次提出要推进农业供给侧结构性改革,保持农业稳定发展和农民持续增收。界定粮食安全不但是生产和供给的安全,而且是能力安全。粮食主产区和主销区无论是自然禀赋和经济发展程度均有差异,粮食安全目标不同,农村劳动力外流粮食产出影响也不同,应区别对待。目前,关于粮食安全的研究一般从国家宏观层面研究,尽管目前粮食总量应该是平衡的,严格地说是紧平衡,而且分区域考察情况不同。Solow 增长模型中劳动力加上流动的因素,在粮食主产区和粮食主销区对经济增长的贡献表现不同。因此,农村劳动力外流在不同区域的表现和影响也不同,应研究农村劳动力外流与粮食安全冲突与协同发展问题。粮食安全研究除了关注粮食生产数量问题,另一个重要内容是粮食能力安全问题,联合国粮农组织(FAO)已明确界定了粮食安全的内涵。农村劳动力外流,可以提高主产区粮食生产效率,实现有效的粮食安全。而主销区粮食耕地密集型缺乏的比较优势,可以通过从主产区粮食调入弥补损失,改进人力和土地资源的配置与利用效率,提高农民的收入,保障粮食能力安全。

发达国家多为"农业调整"问题而发展中国家尤其表现为"粮食优先"问题(速水佑次郎,2003)。由"粮食优先"问题向"农业调整"问题的过渡阶段,势必有大量农村劳动力转移。我国粮食 2015 年已经从数量上实现"十二连增",但面临着一系列关键问题的挑战:比如,高产量、高库存量和高进口量并存的"三量齐增"怪象;农产品价格天花板封顶效应和成本抬升挤压效应(陈锡文,2015)短期内难以克服,发展适度规模"节本增效"问题;农村劳动力持续外流、土地细碎化、提高粮食产出效率问题;按照"优势互补、利益共享、风险共担"的原则,协调区域间发展问题等等。农村劳动力外流缓解了主产区粮食生产内卷化、过密化问题,提高农户收入,从而提高了粮食获得能力。因此,需要思考粮食有效供给问题,适度规模和新型种粮主体培育等问题,才能顺利过渡到"农业调整"阶段。采用先进的管理,提高新型农业主体的创业水平和经营能力,提高其粮食产出效率;需要政府适当干预和作用,适度规模经营,实现机械化和集约化经营;需要加强区域间的合作,支持粮食主产区农户发展粮食生产,延伸粮食产业链,鼓励粮食主销区在主产区直接订购或投资建立粮食生产基地,降低粮食生产成本,增加当地农民的收入。

第二节 进一步研究方向

浙江大学发布的《中国农村家庭发展报告》(CRHPS,2017)涵盖了全国29个省(市、区)动态追踪数据,表明了一方面农民工家庭"离农"趋势仍然十分明显,另一方面新生代农民工劳动供给时间明显下降,人口红利加剧下降,农村人口受教育程度的问题虽然改善但仍然问题突出。另外,农地流转与规模化速度加快,跨期限流转现象增加。农村收入最高20%家庭占所有家庭总收入的53%,收入不均日渐严重。要实现粮食效率安全、能力安全与农民收入的增长是一致的。农村劳动力外流,促使了农户家庭劳动力重新配置和选择,劳动力结构发生变化。数以亿计以青壮年为主的农村劳动力有选择性地外流,进入非农产业,是不同于世界上任何一国劳动力外流的"中国奇迹"。"劳动力流动是打破城乡分割、缩小城乡差距和推动我国社会经济发展的重要途径"(姚先国,2008)。联合国粮农组织(FAO,1974)多次修订对粮食安全的界定,将最终目标界定为"确保所有的人在任何时候既能买得到又能买得起他们所需要的基本食品[①]"。其内涵强调了实现"粮食安全"不仅是数量的保证,而且是"获得能力"的保证,提高农民收入是增强粮食获得能力即实现粮食安全的重要保证,因此,农村劳动力外流与粮食安全终极目标是一致的,可以实现粮食效率安全与能力安全。2014年国务院发布了《关于进一步推进户籍制度改革的意见》,2015年国务院第663号令公布《居住证条例》,意味着长期作为城乡分割标志的旧户籍制度宣告结束,新的户籍制度开始实施,户籍制度进入一元化时代。

本研究对我国农村劳动力外流与粮食安全问题分区域进行了研究,但还留下了许多问题值得进一步深入探讨。要提高农民收入就要把大量的劳动力持续从农村转移出来,因此,需要进一步研究在目前家庭承包经营基础上,如何加快培育粮食生产新型经营主体,即培育新型职业农民;怎样实现劳动力等要素对流与要素替代;区域间多元利益主体间存在资源禀赋差异,

---

[①] 1983年4月,联合国粮农组织(FAO)又对粮食安全的概念进行了修正,提出粮食安全的目标是"确保所有的人在任何时候都能买得到,又能买得起所需要的基本食品"。1996年,联合国粮农组织(FAO)召开"世界粮食首脑会议",又庄严重申粮食安全:"人人都有权获得安全而富有营养的粮食。"

如何达到优势互补,引领农业供给侧结构性改革;如何破解"结构怎么调"、"地谁来种"、"怎么种"等问题,从而培育农村发展新功能,实现粮食效率安全和能力安全。

1.制度变迁与新要素组合研究

本研究是基于城乡分割的户籍制度,从改革开放农村实行家庭联产承包责任制开始,研究诱致性制度变迁下农村粮食生产方式的改变,劳动力生产率提高,劳动力外流开始外流,从而研究其与粮食安全结合的问题。本研究主要从农村劳动力迁移对流出地,即对农村的粮食生产与安全的影响,按照自然禀赋与比较利益原则,首次分区域研究。家庭联产承包责任制在1992年之前(Lin,1992)对农业产出的贡献(贡献率)较大,但随着制度实施时间的推移,与之后大量的农村劳动力外流,其对粮食产出的影响下降,尤其在粮食主销区已经不显著,对粮食主产区的产出贡献(贡献率)也下降。数以亿计以青壮年为主的非举家外迁式的农村劳动力外流是我国不同于世界上任何一个国家,在城市化、工业化进程中的特有现象。我们的研究发现,虽然农村劳动力外流对粮食产出弹性的影响在主产区和主销区都是显著的且为正,但粮食主销区的影响程度大于粮食主产区。2014年和2015年发生的关于长期作为城乡分割标志的旧户籍制度结束和新的户籍制度开始事件为研究点,研究户籍制度一元化后的农村劳动力持续外流下要素对流与替代问题,需进一步研究怎样的"要素对流",如何实现"要素替代"问题,即新要素流入,以及新要素组合。这对农户粮食生产选择和收入影响问题是需要进一步跟进研究的,意义重大。

2.实证分析的更新研究

研究为了考察和总结一个特殊阶段情况,本研究实证分析考察期主要是改革开放1978—2008年之间30年,并利用各年统计年鉴相关数据资料和新中国六十年农业数据。对主产区13个省级数据和主销区6个省级数据(未包括海南)进行了比较研究,1978—2008年粮食主产区和主销区农村劳动力外流曲线表现基本一致,但两个区域的粮食播种面积、粮食产量表现不同。进一步要实证研究的是1978—2008年情况变化,将分为两个时段研究:一是运用2009—2014年数据验证是否继续延续改革开放30年后的趋势发展;二是重点考察2014年以后,户籍一元化在农村劳动力外流过程如何影响粮食的产出。尤其是针对近年来出现的部分地区粮食生产过剩、库存暴增但同时进口剧增的情况,如何增强农业生产国际竞争力和减少伴随高库存产生的巨额仓储费和相应的收购补贴。劳动力历史变迁和政策变量在粮食主产区和主销区不同阶段表现不同。

3.事件跟进与微观调研的扩充研究

本书除了运用实证分析研究 1978—2008 年农村劳动力外流情况,以及对粮食主产区和主销区的不同影响,还以粮食主销区浙江为研究对象在 2008—2013 年间进行了实地调查,但囿于时间和精力,只对 450 户(有效 417 户)、1582 人次的调查结果进行了分析,今后研究中需要去弥补样本,加强样本的代表性。目前拟将借助的数据有浙江大学中国农村家庭调查报告 (CRHPS),该大数据《中国农村家庭发展报告》(2017 年)已经发布,涵盖了全国 29 个省市(区)动态追踪数据。同时,将运用中国农业部全国农村固定观察点中粮食主产省的农户微观调研数据,扩充调研的样本和范围,进一步研究重点梳理归纳粮食主产区 13 个省份和主销区 7 个省份的情况,并做补充研究。同时比较研究国外相同发展阶段情况,研究在以往改革开放 30 年的基础上,重点增加改革开放 40 年的后 10 年研究分析,并做出未来 2020—2030 年的趋势研究。

4.视角内容与目标的更新研究

本研究分别考察农村劳动力外流对粮食主产区和主销区的影响,在此消彼长过程中实现功能分工、区域互补。从粮食效率与能力安全两个目标为方向,讨论不同区域的制度安排。农村劳动力外流可以提高粮食边际产出率,"386199 部队"粮食生产和"亦工亦农"式兼业者都不是粮食生产后续主力。粮食主产区重点保证粮食效率安全,这里的效率安全不仅是指生产环节,即农村劳动力外流后降低粮食生产劳动投入提高产出效率,也指流通环节和储备环节,研究的视角需要有一定的调整,即以适量的粮食库存保障粮食安全,按照国际粮价波动节奏导入市场机制。能力安全不仅是农村劳动力外流,选择非粮生产,获得高于粮食生产的收入,提高粮食获得能力,主销区政策体系调整需要适度弱化粮食产量目标,提高粮食的国际竞争力。同时,增加对农民的直接补贴,通过引入新型主体,培育适度规模经营主体,优化产业结构与融合发展农村三产。同时要研究如何在消费升级背景下提升农产品质量、资源环境保护与绿色农业发展、农村公共服务供给侧改革与农业农村发展。

5."过渡点"与协调发展新动能研究

农村劳动力外流为粮食的"买得起"做出了贡献,"粮食短缺点"已经在向"商业化点"过渡,农村劳动力外流与粮食安全的协同发展,会达到"1+1≥2"的效果。面对粮食种植比较收益低,产量越多收入越少的问题,农业劳动力成本不断提高。部分粮食国内外价格"倒挂",面临国际市场农产品价格的"天花板",致使一些粮食主产区成了"粮食大省,财政穷省",种粮积极性下降,新生代农村劳动力甚至无意愿种粮。发达国家农业劳动力的比重一般是 5%以下,按照此标准,一部分农村劳动力需要继续转移到非农产业中,直到降低到 10%以下。这需要统筹国际、国内资源,研究新动能在传统粮食生产供给体系中引入新型主体、新科技、生产方式和经营模式等新要素,改变拼资源、拼环境、追求量的增长模型导致的边际产能过度开发现象,部分耕地可实行"休耕"以保持生产能力。深化农业供给侧结构性改革,以提高农业供给质量为主攻方向,调优农业结构,提升农业产业链、价值链。为农业提质增效、转型升级和为农村注入持久的新动能。

6.支持政策与发展模式的比较研究

在本项目研究期间,笔者受国家留学基金资助,公派剑桥大学土地经济系访学一年,除了系统的相关课程训练和专题讨论外,走访了英国许多乡村,深切感受到"英格兰就是乡村,乡村就是英格兰",结合我们的新农村建设,很受启发。此外,还对英国及欧盟共同农业政策进行了收集整理,下一步主要是比较研究,即英国与欧盟农业的结构性改革与当下我们农业的供给侧改革的比较研究,其相应的政策,如 1968 年以削减农业从业人员数量从而控制生产而实施的"曼斯霍尔特计划",对应于我国目前农村劳动力外流,同样是减少农业从业人员,尤其是主销区控制粮食生产,确定粮食生产的自给底线;1972 年推出农业现代化改革,对应于目前我国农村劳动力外流背景下,新要素的流入与新型主体的培育、鼓励对农民的职业培训、主销区粮食探索"休耕"等都有现实意义;之后 1975 年实行"贫困地区计划"和从 20 世纪 80 年代以来的一系列农业政策改革历程和经验,如降低价格支持水平;农业生产者直接收入补偿补贴;减少生产过剩,鼓励退耕;进行农业结构调整,建立环境保护基金;鼓励青年从事农业生产等,都有进一步的借鉴意义。2004 年开始的我国农业补贴政策已经实施了十多年,与当年欧共体情况相似,粮食实现了自给,并且产量快速上升,但进口量与国内库存同时攀升。但由于境内(国内)补贴的刚性使粮食价格高于国际粮食价格,粮食库存也不断膨胀。加上农业生产成本不断上升,国内粮食价格高于进口价格,失去了国际竞争力。20 世纪 70 年代末,欧盟共同农业政策走上了改革道路。因此,如何在保证农民收入不受损的前提下,使得农业补贴的财政负担可承受,从而提高农业竞争力等问题,亟待进一步研究。

参考文献

［1］Alan de Brauw，J. Edward Taylor and Scott Rozelle，1999，"The Impact of Migration and Remittances on Rural Incomes in China"［J］，American Agricultural Economics Association Annual meeting paper.

［2］Alden Speare，1971，"A cost-benefit model of rural to urban migration in Taiwan"［J］，Population Studies，Vol. 25，pp. 117.

［3］Arunava Bhattacharyya，Ph. D. and Elliott Parker，Ph. D. ，1999，"Labor productivity and migration in Chinese agriculture：a stochastic frontier approach"［J］，China Economic Review ，Vol. 10，pp. 59—74.

［4］Audra J. Bowlus and Terry Sicular，2003，"Moving toward markets? Labor allocation in rural China"［J］，Journal of Development Economics，Vol. 72，pp. 561—583.

［5］Becker G. S. ，1964，"Human capital：a theoretical and empirical analysis"［M］，New York：National Bureau of Economic Research.

［6］Ben Senauer and Terry Roe，1997，"Food security and the household"［J］，Working Paper.

［7］Bhattacharyya，A. and Parker，E. ，1999，"Labor productivity and migration in Chinese agriculture：a stochastic frontier approach"［J］，China Economics Review，Vol. 10，pp. 59—74.

［8］Burgess，R. ，1995，"Market incompleteness and nutritional status in rural China"，Paper .

［9］Braun，J. ，1993，"Essays on economic growth and migration"，

PhD Dissertation, Harvard University.

[10] Brown, L. R., "Who will feed China?"[J], World Watch, 1994, Vol. 5, pp 13—17.

[11] Cain G, 1986, "The economic analysis of labor market discrimination: A survey"[J], Handbook of Labor Economics, Vol. 1, pp. 693—785.

[12] Cai, F., 2005, "Institutional barriers analysis of rural labors migration - an explanation of the para-dox that flows and disparities expand together"[J], Economic Perspectives, Vol. 1, pp. 35—39.

[13] Chenery, H. B., Elkington, H. and Sims. C,. A, 1970, "Uniform analysis of development patten"[J], Economic Development Report Cambridge Mass.

[14] Chun-Chung Au and J. Vernon Henderson, 2006, "How migration restrictions limit agglomeration and productivity in China"[J], Journal of Development Economics ,Vol. 80, pp. 350 - 388.

[15] Clark, C. 1957, "The conolitions of ecommic progress"IMI, London: Macmilan.

[16] Dale W. Jorgenson, 1967, "Surplus agricultural labour and the development of a dual economy"[J], Oxford Economic Papers, New Series, Vol. 19, pp. 288—312.

[17] De Brauw, A., J. Huang and S. Rozelle, 2004, "The sequencing of reform policies in China's agricultural transition"[J], Economics of Transition , Vol. 12, pp. 427—465.

[18] Dorothy J. Solinger, 2000, "Citizenship issues in China's internal migration: comparisons with germany and Japan"[J], Political Science Quarterly, Vol. 114, pp. 455—478.

[19] Dwayne Benjamin ,"Household composition, labor markets, and labor demand: testing for separation in agricultural household models"[J], Econometrica, Vol. 60, pp: 287—322.

[20] Engle, R. F. and C. W. J. Granger, 1987 ,"Co-integration and error correction: representation, estimation, and testing"[J], Econometrica, Vol. 55, pp. 251—276.

[21] Fei, John C. H. and Ranis, Gustav, 1967, "Development of the labor surplus economy: theory and policy"[J] ,The Economic Journal, Vol. 77.

[22] Fei,John C. H. and Ranis,Gustav,1997, "Growth and eevelopmentfrom an evolutionary perspective"[J],Comparative Economic Studies, Vol. 50,pp. 713—716.

[23] Fei ,J .C. and G. Ranis , 1961,"A theory of economic development"[J], American Economic Review ,Vol. 57,pp. 533 – 565.

[24] Fisher,F. M. ,1963,"A theoretical analysis of the impact of food surplus disposal on agricultural production in recipient countries"[J], Journal of Farm Economics ,Vol. 45,pp. 863—875.

[25] Fred Gale, 2002, "Will China's food imports rise? "[J],The China Business Review.

[26] Gene Hsin Chang & Josef C. Brada,2006 , "The paradox of China's growing under-urbanization"[J], Economic Systems, Vol. 30,pp. 24—40.

[27] Giles, J. ,2000, " risk shock and weak-property rights in the labor allocation decisions of rural Chinese households"[J], Mimeo, Department of Economics, Michigan State University.

[28] Granger, C. W. J. ,1969, "Investigating causal relations by econometric models and cross-spectral methods"[J] ,Econometrica , Vol. 37, pp. 424—438.

[29] Gustav Ranis and J. C. H. Fei, 1963,"The Ranis-Fei Model of economic development: reply"[J],The American Economic Review, Vol. 53.

[30] Gustav Ranis and J. C. H. Fei, 1961,"A theory of economic development"[J], The American Economic Review, Vol. 51,PP. 533—565.

[31] Goodbur, C. ,2009,"Learning from migrant education: a case study of the schooling of rural migrants children in Beijing"[J], International Journal of Educational Development, Vol. 29,PP. 495—504.

[32] Griliches, Z. , 1963, "Estimates of the aggregate agricultural production function from cross-sectional data"[J], Journal of Farm Economics, Vol. 45, pp. 419—428.

[33] Godfray H. C. J. , BeddingtonJ. R,CruteI. R,et al. , 2010, Food security: the challenge of feeding 9 billion people"[J], Science, Vol. 327, pp. 812—818.

[34] Hare, Denise,1999 ," 'Push' versus 'Pull' factors in migration

outflows and returns：determinants of migration status and spell duration among China's rural population"[J]，Journal of Development Studies，Vol. 35，pp. 45—72.

[35] Harris，J. and Todaro，M. P. ，1970，"Migration，unemployment and development：a two‐sectors analysis"[J]，The American Economic Review，Vol. 160，pp. 1126‐142.

[36] Hatton，T. J. ，1995，"A model of U. K. emigration，1870—1913"[J]，The Review of Economics and Statistics ，Vol. 77，pp. 407—415.

[37] Haddad，L. ，Kennedy，E . and Sullivan ，J. ，1994，"Choices of indicators for food security and nutrition monitoring"[J]，Food Policy ，Vol. 19，pp. 329—343.

[38] Howard Pack and Michael Todaro，1969，"Technological Transfer，labour absorption，and economic development"[J]，Oxford Economic Papers，Vol. 21，pp. 395—403.

[39] Jagdish N. Bhagwati and T. N. Srinivasan，1974，"On Reanalyzing the Harris-Todaro model：policy ranking in the case of secor-specific sticky wages"[J]，The American Economic Review，Vol. 64，pp. 502—508.

[40] Jan K. Bruecknera and Yves Zenoub，1999 ，"Harris-Todaro models with a land market"[J]，Regional Science and Urban Economics ，Vol. 29 ，pp. 317—339.

[41] John R. Harris and Michael P. Todaro，1970，"Migration，unemployment and development：a two-sector analysis"[J]，The American Economic Review，Vol. 60，pp. 126—142.

[42] John Salt，1992，"The future of international labor migration"[J]，International Migration Review，Vol. 26，pp. 77—111.

[43] Jorgenson，D. W，1967，"Surplus agricultmal labor and the development of a dual economy"[J]，Oxford Economic Papers，Vol. 19，pp. 288—312.

[44] Joseph E. Stigliz，1974，"Alternative theories of wage determination and unemployment in LDC's：the labor turnover mode"[J]，The Quarterly Journal of Economics，Vol. 88，pp. 194—227.

[45] Justin Y. Lin，Gewei Wang，Yaohui Zhao，2004，"Regional inequality and labor transfers in China"[J]，Economic Development and Cultur-

al Change, Vol. 52,pp. 587—603.

[46] Justin Yifu Lin,1992,"Hybrid Rice Innovation in China: a study of market-demand induced technological innovation in a centrally-planned e-conomy"[J],The Review of Economics and Statistics, Vol. 74,pp. 14—20.

[47] Justin Yifu Lin,1995,"Agricultural & applied economics associa-tion"[J], American Journal of Agricultural Economics,Vol. 77.

[48] Justin Yifu Lin, 1992, "Rural reform and agriculture productivity growth in china"[J],American Economic Review, Vol. 82,pp. 34—51.

[49] Jyotsna Jalan and Martin Ravallion,2001,"Behavioral responses to risk in rural China"[J], Journal of Development Economics, Vol. 66,pp. 23—49.

[50] Ji, Y. , Yu, X. and Zhong, F. ,2012,"Machinery investment de-cision and off-farm employment in rural China"[J],China Economic Re-view, Vol. 23,pp. 71—80.

[51] Johnson, D. G. , 2000, "Can agricultural labour adjustment occur primarily through creation of rural non-farm jobs in China?"[J], Urban Studies, Vol. 39,pp. 2163—2174.

[52] Kenneth D. Roberts, 1997,"China's "tidal wave" of migrant la-bor: what can we learn from mexican undocumented migration to the United States?"[J], International Migration Review, Vol. 31, pp. 249—293.

[53] Kevin Honglin Zhang, Shunfeng Song, 2003,"Rural – urban mi-gration and urbanization in China: evidence from time-series and cross-sec-tion analyses"[J], China Economic Review ,Vol. 14,pp. 386—400.

[54] Kanbur , R. ,H . Rapoport,2005, "Migration selectivity and the evolution of spatial inequality"[J] , Journal of Economic Geography , Vol. 5,pp 43—57.

[55] Laping, W,2002,"Grain market integration and marketing mar-gin in China",Australian National University.

[56] Larry A. Sjaastad,1962,"The costs and returns of human migra-tion"[J],The Journal of Political Economy,Vol. 70, pp. 80—93.

[57] Loraine. S. and Yaohui Zhao,2001,"Rural labor flows in China", Institute of East Asian Studies.

[58] Lewis,W. A. ,1967, "Unemployment in developing countries"

〔J〕,Worm Today,Vol. 23,pp. 13—22.

[59] Lewis,W. A. ,1954,"Economic development with unlimited supplies of labor"[M],Manchester School of Economic and Social Studies.

[60] Lucas. Robert E. B. , 1994, "Internal migration in developing countries"[J],Boston University,Vol. 11,pp. 248.

[61] Lucas,R. E,1988,"On the mechanics of economic development"[J],Journal of Monetary Economics,Vol. 22,pp. 3—42.

[62] Lucas. Robert E. B. ,2004, "Life earnings and rural-Urban migration "[J], Journal of Political Economics, Vol. 112 ,pp. 29—59.

[63] Luo, X. ,1999,"Market integration and grain policy reform: a case study of the rice market in south China", University of Minnesota, St. Paul.

[64] Luther Tweeten,1999,"The Economics of global food security"[J],Review of Agricultural Economics, Vol. 21 ,pp. 473—488.

[65] Lin J. Y. , 1992, "Rural reforms and agricultural growth in China"[J], The American Economic Review, Vol. 82, pp. 34—51.

[66] Mckenzie, D. and Rapoport, H. ,2007,"Network effects and the dynamics of migration and inequality: theory and evidence from Mexico"[J], Journal of Development Economics, Vol. 184,pp. 11—24.

[67] McMillian,Whalley and Zhu, 1989,"The impact of China's economic reforms on agricultural productivity growth"[J], Journal of Political Economy, Vol. 97,pp. 787—807.

[68] Meng, Xin , Zhang Junsen,2001,"The two-tier labor market in urban China" [J], Journal of Comparative Economics, Vol. 29, pp. 485—504.

Michael C. Seeborga, Zhenhu Jinb, Yiping Zhuc,2000,"The new rural-urban labor mobility in China : causes and implications"[J],Journal of Socio-Economics,Vol. 29 ,pp. 39—56.

[69] Michael P. Todaro,1969 ,"A model of labor migration and urban Unemployment in Less Developed Countries"[J], American Economic Review, Vol. 59 ,pp. 138—148.

[70] Mochebelele, M. T. , Winter Nelson, 2000 ,A. ,"Migrant labor and farm technique efficiency in Lesotho"[J], World Development, Vol. 28, pp. 143—153.

［71］Murphy,R. ,1999,"Return migrant entrepreneurs and economic diversification in two counties in South Jiangxi China"［J］,Journal of International Development,Vol. 11.

［72］A Park ,H Jin, S Rozelle and J Huang Markets,2002,"Market emergence and transition: arbitrage, transaction costs, and autarky in China's Grain Markets "［J］,American Journal of Agricultural Economics , Vol. 84, pp. 67—82.

［73］Maxwell,S. ,Frankenberger,T. ,1992,"Household food security: concepts, indicators, measurements , a technical review"［J］. New York and IFAD;

［74］Perloff, J. M. ,L. Lynch & S. Gabbard,1998,"Migration of seasonal agricultural workers"［J］, American Journal of Agricultural Economics, Vol. 80 ,pp. 154—164.

［75］Perkins, D. , and Yusuf, S. ,1984,"Rural development in China" ［J］,Johns Hopkins University Press, Vol. 34,pp. 57—66.

［76］Nabi & Ijaz, 1984,"Village-end considerations in rural - urban Migration"［J］, Journal of Development Economics, Vol. 14,pp. 129—145.

［77］Oded Stark & David E. Bloom ,1985,"The new economics of labor migration "［J］, The American Economic Review, Vol. 75, pp. 173—178.

［78］Oded Stark; Robert E. B. Lucas, 1988,"Migration,remittances, and the family"［J］, Economic Development and Cultural Change,Vol. 36, pp. 465—481.

［79］Ohlin,B. G. ,1935,"International and interregional trade"［M］, Harvard University Press.

［80］Oberai, A. S. Singh, H. , 1982,"Migration, Production and technology in agriculture: a case study in the Indian Punjab"［J］, International Labor Review, Vol. 121, pp. 327~343.

［81］Park, A. , H. Jin, S. Rozelle, and J. Huang,2002, "Market emergence and transition : arbitrage, transaction costs, and autarky in China's grain"［J］,American Journal of Agricultural Economics,Vol. 84, pp. 67—82.

［82］Perkins, D. , 1969, "agricultural development in China"［J］,

1368~1968, Aldine, Vol. 32, pp. 465—468.

[83] Ranis, G. and Fei, J. C. H. , 1961, "A theory of economic development" [J], American Economic Review, pp. 533—565.

[84] Reginald T. Apple yard, 1989, "Migration and development: myths and reality" [J], International Migration Review, Vol. 23, pp. 486.

[85] Rozelle, S. , Taylor, J. E. and de Brauw, A. , 1999 , "Migration, Remittances, and Agricultural Productivity in China " [J], The American Economic Review, Vol. 89 , pp. 287—291.

[86] Rozelle, S. , A. Park, J. Huang, and H. Jin, 1997, "Liberalization and rural market integration in China" [J], American Journal of Agricultural Economics, Vol. 79, pp. 635—642.

[87] Rains, G. , and Fei, J. , 1963, "The Ranis-Fei model of economic development: reply" [J], The American Economic Review, Vol. 53, pp. 452—454.

[88] Ricardo, D. , 1913, "Principles of political economy and taxation" [J], G. Bell, Vol. 24, pp. 492—501.

[89] Schultz, T. W. , 1960, "Value of farm surpluses to developed countries" [J], Journal of Farm Economics.

[90] Schultz, T. W. , 1968, "Institutions and the rising economic value of man" [J], American Journal of Agricultural Economics, Vol. 50, pp. 1113—1122.

[91] Schultz, T. W. , 1980, "Effects of the international donor community on farm people" [J], American Journal of Agricultural Economics, Vol. 62, pp. 873—878.

[92] Schultz, T. W. , 1982, "Investing in people: the economics of population quality" [M], University of California Press.

[93] Scott Rozelle, J. Edward Taylor, Alan deBrauw, 1999, "Migration, remittances, and agricultural productivity in China" [J], The American Economic Review, Vol. 89, pp. 287—291.

[94] Sicular, T. , 1995, "Redefining state, plan and market: China's reforms in agricultural commerce" [J] , The China Quarterly , Vol. 144.

[95] Somik V. Lall, Harris Selod, Zmarak Shalizi. , 2006, , "Rural-urban migration in developing countries : a survey of theoretical predictions and empiri-

cal findings"[J],Social Science Electronic Publishing,Vol. 63,pp. 63.

[96] Stark,O. ,Taylor,J. ,1989,"Relative deprivation and internation-al migration"[J],Demography, Vol. 26.

[97] Stark, O. , C . Haldenstein and A. Prskawetz, 1998 ," Human Capital depletion , human capital formation and migration: a blessing or a' Curse' ? "[J] Vienna, Vol. 60,pp. 363—367.

[98] Stark,O. , Yong Wang , 2002, " Inducing human capital forma-tion: migration as a substitute for subsidies"[J] , Journal of Public Eco-nomics, Vol. 86,pp. 29—46.

[99] Smith, L. , Obeid, A. , Jensen H, 2000, "The geography and causes of food insecurity in developing countries"[J], Agricultural Econom-ics,Vol. 22, pp. 199—215.

[100] Simon Kuznets, 1971, "Modern economics growth: findings and reflection "[J], American Economic Review, Vol. 63 ,pp. 247—258.

[101] Sen, A. K. , 1981, "Ingredients of famine analysis: availability and entitlements"[J], The Quarterly Journal of Economics, Vol. 96, pp. 433—464.

[102] Senauer, B. , and Roe, T. L. , 1997, "Food security and the household" ,Working Paper.

[103] Titus O. Awokuse,2007, "Market reforms, spatial price dy-namics, and China's rice market integration: a causal analysis with directed acyclic graphs"[J], Journal of Agricultural and Resource Economics , Vol. 32, pp. 58—76.

[104] Taylor, J. Edward, Philip L. Martin,2001,"Human capital: migration and rural population change"[J], Elsevier B. V. , Vol. 1, pp. 457—511.

[105] Todaro, M. P. , 1969 ,"A model of labour migration and urban unemployment in less developed countries "[J], American Economic Re-view , Vol. 59, pp. 138—148.

[106] Williamson, Jeffrey G, 1988,"Migration and urbanisation"[M], Handbook of Development Economics,Vol. 1.

[107] Wu, Y. , 1994, "Rice markets in China in the 1990s"[J] , Chi-nese Economy Research .

［108］Wang Yuemei，2010，"Pervasive knowledge service of Rural new Generation labour in major food sales regions：issues and strategies-taking ZheJiang as an example"［M］，2010 International Workshop on Knowledge as a Service.

［109］Wang Yuemei,2009，"China's rural economy：issues and strate-gies-Taking ZheJiang food market reform as an example"［M］,2018 The first international forum of economic growth and employment Selected pa-per. Oapital Clniversity of Economics and Business Press.

［110］World Bank. ,1999，"China's rural development strategy in the 21st century：issues and policy challenges"，Working Draft. Washington, DC：World Bank.

［111］World Bank，1999，"Poverty and Hunger：issues and options for food security in developing countries "，Washington D，pp. 80.

［112］Yang Xiushi, Sidney Goldstein,1990,"Population movement in Zhejiang province,China ：the impact of government policies"［J］，Interna-tional Migration Review，Vol. 24，pp. 509.

［113］Yang Du ,Albert Park , Sangui Wang, 2005，"migration and ru-ral poverty in China"［J］,Journal of Comparative Economics , Vol. 33，pp. 688—709.

［114］Yao Xianguo and Puqing Lai,2006，"urban-rural hukou differen-tials in China's labor relations"［J］，Economic Research Journal，pp. 197—210.

［115］Zai Liang；Michael J. White, 1996 ,"Internal migration in China, 1950—1988"［J］，Demography，Vol. 33，pp. 375.

［116］Zai Liang；Michael J. White, 1997,"Market transition,govern-ment policies,and interprovincial migration in China ：1983—1988"［J］，E-conomic Development and Cultural Change，Vol. 45，pp. 321—339.

［117］Zhao Yaohui,,1999,"Labor migration and earnings differences ：the case of rural China"［J］，Economic Development and Cultural Change,Vol. 47,767—782.

［118］Zhao,Y. H. ,2002,"Causes and consequences of return migra-tion：recent evidence from China"［J］, Journal of Comparative Economics, Vol. 30，pp. 376—394.

[119] 岸根卓郎.粮食经济—未来 21 世纪的政策[M].何鉴,译.南京:南京大学出版社,1991;

[120] 白南生.制度因素造成劳动力流动的障碍[J].比较,2008(35):10—12;

[121] 贝克尔.人类行为的经济分析[M].北京:华夏出版社,2008;

[122] 毕大川,刘树成.经济周期与预警系统[M].北京:科学出版社,1991;

[123] 蔡昉.比较优势与农业发展政策[J].经济研究,1994(6):33—40;

[124] 蔡昉,都阳,王美艳.劳动力流动的政治经济学[M].上海:上海人民出版社,2003;

[125] 蔡昉,白南生.中国转轨时期劳动力流动[M].北京:社会科学文献出版社,2006;

[126] 蔡昉.破解农村剩余劳动力之谜[J].中国人口科学,2007(2):2—7;

[127] 蔡昉.三农、民生与经济增长[M].北京:北京师范大学出版社,2010;

[128] 蔡昉,王德文,都阳.中国农村改革与变迁[M].上海:格致出版社,2008;

[129] 陈飞,范庆泉,高铁梅.农业政策、粮食产量与粮食生产调整能力[J].经济研究,2010(11):101—114;

[130] 陈钊,陆铭.从分割到融合:城乡经济增长与社会和谐的政治经济学[J].经济研究,2008(1):21—32;

[131] 陈钊,陆铭.迈向社会和谐的城乡发展:户籍制度的影响及改革[M].北京:北京大学出版社,2016;

[132] 陈宗胜、黎德福.内生农业技术进步的二元经济增长模型—对"东亚奇迹"和中国经济的再解释[J].经济研究,2004(11):16—27;

[133] 陈耀邦.增加农民收入确保粮食安全[J].人民论坛,2001(1):7—10;

[134] 陈喆元.中国农业劳动力转移[M].北京:人民出版社,1993;

[135] 程国强.农业贸易政策论[M].北京:中国经济出版社,1997;

[136] 程亨华、肖养阳.中国粮食安全及其主要指标研究[J].财贸经济,2002(12):70—73;

[137] 程名望,史清华,徐剑侠.中国农村劳动力转移与障碍的一种解释

[J].经济研究，2006(4):68—78;

　　[138] 程漱兰.论粮食流通体制改革的政府动力机制[J].经济研究，1997:57—66;

　　[139] 陈锡文.我国农业发展形势及面临的挑战[J].农村经济,2015(1):14—16;

　　[140] 丁声俊,朱立志.世界粮食安全问题现状[J].中国农村经济,2003(3):71—80;

　　[141] 杜鹰.我国的城镇化战略及相关政策研究[J].中国农村经济,2001(9):4—9;

　　[142] 都阳.农村劳动力流动:转折时期的政策选择[J].经济社会体制比较,2010(5):90—97;

　　[143] 傅龙波,钟甫宁,徐志刚.中国粮食进口的依赖性及其对粮食安全的影响[J],管理世界,2001(3):135—140;

　　[144] 费正清.伟大的中国革命(1800—1985)[M].刘尊棋,译.北京:世界知识出版社,2000;

　　[145] 盖庆恩,朱喜,史清华.劳动力转移对中国农业生产的影响[J].经济学季刊,2014(2):1147—1170;

　　[146] 樊纲,王小鲁,朱恒鹏.中国分省市场化指数——各地区市场化相对进程报告[M].北京:经济科学出版社,2003;

　　[147] 高帆.中国粮食安全的理论研究与实证分析[M].上海:上海人民出版社,2005;

　　[148] 高帆.我国粮食生产的地区变化:1978—2003年[J].管理世界,2005(9):70—78;

　　[149] 郭继强."内卷化"概念新理解[J],社会学研究,2007(3):194—208;

　　[150] 郭玮.美国、欧盟和日本农业补贴政策的调整及启示[J].经济研究参考,2002(56):29—31;

　　[151] 郭熙保.农业发展论[M].武汉:武汉大学出版社,1995;

　　[152] 郭晓鸣,皮立波.我国农村经济发展新阶段问题研究[J].经济学家,2001(5):34—38;

　　[153] 郭家虎,崔文娟.农村建设用地使用权流转的制度障碍与制度构建[J].经济与管理,2007,21(11):10—14;

　　[154] 郭跃等.威胁粮食安全的主要因素及应对政策[J].管理世界,

2003(11):98—102;

　　[155] 韩俊.跨世纪的难题——中国农业劳动力转移[M].太原:山西经济出版社,1994;

　　[156] 侯风云.中国农村劳动力剩余规模估计及外流规模影响因素的实证分析[J].中国农村经济,2004(3):13—21;

　　[157] 胡靖.自产底线与有限 WTO 区域——中国粮食安全模式选择[J].经济科学,2003(6):27—35;

　　[158] 胡永刚、刘芳.劳动调整成本、流动性约束与中国经济波动 [J].经济研究,2007(10):32—43;

　　[159] 胡永泰.中国全要素生产率:来自农业部门劳动力再配置的首要作用[J].经济研究,1998:31—39;

　　[160] 黄季焜,杨军,仇焕广,徐志刚.本轮粮食价格的大起大落:主要原因及未来走势[J].管理世界,2009(1):72—78;

　　[161] 黄宗智.长江三角洲小农家庭与乡村发展[M].北京:中华书局,2000;

　　[162] 纪韶.中国农业剩余劳动力数量最新估计和测算方法[J].经济学动态,2007(10):53—60;

　　[163] 姜长云.改革开放以来我国历次粮食供求失衡的回顾与启示[J].中国农村观察,2006(2):8—15;

　　[164] 蒋庭松.加入 WTO 与中国粮食安全[J],管理世界,2004(3):82—94;

　　[165] 柯炳生.提高农产品竞争力:理论、现状与政策建议[J].农业经济问题,2003,24(2):34—39;

　　[166] 库兹涅茨.现代经济增长[M].戴睿,易诚,译.北京:北京经济学院出版社,1989;

　　[167] 赖存理.农村劳动力流动及其对土地利用的影响——以浙江为例的分析[J].浙江学刊,2000(5):81—85;

　　[168] 李成贵.粮食直接补贴不能代替价格支持——欧盟美国的经验及中国的选择[J].中国农村经济,2004(8):54—57;

　　[169] 李国祥.2020 年中国生产能力及其国家粮食安全保障程度分析[J].中国农村经济,2014(5):4—12;

　　[170] 李剑阁、韩俊.新农村建设亟待解决的问题——对全国 2749 个村庄的调查[J].比较,2007(31):71—88;

[171] 李强.影响中国城乡流动人口的推力与拉力因素分析[J].中国社会科学,2003(1):125—136;

[172] 李实.中国经济转轨中的劳动力流动模型[J].经济研究,1997:23—30;

[173] 李实.中国农村劳动力流动与收入增长与分配[J].中国社会科学,1999(2):16—33;

[174] 李炳坤.我国粮食生产区域优势研究[J].管理世界,1996:151—160;

[175] 李秀霞.农村劳动力"剩余"与农村劳动力"转移"的理论与实证分析[J].农业经济导刊,2006(4):33—40;

[176] 梁鹰.中国能养活自己吗[M].北京:经济科学出版社,1996;

[177] 林毅夫.入世与中国粮食安全和农村发展[J].农业经济问题,2004(23):32—33;

[178] 林毅夫.自生能力、经济发展与转型:理论与实证[M].北京:北京大学出版社,2004;

[179] 林毅夫,刘培林.中国的经济发展战略与地区收入差距[J].经济研究,2003(3):19—25;

[180] 林毅夫.制度、技术与中国农业发展[M].上海:上海人民出版社,2008;

[181] 刘建进.中国农村就业基本状况[M].北京:社会科学文献出版社,2002;

[182] 刘易斯.二元经济论[M].北京:北京经济学院出版社,1989;

[183] 刘秀梅,田维明.我国农村劳动力转移对经济增长的贡献分析[J].管理世界,2005(1):91—95;

[184] 刘甲朋,尹兴宽,杨兵杰.中国农村剩余劳动力转移问题讨论综述[J].人口与经济,2004(1):32—36;

[185] 卢锋,杨业伟.中国农业劳动力占比变动因素估测:1990—2030年[J].中国人口科学,2012(4):13—24;

[186] 卢锋,杨业伟.中国农业劳动力占比变动因素估测:1990—2030[J].中国人口科学,2012(4):13—24;

[187] 卢锋,谢亚.我国粮食供求与价格走势(1980—2007)——粮价波动、宏观稳定及粮食安全问题探讨[J].管理世界,2008(3):70—80;

[188] 陆铭,蒋仕卿.重构铁三角:中国的劳动力市场改革、收入分配和

经济增长[J].新华文摘,2007(6):14—22;

[189] 陆铭.大国大城[M].上海:上海人民出版社,2016;

[190] 陆学艺.走出"城乡分割,一国两策"的困境[J].读书,2000(5):13—16;

[191] 陆文聪,黄祖辉.中国粮食供求变化趋势预测:基于区域化市场均衡模型[J].经济研究,2004(8):94—104;

[192] 罗丹,李文明,陈洁.种粮效益:差异化特征与政策意蕴—基于3400个种粮户的调查[J].管理世界,2013(7):59—70;

[193] 李旻,赵连阁.农业劳动力'老龄化'现象及其对农业生产的影响—基于辽宁省的实证分析[J].中国农村经济,2009(5):12—18;

[194] 马九杰,张传宗.中国粮食储备规模模拟优化与政策分析[J].管理世界,2002(9):95—105;

[195] 马九杰,张象枢,顾海兵.粮食安全衡量及预警指标体系研究[J].管理世界,2001(1):154—162;

[196] 马克思.马克思恩格斯全集[M].中央编译局,译.北京:人民出版社,1972;

[197] 马克思.资本论[M].中央编译局,译.北京:人民出版社,1975;

[198] 马晓河,蓝海涛.中国粮食综合生产能力与粮食安全[M].北京:经济科学出版社,2008;

[199] 茅于轼,赵农.中国粮食安全靠什么——计划还是市场[M].北京,知识产权出版社,2011;

[200] 毛学峰,刘靖,朱信凯.我国粮食结构与粮食安全:基于粮食流通贸易的视角[J].管理世界,2015(3):76—85;

[201] 梅方权.中国粮食综合生产力的系统分析[J].中国食物与营养,2006(2):6—9;

[202] 墨菲.农民工改变中国农村[M].黄涛,等,译,杭州:浙江人民出版社,2009;

[203] 聂振邦.世界主要国家粮食概况[M],北京:中国物价出版社,2003;

[204] 聂荣.粮食供给系统模型及最优策略的研究[J],系统工程学报,2004(3):307—311;

[205] 诺斯.经济史上的结构与变革[M].万以平,译.北京:商务印书馆,1992;

[206] 珀金斯.中国农业的发展(1368—1968)[M].宋海文,等,译.上海:上海译文出版社,1984;

[207] 庞丽华,布劳.中国农村老人的劳动供给研究[J].经济学:季刊,2003:721—730;

[208] 钱纳里,赛尔昆.发展的型式(1950—1970)[M].李新华,译.北京:经济科学出版社,1988;

[209] 钱文荣,郑黎义.劳动力外出务工对农户水稻生产的影响[J].中国人口科学,2010(5):58—65;

[210] 齐城.农村劳动力转移与土地适度规模经营实证分析——以河南省信阳市为例[J].农业经济问题,2008(4):40—43;

[211] 鲜祖德,盛来运.我国粮食安全评价指标体系研究[J].统计研究,2005(8):3—9;

[212] 桑普斯福特,桑纳托斯.劳动经济学前沿问题[M].卢昌崇,王询,译,北京:中国税务出版社,2000;

[213] 森.贫困与饥荒—论权利与剥夺[M].王宇,王文玉,译.北京:商务印书馆,2009;

[214] 森.以自由看待发展[M].王业宇,陈琪,译.北京:中国人民大学出版社,2002;

[215] 盛洪.中国的过渡经济学[M].上海:上海人民出版社,1994;

[216] 盛来运.农村劳动力流动的经济影响和效果[J].统计研究,2007,24(10):3—6;

[217] 石智雷,杨云彦.外出务工对农村劳动力能力发展的影响及政策含义[J].管理世界,2011(12):40—54;

[218] 史清华.农户经济活动及行为研究[M].北京:中国农业出版社,2001;

[219] 宋洪远.中国主产区粮食综合生产能力建设问题调研报告[J].中国财政经济出版社,2005;

[220] 舒尔茨.改造传统农业[M].梁小民,译.北京:商务印书馆,1987;

[221] 速水佑次郎等.农业经济论(新版)[M]周应恒,等.译.北京:中国农业出版社,2003;

[222] 速水佑次郎,神门善久.发展经济学—从贫困到富裕(第三版)[M].李周,译.北京:社会科学出版社,2009;

[223] 孙文凯,路江涌,白重恩.中国农村收入流动分析[J].经济研究,2007(8):53—66;

[224] 孙霄翀,宋逢明.我国目前劳动力市场条件下经济增长路径及模拟[J].管理世界,2007(4):9—14;

[225] 谭向勇.教育与科技:农民增收及国家粮食安全的根本出路[J].中国农业经济评论,2004(3):290—292;

[226] 托达罗.第三世界的经济发展[M].于同申,等,译.北京:中国人民大学出版社,1988;

[227] 万宝瑞.增加农民收入和确保粮食安全的战略对策[J].农业经济问题,2004(4):4—7;

[228] 王德文,黄季焜.双轨制度下中国农户粮食供给反映分析[J].经济研究,2001(12):55—65;

[229] 王德文,蔡昉,高文书.全球化与中国国内劳动力流动:新趋势与政策含义[J].开放导报,2005(4):6—12;

[230] 王建,陆文聪.市场化、国际化背景下中国粮食安全分析与对策研究[M],杭州:浙江大学出版社,2007;

[231] 王检贵,丁守海.中国究竟还有多少农业剩余劳动力[J].中国社会科学,2005(5):27—35;

[232] 王美艳.劳动力迁移对中国农村经济影响的研究综述[J].中国农村观察,2006(3):70—73;

[233] 王小鲁.中国粮食市场的波动与政府干预[J].经济学季刊,2001(1):171—192;

[234] 王雅鹏.粮食安全保护与可持续发展[M].北京:中国农业出版社,2005;

[235] 王跃梅,姚先国,周明海.农村劳动力外流、区域差异与粮食生产[J].管理世界,2013(11):67—76;

[236] 王跃梅.主销区农村劳动力外流:一致抑或分歧——以浙江为例[J].财经论丛,2010(3):7—12;

[237] 王跃梅.农村劳动力外流与粮食安全问题研究[D].杭州,浙江大学博士论文,2011;

[238] 王跃梅.新型城镇化、主销区粮食自给底线与能力安全[J].财经论丛,2016(12):10—16;

[239] 王跃梅.粮食主销区供求与安全问题研究[J].农村经济,2009

(3):16—19;

　　[240] 王跃梅.主销区粮食安全目标与现代物流分析——以浙江为例考察[J].农业经济,2009(5):66—68;

　　[241] 王跃梅等.主销区粮食的自给底线与贸易利益分析——以浙江为例[J].粮食经济研究,2005(3):24—27;

　　[242] 王红玲.关于农业剩余劳动力数量的估计方法和实证分析[J].经济研究,1998:52—55;

　　[243] 王小鲁,樊纲.中国地区差距的变动趋势和影响因素[J].经济研究,2004(1):33—44;

　　[244] 王小波等.经济周期与预警研究——理论、方法、应用[M].北京:冶金出版社,1994;

　　[245] 温铁军.中国农村基本经济制度研究:"三农"问题的世纪反思[M].北京:中国经济出版社,2000;

　　[246] 伍山林.农民、农村与农业发展——制度分析与实证考察[M].上海:上海财经大学出版社,2006;

　　[247] 伍山林.中国粮食生产区域特征与成因研究——市场化改革以来的实证分析[J].经济研究,2000(10):38—45;

　　[248] 吴敬琏.农村剩余劳动力转移与"三农"问题[J].宏观经济研究,2002(6):6—9;

　　[249] 肖海峰,王娇等.我国粮食综合生产能力及保护机制研究[M].北京:中国农业出版社,2007;

　　[250] 许经勇,黄焕文.中国粮食安全问题的理性思考[J].厦门大学学报(哲学社会科学版),2004(1):38—43;

　　[251] 许绍元.区域间劳动力迁移对经济增长和地区差异的影响[J].数量经济技术经济研究,2008,26(2):38—52;

　　[252] 徐舒,左萌,姜凌.技术扩散、内生技术转化与中国经济波动——一个动态随机一般均衡模型[J].管理世界,2011(3):21—33;

　　[253] 严浩坤,徐朝晖.农村劳动力流动与地区经济差距[J].农业经济问题,2008(6):52—58;

　　[254] 严瑞珍,程漱兰.经济全球化与中国粮食问题[M].北京:中国人民大学出版,2001;

　　[255] 姚先国,罗卫东.比较经济体制分析[M].杭州:浙江大学出版社,1999;

［256］姚先国,赖普清.中国劳资关系的城乡户籍差异[J].经济研究,2004(7):82—90;

［257］姚先国,来君.二元社会结构中的工资决定模型与人口流动——当前"民工荒"现象分析[J].财经研究,2005(8):68—75;

［258］姚先国.劳动力产权与劳动力市场[M].杭州:浙江大学出版社,2006;

［259］姚先国.中国劳动力市场演化与政府行为[J].劳动经济与劳动关系,2007(3):13—21;

［260］姚先国等.解放生产力——浙江劳动力市场变迁[M].杭州:浙江大学出版社,2008;

［261］姚先国,张俊森.中国人力资本投资与劳动力市场管理研究[M],北京:中国劳动社会保障出版社,2010;

［262］姚洋.中国农地制度:一个分析框架[J].中国社会科学,2000(2):54—65;

［263］姚洋.土地、制度和农业发展[M].北京:北京大学出版社,2004;

［264］姚洋.小农经济未过时,不该背"恶名"[J].财经界,2017(7);

［265］姚枝仲,周素芳.劳动力流动与地区差距[J].世界经济,2003(4):35—44;

［266］易纲等.关于中国经济增长与全要素生产率的理论思考[J].经济研究,2003(8):13—20;

［267］伊兰伯格.现代劳动经济学——理论与公共政策(第六版)[M].刘昕,译.北京:中国人民大学出版社,1999;

［268］游建章.粮食安全经济学:一个标准模型分析框架[J].农业经济问题,2003(3):30—35;

［269］于德运,曲会朋.新常态下我国粮食生产能力安全的多维度变化及政策取向[J].经济问题研究,2016,38(1):117—123;

［270］袁志刚,解栋栋.中国劳动力错配对 TFP 的影响分析[J].经济研究,2011(7):4—17;

［271］约翰逊.经济发展中的农业、农村、农民问题[M].林毅夫,赵耀辉,译.北京:商务印书馆,2005;

［272］张冬平,魏仲生.粮食安全与主产区农民增收问题[M].北京:中国农业出版社,2006;

［273］张海阳,宋洪远.农户的种粮行为与政策需求——对粮食主产区

6县市300多个农户的调查分析[J].改革,2005(4):54—60;

[274] 张红宇.中国农地调整与使用权流转:几点评论[J].管理世界,2002(5):76—87;

[275] 张培刚,廖丹清.二十世纪中国粮食经济[M],武汉:华中科技大学出版社,2002;

[276] 张永丽,黄祖辉.中国农村劳动力流动研究述评[J].中国农村观察,2008(1):69—79;

[277] 章铮.进城定居还是回乡发展?——民工迁移决策的生命周期分析[J].中国农村经济,2006(7):21—29;

[278] 赵靖,王桂芝等.中国粮食生产模型及弹性分析[J].安徽农业科学,2007(4):982—983;

[279] 赵耀辉.中国农村劳动力流动动机及教育在其中的作用——以四川省为基础研究[J].经济研究,1997(2):37—42;

[280] 周其仁.机会与能力——中国农村劳动力的就业和流动[J].管理世界,1997(5):81—101;

[281] 郑功成,黄黎若莲.中国农民工问题:理论判断与政策思路[J].新华文摘,2006(6):123—133;

[282] 中国经济增长与宏观稳定课题组,劳动力供给效应与中国经济增长路径转换[J].经济研究,2007(10):4—16;

[283] 钟甫宁,朱晶,曹宝明.粮食市场的改革与全球化:中国粮食安全的另一种选择[M].北京:中国农业出版社,2004;

[284] 朱晶.农业公共投资、竞争力与粮食安全[J].经济研究,2003(1):12—20;

[285] 朱农.中国劳动力流动与"三农"问题[M].武汉:武汉大学出版社,2004;

[286] 朱玲,魏忠.包容性发展与社会公平政策的选择[M].北京:经济管理出版社,2013;

[287] 张曙光.博弈:地权的细分、实施和保护[M].北京:社会科学文献出版社,2011;

[288] 张车伟.中国三十年的经济增长与就业:构建灵活安全的劳动力市场[J].中国工业经济,2009(1):18—28;

[289] 张广婷,江静,陈勇.中国劳动力转移与经济增长的实证研究[J].中国工业经济,2010(10):15—23。